国家出版基金项目
NATIONAL PUBLICATION FOUNDATION

社会工作流派译库（第二期）

# 人类权利与社会工作

**Human Rights and Social Work：Towards Rights-Based Practice**


［澳］Jim Ife　著
郑广怀　何小雷　译



华东理工大学出版社
EAST CHINA UNIVERSITY OF SCIENCE AND TECHNOLOGY PRESS
·上海·

图书在版编目(CIP)数据

人类权利与社会工作 /(澳) Jim Ife 著;
郑广怀,何小雷译. —上海: 华东理工大学出版社,
2015. 12
(社会工作流派译库. 第二期)
ISBN 978-7-5628-4474-7

Ⅰ. ①人… Ⅱ. ①Jim… ②郑… ③何… Ⅲ. ①人权-
研究 ②社会工作-研究 Ⅳ. ①D082②C916

中国版本图书馆 CIP 数据核字(2015)第 285300 号



著作权合同登记号:“图字: 09-2015-378 号”

社会工作流派译库(第二期)
人类权利与社会工作
Human Rights and Social Work: Towards Rights-Based Practice

著　　者: [澳] Jim Ife
译　　者: 郑广怀　何小雷
项目负责: 刘　军
责任编辑: 李　骁
整体设计: 袁银昌设计工作室

出版发行: 华东理工大学出版社有限公司
地　　址: 上海市梅陇路 130 号　200237
电　　话: (021)64250306(营销部)　(021)64253797(编辑室)
网　　址: press. ecust. edu. cn
印　　刷: 上海中华商务联合印刷有限公司
开　　本: 710 mm×1000 mm　1/16
印　　张: 18.5
字　　数: 316 千字
版　　次: 2015 年 12 月第 1 版
印　　次: 2015 年 12 月第 1 次
书　　号: ISBN 978-7-5628-4474-7
定　　价: 69.00 元

联系我们: 电子邮箱　press@ecust. edu. cn
官方微博　e. weibo. com/ecustpress
天猫旗舰店　http://hdlgdxcbs. tmall. com

# 译库学术顾问委员会

# 总序



这是我们与华东理工大学出版社合作的第二套译著丛书。21 世纪初，我们所推出的 18 种一套上海市重点图书“社会工作名著译丛”获得了学术界的热烈反响和高度认同。本套译库与以往不同的是，更加聚焦于介绍西方社会工作的理论流派，但又不局限于理论流派的译介。西方的社会工作历经一百多年的发展，已经形成了诸多视角、理论、模式与方法。知识转移与全球共享是当代社会工作发展的一个重要特点。熟知并批判性地借鉴西方社会工作理论，对于建构兼具国际规范与中国特色的社会工作理论、制度、实务模式，无不具有重要的理论意义和实践意义。唯其如此，中国社会工作学界方有可能参与全球专业知识库的建构，以推动国际社会的公平与正义。

需要强调的是，中国社会工作的制度设计与发展经验具有本土的特点，不能简单地照搬西方的理论框架去加以解释。这就要求我们，在学习借鉴西方社会工作专业知识的同时，应警惕本国专业共同体因理论的“不自觉”“不自信”而在全球知识界处于失语状态。因此，必须立足和扎根于我国社会体制改革、新社会组织、新社会服务和现代社会工作制度建构的实践，积极进行中国社会工作的理论建构与知识创新。唯其如此，中国的社会工作学界才有能力提升在全球的话语权，从而为全球社会工作贡献中国的力量。

衷心希望本套译库能为中国社会工作的发展提供新的知识支持，以进一步推动国内的社会工作理论研究与知识建构。须知，没有系统强劲的社会工作理论的科学支撑，就不可能有系统强劲的社会工作发展实践。

本套译库的出版得到了国家出版基金的大力资助，为此我的感谢与感激之情难以言表！这里，我要向所有参与翻译本套译库的同仁表示感谢，因为他们的奉献体现了社工学人的专业精神！感谢华东理工大学出版社，因为他们始终对我们充分信任及对社会工作学科建设鼎力支持！我还要特别感谢何雪松教授，因为他持之以恒的追求、坚持和奉献，我们才有了本套译库的中文版！

是为序。

华东理工大学中国社会工作研究中心
徐永祥

# 关于本书

本书(第三版)探讨了人权的原则如何引导当代社会工作实践的问题。在传统意义上，人们都是透过启蒙时代的世界观来认识人权和社会工作的。本书作者吉姆·艾夫(Jim Ife)以通俗的、直接的和动人的论述，讨论了启蒙遗产对社会工作的意义，以及“后启蒙”社会工作实践的可能性。

本书自2001年首版以来，世界发生了巨大变化。本书坚持关注当代的争论焦点和危机，它既讨论将人权运用于非人类世界的重要性，也关注政治和生态不确定性的后果。通过考察人权不断进化的特性，艾夫鼓励社会工作者将人权的框架运用于实践。

本书提供典型案例、推荐书目和专业术语表帮助读者确定和探究人权与社会工作的重要议题。对学生、学者和实践者等而言，本书堪称迄今为止不可或缺的资源。

本书作者吉姆·艾夫是科廷大学(位于西澳大利亚珀斯市)人权教育中心客座教授、迪肯大学公民身份与人权中心客座教授，以及(位于墨尔本的)维多利亚大学的客座教授。

# 目录

# 导 论

人类权利（以下简称“人权”）的概念是当代最具力量的话语之一。在经济全球化的时代，个人主义和追求财富被认为是生活中最重要的事情。然而与此同时，这种判断我们行动的稳定的道德标准受到了后现代的相对主义的冲击，人权的概念就提供了一种替代性的道德标准，使得我们得以重申人性的价值。

本书不是在一般意义上强调人权的重要性，而是认为对一般的人类服务专业和特定的社会工作专业而言，人权具有特别的重要性。通过将社会工作置于人权的框架中，我们可以从新的角度来看待社会工作面临的问题和困境。进而，人权可以为社会工作者的实践提供道德基础，这既体现在社工对“案主”的日常服务中，也体现在社区发展、政策倡导和行动主义的活动中。本书致力于阐明社会工作作为人权专业的内涵，同时讨论如何将其运用于社工实践。不过，本书并非简单提出“如何做”人权为本的社会工作的框架。人权无法提供简单的答案，而更多的是提出问题——对实践者而言，通常是复杂而困难的问题。正是围绕这些问题展开的争论催生了以权利为本的社会工作。



熟悉本书早期版本的读者会发现，除去三处较大的修改外，现在的第三版改动较小。延续本书第二版对第二章的较大修改，第三版对第一到十二章都新增了重要材料。同时，第三版还在大多数章节的末尾提出了有待进一步探索的问题。需要指出的是，第三版的修改更多是对原有内容的更新和关注点的调整，而非实质性的修改。

本书第一章讨论了人权的定义，并将人权理解为一种本质性的话语，由此奠定了后续章节讨论的框架。第一章还探讨了在全球化条件下对人权实践的理解。全球化之所以特别重要，原因有二：其一，近年来人权的兴起，部分是应对全球化的结果；其二，在反对全球化的具体行动中，人权是主要的论题。相较于以前的版本，第一章还讨论了传统人权话语的启蒙之源，它极大地形塑了人权的主流思想。第三版比之前的版本在此处着墨更多。

在第一版中，第二章不加批判地概述了传统人权的“三代权利”，并奠定了其余章节的讨论基础。自那以后，我对此框架提出了批评，并将批评的原因纳入第二章。目前，这一框架普遍见诸人权文献中，读者仍然需要加以了解，但是，理解它的限制和矛盾也同等重要。

第三至八章梳理了与人权相关的理论和概念：人权的公私之别、人权的文化差异、权利与需求的关系、与人权连带的义务、权利和伦理的关系以及对人权话语的参与。在每一章中，都讨论了这些相关议题的社会工作应用。

余下章节旨在阐明如何开展以人权为本的社会工作。其内容包括：社会工作者如何参与人权的话语建构以作为实践的基础，社会工作实践如何实现和捍卫人权，以及人权视角对于社会工作专业自身结构与过程的意义。第三版新增的第十二章讨论了“后启蒙”社会工作的可能性，力图反映人权超越启蒙传统限制的需求。

虽然围绕人权的理论议题是复杂的，而且任何有关人权的讨论都难以回避这一点，但是，社会工作的特性要求任何的理论探讨必须建立在充满矛盾、不确定性和混乱的社工实践基础之上，并与之发生关联。因此，对人权实践应用的关注贯穿全书，它旨在与实践者关联并为其所用。





本书的写作基于国际主义的视角。虽然社会工作实践总是在一定的文化和社会情境中发生，但人权是一种普世话语，它基于共享的人性和全球公民权。因此，我希望本书能够被运用于不同的国家和文化。本书所讨论的议题是全球任何地方的社会工作者所关注的，而非讨论任何特定的国家、政治或文化情境中的特定议题。当然，作为一个西方文化背景的作者，我代表了西方白人的主流声音。读者可以毫不犹豫地质疑我的观点，并在将其应用于自身实践时重新解释。事实上，本书就是带着这样的期待写作的，我希望读者重构这些观点，从而使得其适合于特定的社会工作情境。

关于本书语言的使用，有几点值得说明。本书未使用不合语法的人称代词复数来避免语言的性别化，而是使用更传统的“他的/她的”、“她/他”，它们在行文中的出场顺序是随机的。

对于美国读者而言，“自由”一词可能需要一些解释。在本书中，“自由”不是美国媒体所宣扬的通俗含义——社会民主的思想。本书更多是在哲学层面使用这一概念，它意味着个人珍视在启蒙理性和进步情境中的个人主义和自由。

另一个给我带来困扰的词汇是“案主”，这是我不想使用的词汇(参见第十一章的解释)。尽管如此，作为替代词汇的“消费者”和“顾客”同样难以令人满意。在本书中，我尽可能地使用“人”或“个体”。不过有时为了避免“社会工作者所工作的人”(及类似情况)造成的不通顺，在更好的替代性词汇尚未出现的情况下，为了行文简洁，我不得不使用传统的“案主”一词。虽然社会工作者是本书期待的主要读者，但本书所探讨的议题的应用性显然超出了社会工作领域。我希望其他领域的读者能够发现本书的作用。为此目的，我尽量减少了社会工作术语的使用，并提供了术语表，尽管它对某些读者而言可能耳熟能详。

重新修订本书的一大快乐是可以收到许多不同人士的反馈，从而引发某些持续的重要对话。我欢迎任何读者(学生、教育者、实践者或其他)基于对话的精神对本书任何内容的评论。

第
一
章

# 全球化时代的人权

作为一种强大的观念，人权不仅得到来自不同文化和意识形态背景的人们的承认，而且也被用作修辞来支撑更大不同的乃至有时相互冲突的事业。由于其强大的诉求和修辞力量，人权概念经常被宽泛地使用，在不同的情境中具有不同的含义，尽管其使用者很少停下来思考其不同的意义和冲突。强大诉求加上内部冲突使得人权观念值得仔细探讨，这对社会工作者和其他人类服务专业人员特别重要。

本书关注人权视角对社会工作者的意义（Centre for Human Rights，1994）。将社会工作视为一个维护人权的专业，这不仅会改变社会工作概念化的方式，也会影响其实践的形式。在很多情况下，人权视角强化并验证了传统的社会工作观念和实践，但有时，它也会挑战社会工作专业的某些假定。本书的立场是，人权视角不仅能够强化社会工作，而且能够为社会工作者在任何条件下实现社会正义的目标奠定坚实的基础。尽管如此，人权本身仍是充满争议和疑问的。要奠定社会工作的人权根基，就必须对人权的思想以及与之伴随的问题和批评进行仔细而批判的考察。在本章及后续章节中，我们将讨论有关人权的议题和争论，同时关注这些讨论在社会工作中的应用。



## 人权的启蒙传统

很多论者认为，人权思想很大程度上是启蒙时代的产物，因此不可避免地要把它放到西方和现代的框架里来考察（Wonka，1992；Galtung，1994；Beetham，1995；Bobbio，1996；Pereira，1997；Bauer & Bell，1999；Dozinas，2000，2007；Hayden，2001；Orend，2002）。从18世纪上半期开始的欧洲启蒙时代，打破了道德是由圣经或者基督教信徒的教义来决定的传统。

前两个世纪，围绕对圣经和上帝旨意的不同解读，欧洲不断发生灾难性的宗教战争。作为对宗教道德的替代，“启蒙”试图将道德建基于人类理性。伴随启蒙思想的传播，人们开始强调进步、科学、理性和研究：对自然世界进行探索和学科归类，比如，动物学、化学、天文学、植物学和地质学。关于神圣的、精神的和宗教的问题开始变成个人的问题。不管在理论层面还是研究层面，它们都被排除在主流知识活动之外。启蒙话语强调人的主体性，将之与自然界分离开。它主张自然界服务于人性，而非拥有其自身价值。此外，人类主体被视为个体概念，而非集体概念。由此，“人的权利”开始成为一个重要概念。不过，由于父权制是大部分启蒙思想的内在组成部分，所以，这里的人类主体主要指男性。简言之，启蒙强调理性，感性和宗教被边缘化。

启蒙的遗产影响深远，甚至延伸到了 21 世纪。启蒙时代的思想影响到了法律、政治制度、科学、研究、大学、官僚、军事战略、学校。实际上，包括社会工作在内的人类生活的方方面面都受到了影响，不过，它仍然是一个属于西方的进程，扎根于西方世界观中。在很多非西方文化的地区，如亚洲、非洲、拉丁美洲和中东，还有一些土著社区，启蒙时代传播的是一种奇怪和不同的世界观。例如，政教分离作为一个典型的启蒙时代的观点，对于一个传统的穆斯林社会来说没有任何意义，在这样的社会中，宗教和政治是自然地结合在一起的。启蒙时代宣扬的个人主义也与很多亚洲社会中传统的集体主义的思想相冲突。而将人与自然界分离的观念，对于澳大利亚原住民或者北美的人来说也是不能够理解的。

启蒙造成了很多重大的结果。科学研究和调查开始如雨后春笋般多了起来。被启蒙的欧洲人的观念成为殖民化和殖民剥削便利的借口。如果我们被进一步启蒙，那么我们应当有义务去启蒙教化别人。因此，西方的人权启蒙时代的思想在其他文化传统中，通过教师、管理者和牧师得以强加，尽管成效各异(Said，1993，1995)。

此处的关键在于，启蒙时代导致道德和政治哲学的出现或者重现，人们试图去思考道德并且讨论管理社会的最好方法，而不仅仅是追寻上帝的真理(绝对真理)。人权主义很大程度上在这个过程中产生，并且我们可以说，人权宣言甚至可能取代圣经里面的十诫成为普罗大众道德伦理的基础。因此，尽管 Hobbes、Locke、Rousseau、Kant、Mill 等哲学家在人权主义思想的形成过程中起了非常大的作用，然而他们并没有在圣经和可兰经形成过程中起什么作用。除非人权的启蒙根基本身可以被批判，否则将引起文化之间和信仰之间就人权进行对话的问题。

这就导致一种批判的出现，即人权主义的那些思想和花言巧语仅仅是殖民主义统治的另外一种方式，在此意义上，人权的概念应该不能被使用（Aziz，1999）。但是，由于现代对人权的很多理解都是受西方启蒙时代思潮的影响，同样，很多其他的概念经常被运用在政治讨论中，例如民主、公正、自由、平等和人类尊严上面。仅仅因为类似词语受到西方启蒙时代的影响就制止使用它们可能会否定其力量和重要性，并且有可能导致枯燥狭隘的政治争论。我们的任务是将它们从西方现代化体系中解救出来并且重建一个更加动态的、包容性强的、跨文化交流的结构。这是这本书写作要达到的目的。由于文化议题和文化相对主义非常重要，本书将会在第四章作更加详细的讨论。

不过，有一种观点强烈反对上述说法，这种观点认为仅将人权视为西方概念是错误的。人权的观点被包含在所有主要的宗教传统里面，并且可以在不同的文化形式中找到（Von Senger，1993；Ishay，1997；Hayden，2001；Moussalli，2001；Angle，2002），尽管人权这个词可能不被经常使用。有关人的尊严和价值的观点，应该按照确定的基本的标准来对待所有人的观点，应该保护人们免受虐待的观点及尊重他人权利的观点等都并非西方知识传统所独有。将人权归结为西方价值贬低了其他宗教与文化传统的价值。

尽管如此，人权主义主要还是产生于启蒙时代，其他的一些关于人和权利的观念轻易地被边缘化了。启蒙时代对塑造人权在现代社会中被理解的方式起了很大的作用，并且很多与人权相关的问题和议题都受到很大的影响。随着启蒙现代性被越来越多地质疑，理解启蒙运动对人权运动的影响及发展出对人权和社工的“后启蒙”理解变得非常重要，这个任务将会贯穿全书。

这不是要否定启蒙时代对人权的观点的积极贡献，启蒙时代无疑取得了重要的成果，并且为一个更加公正和人性化的世界做出了贡献（尽管这很有可能是一个合格的、相对的评价）。人权，事实上代表了一个强有力的过程，这个过程需求解决分裂和宗派主义并且使不同文化和宗教信仰的人团结起来，当面临全世界的金融危机时，人权主义似乎在不同的文化和传统中引起共鸣，并且号召人们为寻求一个更加公正、和平和可持续的世界而努力。

正如对文化偏见的批判一样，从人权视角也会产生一些类似的陈述。其中一个关于人权的批判可能是无价值的或者自私的：人们有时候会把因为自己的私欲引发的需求也当作是一种人权。例如，他们有可能说想要拥有一辆车，想要来一次华丽的巡游，想要在餐厅里吸烟，或者想在飞机上使用手机。因此，人类权利有可能会变成一种消费主义和自我放纵的理由。另外一种批判是，人权有可能与其他的权利相矛盾，并且由此带来不同诉求之间调节的问题。例如，自由表达的权利与免受留言诽谤的权利是相互矛盾的。

此外，还有来自女性主义的批判(人权话语逐渐变成父权话语，并且保护了男人的特权，同时将女人的权利边缘化)，后殖民的批判(人权为殖民主义的需求服务，并且为西方文化价值观念和政治霸权主义的传播服务)，马克思主义的批判(人权主义是基于个人自由主义并且被用来代替或者降低阶级分析的价值)，后现代主义的批判(人权代表现代主义，并且是现代主义者尝试将秩序和理性来强加给多样化的、混沌的、矛盾的世界的一部分。人权视角需要展示它是如何解决各种不同的批判的，这将会在这一章和接下来的几章中得到解决。



大多数有关人权的学术争论仍然停留在理论层面，很少涉及有关人权的实践。例外的是法律专业，这个专业在人权法律中实现了重要的专业化。虽然律师在促进和捍卫人权的过程中扮演了一个非常重要的角色，但人权实践的法律框架限制了人权在其他专业和职业中的应用(Galtung，1994；Douzinas，2000)。造成如此局面的原因和它的结果将会在第二章更加详细地讨论。其他的一些专业，如医学、社会工作、教育和护理，也同样很关注人权问题，并且，他们的实践在很大程度上推动了人权的发展，做出的贡献远远大于法律实践对人权的推动。

尽管很多专业承认人权主义的观念对于专业实践来说非常重要，但他们并没有在人权的框架下定义理论或者进行实践。当他们说他们的工作就是以人权主义为基础时，很少有人知道这具体意味着什么。所以，人权仍然停留在一个“很好的主意”这个层面，而不具备发展实践理论和方法论的坚实基础。

本书尝试着去填补这个缺憾，通过探讨人权视角对人类服务专业来说意味着什么来达到目的。本书确定了关于人权的一些重要理论和概念，并且探讨它们怎样被运用到实践当中，怎样将一个社会工作者界定为一个人权工作者。简单地说，人权工作者适用于与人权有关的律师，并且还适用于为特赦国际(Amnesty International)服务的行动者。本书试图将社会工作者定位成人权工作者并且定义一些关键的问题，这些问题在社会工作被定义成人权工作的过程中会大量出现。

# 社会工作

尽管本书中的很多内容都可以被应用到广泛的专业人类服务中，例如，教育、医疗和其他与健康相关的专业，但是，它的焦点还是社会工作。在这方面，需要对“社会工作”做一定的说明。在不同的国家和文化背景下，社会工作有不同的内涵。在澳大利亚和北美，“社会工作者”被狭义地定义为拥有较高专业资质的工作者人群，从而与其他人类服务人员区分开来(Ife，1997a；Leighninger & Midgley，1997)。在其他社会里，这个术语含义更加广泛，覆盖拥有不同学历、来自不同背景的专业人类服务的工作者。





在英国，社会工作被认为是通过法定服务提供来实施一定的社会福利政策，在社区发展和社会变革方面起作用较小。可是在其他社会里，例如，在拉丁美洲(Aguilar，1997；Comely & Bruno，1997；Queiro，1997)，“社会工作”有更多的激进或者行动主义的内涵：它能引起社会变革、推动社会正义和人权的激进行动，以及反对盛行的政治与官僚统治。而在其他国家，例如美国，社会工作者的个人治疗角色是主导性的，另外一些社会工作者在私人诊所里工作(Leighninger & Midgley，1997)，然而在其他的国家，特别是“发展中国家”或者“南半球国家”，社会工作有很强的社区发展导向。甚至在一些国家，如澳大利亚和新西兰，表面上社会工作看起来非常相似，但是在如何构建社会工作和如何实现良好的实践效果两方面，却存在很大的差别。

国家的文化、社会和政治背景对社会工作的建构具有重要影响，会不可避免地造成社会工作在不同的地域被不同地建构。对于社会工作来说，这颇有益处，因为它允许利益和实践的多样性。但与此同时，也带来了一些问题。因为社会工作者在阅读文献时很难将相互冲突的观念运用于不同的情境中，同时，当社会工作者遭遇文化和国家边界时，也会感到模糊导致误解。

本书采用了“社会工作”更为广泛的定义——社会控制、保守主义、激进主义进行了治疗性的或者发展性的阐述，而不是局限于狭隘意义上。这个术语应从更广泛意义上理解，应该包括所有与社会服务或者社区发展相关的工作，也包括寻求社会变革的工作。本书的目的是展示人权观点，提供一个整合的框架，在这样一个框架里，不同种类的“社会工作”活动能够被容纳，并允许文化、国家、政治的差异(Center for Human Rights，1994)。

社会工作拥有确定核心价值的传统(Tan & Envall，2000；Reichert，2003)。社会工作者一直都强调价值基础的重要性；社会工作不被认为是中立、客观或者“价值中立”的专业，但是它被认为是基于价值和在一系列问题上不站在党派立场上的工作。在阐述专业价值的过程中，人权的概念常常是比较模糊的，例如：“个人的内在价值”、“自我决定的权利”等等。这样的陈述在最有限的意义上确定人权，对于社会工作来说非常重要(Reichert，2003，2007)。尽管对于“权利”的本质解释还很少，但冲突的权利本质，对于社会工作实践来说意味着什么？到底采纳什么样的人权理念来影响社会工作者的日常工作？



职业伦理守则也常常遵循着一些人权的理念，它们或含蓄或明显地源于人权立场(Corey et al.，1998)。这将在第七章作深入讨论。伦理守则只是一个探索人权的细微尝试，并没有真正探寻人权的意义。确实，它表明在那些文件里(例如，在伦理守则中)，人权的建构是不言自明的，只要对这些文献简单地考察，就会发现这样的观点是被误导和简单化了。

## 人权的话语和建构主义取向

接下来的章节将讨论有关人权的问题与争论，社会工作实践的适用性也将会被探讨。可是在一开始，对本书所采用的人权取向做一个清楚的说明是非常重要的。

### 1. 人权的三个传统

在人权和人权著作历史中，有三个可以被确定的传统：第一个人权的传统是自然权利传统，根据这个传统，人权被认为仅仅是与生俱来的。这个传统认为，我们一定程度上是与生俱来的，这也可以被定义为“天赋”，另外，人权自然地融入我们人性之中。这是洛克所赞成的观点和美国宣布独立时所表达的很著名的话：

*我们认为这些真理不言而喻：所有的人生来平等，他们被上帝赋予的权利不可剥夺，有生存权、自由权和追求幸福的权利。*

在此陈述中，我们认为，权利被看作是上帝赋予的，权利的存在也是不言而喻的。因此，理解我们的权利，必须要理解我们的人性和与人本性有关的哲学家、神学家或者心理学家对于权利的阐述。

第二个人权的传统是法律或国家义务的传统。这个传统认为，我们的权利只存在于某种程度上，它们是受保护的，保证或实现是国家行为的结果。因此，如果我们想明白我们的权利是什么，我们不仅仅要考察我们的人性的本质，而且要与那些为我们提供权利的法律、习俗和政府计划结合。因此，我们的权利被立法所定义，通过法律系统和福利国家的运作来实现。从这个角度看，律师和立法者承担了阐明人权和人权实践的主要责任。此人权观可能是三者中占统治地位的，这体现在很多主流的人权论述中。

第三个人权的传统是建构性权利传统。这个传统旨在避免现有的一些客观上的权利的想法，着眼于看待人的方式，要么是个人，要么是集体，定义他们的权利或者别人的权利，以及与权利相联系对应的责任。从这个视角看，我们会经常在日常生活和与他人的互动中就权利不断地讨价还价。这个传统也强调人们自己定义的权利，而不是被哲学家或者神学家（自然权利）或者律师和政治家（法律权利）定义的权利。

这是本书探索的方式，因为它面向最有愿景的社会工作者和社区为本的实践者。本书拒斥权利的实证主义概念，它意味着人权在某种程度上以客观形式存在，它可以被识别、被发现并凭经验可测定或验证。权利的存在在某种程度上独立于人类行动的想法是实证主义世界观的社会科学的特点，它认为社会现象独立而客观地存在，并认为社会科学家的任务是对社会现象互动的规律做出客观实证的调查。实证主义观点已是社会科学文献持续批判的对象（Fay，1975；Keat，1981；Lloyd & Thacker，1997；Crotty，

1998)，而本书的立场是一个拒绝实证主义的范例。 本书不是把权利视为以某种方式而存在，因此，它能够通过客观的科学探究被发现。本书在后面的章节中认为人权本质上是话语(Woodiwiss，1998)。也就是说，权利是通过人们的互动，并且通过什么应构成一个共同或共享人性不间断的对话达成(Howard，1995)。因此，人权并不是静态的，而是随着时间、不同文化和政治情境而不断变化的。

最知名的人权声明是人权宣言，尽管它代表了 20 世纪人类的伟大成就之一，但是它不应该被具体化，并看作是表达一种普遍的、不变的真理。相反，人权宣言展现了 1948 年世界各国领导人同意将此作为所有人的基本权利的声明。它是一个令人印象深刻和鼓舞人心的声明，有着重要的影响，并且已被用于许多方面。但它不是圣经，它可以并且应该在不同的时代受到挑战，不同的声音应该被倾听，不同的要求需要被了解。这同样也应当适用于人权的任何其他声明：什么是所有人类的基本权利，这将是需要持续讨论和重新定义的问题。因为西方的政治领导人存在某种偏见，宣言已遭到批评(Wronka，1992；Chomsky，1998)，可是，这并不是对普遍主义的排斥，而是认为各种声音和想法都应当被倾听与了解(Mahoney & Mahoney,1993)。

建构主义的观点不符合占统治地位的人权观，那就是法律或国家责任的传统。由于法律和法律系统的本质，至少在西方传统里，这样一种观点受到实证主义的严重影响是不可避免的。另外，实证主义也是人权启蒙运动遗产的一部分，由于启蒙运动拥抱科学、科学理性、准客观的“真理”，这也自然导致了一种强烈普遍主义的观点。作为一种通用的法则，一系列特别的权利适用于所有人。自然权利传统强化了这种普遍主义观点，它认为，人类的本质就在于他们拥有一定的权利(Simmons，1992)。简单来说，人权就是源于一些共同的人性，人们应当以某种方式被恰当对待(Feinberg，1973)。从这个观点出发，因为我们生来平等，所以我们也自然应当享有平等的权利。因此，人权的观点，在自然权利和法律权利传统上来看，意味着寻找适用于所有人的普适的原则，而无关他们的文化背景、价值观、年龄、性别、能力或境遇。第四章将会进一步探讨普遍性的问题。

传统人权的论述的一个特征就是过分关注权利的问题，而较少考虑人的问题。然而，人的内涵和权利的内涵一样，复杂且充满争议。不同时期、不同地点，存在着关于“什么是人”和享有什么权利的不同理解。传统父权哲学家(如洛克)关于“人的权利”的论述，通常不将女人视作“人”，因此，她们的权利也不会被包含在人权中。Thomas Jefferson 向来认为积极倡导人权和自由与保持奴隶制没有冲突。大屠杀的凶手们，一方面在热烈庆祝德国伟大的文明成就，另一方面也能找到证明犹太人是低等种族的证据；此外还有南非的种族隔离政策、印尼对东帝汶的军事占领和波斯尼亚塞族军队等等(Rorty，1998)。军队向来不会人道地对待他们的敌人，这使得他们很容易杀害俘虏，而不会因为谋杀罪受刑。独裁者通常为他们的行为辩护说，那些受害者不是人，自然不需要去考虑他们的人权。

这些例子可能看起来很极端，也会带来诸多的指责，因此，我们需要记住有许多人被排除在我们构建的人的概念之外，相应地也被隔离在人权之外，我们对此没有那么多愤怒。一个典型的例子就是儿童，他们通常没有成人的权利，尽管有些权利(例如，投票的权利)通常被贴上“人权”的标签。智障人士的权利也会被忽略，此外，还有囚犯、流浪者和老人(Robinson & Sidoti，2000)，把这些人从人权的概念里排除，也意味着他们不是“人”，这和 Locke，Jefferson 和纳粹以及上述例子中所做的没有二致。因此，关于“人权是普遍性的”仍是一个激进和具有挑战性的陈述，即使对于那些西方自由主义者来说，也是如此。



人权的普遍性不能与人权的静态性和不变性混淆。如果人权是建构的，而不是客观存在的，重要的在于通过对话和讨论来建构这样的普遍价值。谁的观点在人权的论述中更有话语权，谁的声音又往往被忽视？其他的声音如何被倾听，是否存在其他方式去建构人权的概念？是否有一些权利优先于其他的权利，是否在构建人权的过程中，重视一些人的行动而忽略了其他人的行动？这些或其他问题将在接下来的章节得到讨论，我们还会讨论社会工作者在不断的话语建构过程中，如何参与建构和重构人权话语。

## 2. 界定人权

把人权理解为话语，意味着人权不是固定的或者静止的，因此从这种角度上说，人权不能够被完整定义。为此，本书将不会概述或者定义一套基本的人权理论，因为这样做会让作者的声音凌驾于其他声音之上，这违背了参与和民主的原则。然而，在这个阶段提供一个定义非常重要，并不是关于人权的本质是什么，而是当我们谈论人权的话语时，明确人权对于我们来说意味着什么，换句话说，什么才算得上人权，什么又算不上。

我们会听到一些关于权利的阐述，一些有争议，一些是琐碎的，一些仅仅被运用到特定的团体中。这些包括携带武器的权利、妇女的权利、管理的权利、儿童的权利、固有的人的权利、对某一个儿童进行体罚的权利、宣传的权利、竞选总统的权利等等。人们所声称的权利并不是所有的都是人权。我们通常所说的人权属于所有人，不管他来自哪个国家、种族、文化、年龄、性别或者其他特征。因此，这些权利都是普遍的和适用于每一个人、每个地方，可是更多特定的和局限的权利仅仅适用于特定情境下的特定的人。



本书概述的人权观点清楚地表明，哪里有冲突，人权就高于其他权利。换句话说，仅仅属于一定的个人或者团体的特权，不能与属于每一个人的基本权利相冲突。举个例子，我可能在我的大学里按照我的地位要求一定标准的办公室、一定的工资水平和消费支出的权利，但是，我只有在大学分配资源时降低学生教育质量的情况下才能得到这个权利，然后我运用我的权利得到这些东西，其实这是在剥夺学生受教育的权利。在主张权利的冲突中，教育被认为是人权，然而好的办公室和费用支出并不是人权，在这样一个案例中，学生的教育权具有更大的优先权。这个例子在理解人权方面起到了基础性作用，通过界定人权，我们知道它比其他权利更有优先权。

必须指出的是，许多特殊的权利主张来自强势群体而不是弱势群体。弱势群体通常主张要求那些我们习以为常的普遍权利，而那些强势群体则要求某些特别和额外的权利，例如，管理的权利、持枪的权利、不计社会和环境成本获得最大化利润的权利、采矿的权利、对私有财产享有神圣不可侵犯的权利。所有这些“权利”都不是普遍的，不可能所有人都能实现这些权利，因此，它们必须从我们所定义的“人权”目录中排除，因为这些权利只是那些强势群体维持他们统治地位所不可或缺的，并不是所有人都需要它。

然而，存在一些特殊的权利主张，它们与强势群体所声称的权利主张有着显著的差异。那些弱势群体的主张，例如，妇女、儿童、流浪者以及其他弱势群体，就不能被排除在人权范畴之外。这么做将会使社会正义问题琐碎化，进而强化压迫的话语权。因此，那些弱势群体所声称的主张也应当被视作整体人权的组成部分（Lyons & Mayall，2003）。在很多情况下，特殊群体关于人权的主张都会被拒绝。例如，残疾人认为他们很难找到工作，因此得到有价值工作的权利（这被视作一种普遍人权）对于他们来说就特别有意义，应当被包含在他们特殊的“权利”要求之中。在这种情况下，权利本身与其他群体的权利并无二致，但是，问题的关键在于压迫的结构和话语阻碍了特定群体去实践相关的权利，因此需要特定的社会服务。这是许多弱势群体的权利主张所面临的共同处境。





从另外一个意义讲，这些弱势群体的权利也应当被视作人权，即使这些权利与其他群体无关。例如，原住民对于特定土地的权利主张，由于他们的土著特征以及与土地的历史联系，其他人就不能提出这样的权利主张。这些权利对于他们实现全部人性具有重要意义（Janke，2000；Garkawe et al.，2001）。实现全部人性的权利是人权概念的核心，因此，原住民对于土地的主张仍然应当被视作人权的范畴。同样地，这论据也支持那些特殊群体的权利要求，例如，妇女、儿童、残疾人、老人等等。每个群体都有自身群体的特殊权利要求，尽管对于所有群体来说不是普遍的，但是对于实现他们群体的全部人性来说是不可或缺的。这些基本权利引发了不同群体不同的权利主张，但它们仍能被整合进普遍人权话语中。

当然，这也引发了一个问题，那就是我们如何定义实现人的全部人性需要什么。例如，一个枪支持有者声称，枪支持有权对于他实现全部人性是不可或缺的，充分的“持枪权利”应当是人权的一部分。强奸者认为，只有实施强奸才能实现他的全部人性，他也会提出同样的要求。然而，这些要求显然侵犯了其他人的人权，人权的视角不可能允许个人的人权主张侵犯其他人的人权。

引入对于压迫和不利处境的分析是特别重要的。当我们探讨弱势群体的权利时，例如妇女和儿童，我们会意识到现存的压迫结构和话语的存在，它们造成了不利处境，使弱势群体无法实现他们的全部人性

（Czerny，1993）。人权必须被放置在这种背景下去理解，必须识别压迫的结构和话语，因此从本质上讲，它们与人权的价值相冲突。因此，人权的主张如果能够削弱或解决压迫的结构和话语，那就应当被包含在人权的范畴内。

通过以上讨论，很显然，对于“人权”的主张不仅仅是因为我应该拥有它，就可以声称自己拥有该“权利”，许多权利的主张不能被视作人权的主张。权利的主张只有满足以下标准，才能被纳入人权范畴，这些标准将提供本书的人权定义：

——权利主张的实现对于实现个人和群体的全部人性来说是不可或缺的，适用于所有人。

——权利主张不仅适用于所有人，也适用于个人和群体，希望能够为所有人所享有，或者适用于特定的弱势群体或边缘群体，这些权利主张对于实现全部人类潜能不可或缺。

——对于相关权利主张拥有大量的广泛共识。只有赢得超越文化或其他界限的支持，才能被标注为“人权”。

——权利的主张可以通过法律的方式充分实现。这排除了限量供应的权利，例如，拥有海景房的权利、拥有一个电视频道的权利、拥有大量土地的权利。

——权利主张不得与其他人权相抵触。这将不会包括像持有枪支的“权利”、将他人奴役的“权利”、男人殴打妻子和儿童的“权利”、获得高额利润而造成他人贫穷的“权利”，等等。

这意味着“人权”的范畴并不包括所有人可能要求的所有权利，并且要求人权主张必须通过一定的严格验证。声称一个人的权利最常见的理由是参考一些认可的协定，当然，最常见的是世界人权宣言。人权协定之所以重要，其中一个原因是他们为在特定情境下人权的主张提供了很好的基础。

人权通常被看作是一个包裹，这个包裹是“普遍的和不可分割的”，因此不能被分开。这就是上面第五个标准的来源：因为人权是一个整体，所以他们必须具有一致性和协调性。这意味着在人权领域，不一定要排出优先次序。每一种人权都是重要的，断定某一个权利重要于另一个权利，这一点是根本没有必要的。人权视角认为，一旦一个权利的主张被视作人权的主张，那么，这个权利的主张就享有对于其他权利的优先地位。可实际上，人权主张相冲突是很常见的，在随后章节中会讨论一些典型的例子。这些冲突常常只能通过运用上面的标准才能被解决。

对于社会工作者来说，人权和其他权利的区别在于，人权一定要处于优先地位，以及人权有特定的相关性。在社会工作实践中经常会发生“权利”（尽管用此种方式表达可能欠妥）和“人权”相冲突的情况。有这样一个例子，管理者要求社会工作者不要提供人权服务，按照上述标准（确实它并不属于上面五种标准），“管理的权利”当然不能作为人权。如果社会工作者遇到这种情况，人权必须要处于优先地位。在这个案例中，社会工作者带着道德感去反抗否定人权的管理实践，如果有必要，他必须做出不遵循管理者指示的决定。当然，社会工作者面对这样的冲突，如果要做明智的决定，还应当考虑一些情境因素。另外，也可以采用其他一些方法，例如，对之前有关的人权冲突的文献进行仔细的研究，要求社会工作者联合会或者专业协会去处理这件事，社会工作者不应该自己处理这件事或者随便找管理者谈这件事情。

当涉及人权时，人权通常是普遍的、不可分割的和不可或缺的（Cassese，1990；Centre for Human rights，1994；Jones，1994；Freeeman，2002；O'Byne，2003）。上面我们已经讨论了人权的普遍性和不可分割性：普遍性意味着人权属于所有人，不可分割性意味着人权像一个包裹，它不能被切割和选择，不管你想要还是不想要都得接受。

人权的不可剥夺性是指它们不能被其他人所剥夺。当有时法律批准剥夺一些人权时，人权的不可剥夺性就面临争议。举个例子，犯人被剥夺了自由权，包括结社的权利和自由活动的权利。但是总体来说，人权不能够从我们身上被剥夺，只要我们活着，它们就一直属于我们。

人权是不可放弃的，这是指一个人不能随意地放弃自己的人权或者用它们去换取其他的权利，人权不能被闲置。我们可能一直都没有运用我们的权利，但是我们仍然有这些权利；另外，即使我们不运用我们的权利，至少从理论上说，我们还是可以自由地改变我们的想法的。还有，人权的这个特点在实际中并不是经常运用的，比如，当我们与雇主签订保密协议时，我们会选择放弃表达自由的权利。

进一步阐明人权的思想，以及人权对社会工作者来说意味着什么，是本书接下来要阐述的内容。可是，上述关于人权的定义和讨论将会在接下来的章节中予以阐述。

## 3. 代际权利

最近几十年，人权话语发生最大的变化是我们对于人权责任的理解广度超过了现在。当然，过去仍然发生了很多侵犯人权的事情，但是，现在人们意识到即使侵犯人权的事情发生在过去，人们仍然有责任去找到那些被侵犯的人，并且要采取一些合适的行动给他们一些补偿。瑞士银行举办了关于纳粹党人财富的讨论，最后将这笔财富作为对纳粹活动幸存者的一种补偿，这就是一个典型的例子。在其他情况下，最主要关心的是精神性补偿，而不是货币补偿。例如，加拿大政府向那些遭到虐待的原住民道歉（HREOC，1997）——尽管有时也涉及货币补偿。





对于过去侵犯人权的追责受到不同因素的影响。例如，Richard Falk（2000a）指出，纳粹党的屠杀违背了人权，它与1937年南京大屠杀有很大的差异。这部分是由于西方思维里冷战时期的意识形态所造成的，因为中国没有扮演好被日本侵犯人权的受害者角色。然而，了解发生在过去的人权侵犯事件的影响程度，对于社会工作者来说非常重要，因为他们发现他们所应面对的不公正问题、压迫和侵犯人权的问题是长久存在的，影响了一代又一代人。

通过纳入后代人们的权利来拓展人权的范畴，这是另外一个改变话语权的拓展人权的方式。这给我们所有影响后代的事情带来了新的问题，我们应确保我们现在的行为能在保障现在活着的人们的人权与未来人们的人权之间保持平衡。当然，这在环保运动中尤为重要，人们提出我们现在的行为不考虑后代人们的人权，是不道德的，例如，杀害野生动物、让全球变暖持续恶化、破坏生态多样性、过度捕捞。他们认为，我们应当有道德、有责任去保障和尊重后代人的人权（Attfield，1983；Goodin，1992；Zarsky，2002）。当然，这一视角会对社会工作者产生影响，特别是对那些社区发展或处理环境问题的社会工作者，还有那些致力于打破剥夺和侵犯人权的代际循环机制，进而消除那些压迫结构、影响后代结构的社会工作者（例如，通过打破社区结构，增加相互义务的共同感）更是如此。

这种拓展的人权时间观点是一种对人权和相应义务较新的理解。我们通常从空间角度去思考人权——一个社区或国家对于彼此的责任——而不是从时间角度去思考。从时间角度去思考，人权既回到过去，又走向未来，影响着我们现在的行为。这一维度特别重要，不仅是因为那些生活在过去和即将生活在未来的人们的人权，也是因为这种时间的维度让我们从历史的角度去思考，把我们的行为放置于历史的背景下去考虑，我们对于人权的理解不是静止的，而是具有重要的历史维度。

## • • • 4. 权利和自由

权利常常和自由概念联系在一起，正如常见的短语“权利和自由”，在西方有着浓厚的个人自由主义传统，这一点无法避免。此外，哲学家约翰·斯图尔特·米尔极力推崇自由主义，他是自由主义和个人自由的代表人物(Mill，1906)。权利和自由的联系经常使它们被同等对待。同时，它也导致一种观点，即权利优先于自由。它强调消极权利，也就是那些需要被保护的权利，它并不强调积极权利，也就是这些需要被意识到和提供的权利，如受教育权、健康权、住房权。消极权利在西方权利话语中占主导地位，因此，这也导致了以人权专业为主的法律占主导地位，这些内容将在接下来的章节作更详细的讨论。

上述对于权利和自由关系的理解导致了一个结果，那就是：如果这是我的权利，我应该可以以我想要的方式和范围去“自由”行使这些权利。同样地，拥有私有财产的权利也就意味着我可以得到我想要和能够支付得起的财产。持这种权利观的问题在于：我毫无限制地运用自己的权利，但可能会损害别人的权利。不加约束地运用自由权利会导致种族或者宗教污蔑、诽谤或者造谣，另外，无限制地拥有私有财产的权利会剥夺其他人的权利。

在下面一些章节，我们会做进一步的探索，特别是权利和责任的关系。识别权利和自由之间的上述关系是有问题的，这非常重要。我们需要提出这样一种人权观点，它不应该假定权利必然带来自由，而应当强调权利的使用应当限制，它应被负责任地行使。我们接受这样的对于言论自由的限制(通过法律反对标签化和污名化)，但是我们不会接受在其他领域这么做，例如，享有财产的权利。

## 5. 动物权利

当论述人权定义时，有必要提到非人权，也就是说，权利这个术语可以用到其他物种。近几十年来，人们越来越关注动物权利，另外，与人类中心视角相对的生态主义视角(Fox, 1990；Eckersley, 1992)认为，权利不仅仅属于人类，还应该属于生态系统所有现存的生物。

本书并没有论述动物权利问题，这不是因为作者缺乏同情心，而是因为本书主要关注的是人权，是具有共同的人性的人类权利。这里所采用的人权话语认为，人类权利和动物权利两者有很大的区别，人类能够在一起以某种方式表达和讨论他们的权利，其他的物种则不可以。因此，任何试图给其他生物做权利定义的尝试，都只不过是人类自身定义人类该如何对待其他生物的方式，但是这样的定义无法确保其他生物能够履行相应的义务。可是，人类权利是不同的，因为这是人类自己定义的权利，他们必须尊重，保护彼此，努力实现这些权利。

本书反复出现的一个主题就是社会工作者在促进人们对话过程中的重要性，这当然不涉及非人类的生物，其他生物的权利可能用其他术语来代替。尽管这是一个很重要的问题，关乎我们如何定义人类自身，也涉及我们对生态的认知，但是这个议题仍然超出本书的讨论范围。我们将在第十二章进行讨论，一个更加生态主义的视角在推动后现代主义社会工作发展中发挥着重要作用。有意思的是，Thomas Ryan 最近出版的新著(Ryan, 2011)标志着社会工作者开始承担对于动物的伦理责任，将动物伦理开始纳入社会工作专业伦理之中。

必须指出，本书中的论述以及人类中心主义所界定的人权概念是很重要的。必须持有这样的立场，即“其他的”非人类物种的权利应以不同的方式对待。可是，动物权利的强势倡导是与人权视角一脉相承的。当人权得到重视时，人类不应该冷酷无情地压制其他生物的权利，人权在任何一种情况下都不应该高于动物权利。本书在第三章节讨论的人权实践的原则是，凡有权利主张冲突的地方，弱者或者弱势群体的权利就享有优先权。很明显这也可以应用到非人类生物的权利上来。

## 全球化

在全球化的压力下，人权一直被赋予一种额外的、当代的关联(Brysk，2002；Monshipouri et al.，2003；de Feyter，2005)。在某些细节上，考察全球化是非常重要的。一方面，全球化是21世纪早期社会工作实践面对的情境；另一方面是由于人权在当前有关全球化和反对全球化的争论中扮演着极其重要的角色。

全球经济并不是一个全新的名词，世界性的贸易已经持续了好几百年，而且某些形式的全球经济要早于国家(这些国家往往被视作在全球化的冲击下所形成)的出现。在其他方面，这一点已经使得一些论者(Hirst & Thompson，1996,2000)认为，全球化正如它被描述的，实际上不是一个新的现象。同时，也认为我们现在正在见证的全球化是历史的继续，而不是改变。这是一个非常重要的评论，并且，正如接下来所要表达的，我们越来越忽视全球化历史的持续性。

然而，新出现的全球经济的规模和经济主体的力量也导致了全球化的严重的中断。直到最近，虽然全球经济取得了很大的发展，但是，它处在各国政府的严密监控之下，政府会对此类贸易设置一些条目和限制，并且在很多情况下，政府会利用世界性的贸易进一步获取国家利益。今天，世界贸易发展得如此之大以及跨国公司变得如此强大，以至于政府的管理能力或者刻意从世界贸易获益的能力受到了严重的限制。大多数(并不是所有的)国家的政府都会遭受全球市场的控制，它们没有能力改变，不能执行对于市场不利的政策，这是因为此种结果将会造成资本的快速外逃、货币危机以及经济崩溃(Held et al.，1999；Meyer & Geschiere，1999；Mittelman，2000)。

因此，各国政府几乎没有一个相对的空间去提出新的或替代性的政策。在国家经济和社会未来发展的方向和形态上，政府已经失去了这种做出独立决策的能力(Bauman，1998；Beck，2000)。这已经明显导致了政府失去对重要政策决策权的民主控制，而影响人类未来的重要决定就由那些没有被大众普选上或者身份不被大多数世界居民熟知的个人或群体所做出。尽管约定俗成的政策话语权已经极大地被限制在民族国家内部，但是，如果政策不是变得越来越无关紧要，那么鉴于这些变化，国家需要重新设计政策。在后面的章节中，我们将谈到社会工作中的人权要求有效的政策倡导和发展，并且在全球化的世界中，政策制定背景的不断变化需要被理解(Deacon，1997,1999；Mishra，1999；de Feyter，2005)。

通常我们会认为，全球化通过打破国与国之间的界限，将会创造出一个一体化的世界，这暗示着一个公正的世界。但恰恰相反，全球化产生了一种新的不平等的模式。Castells(1996，1997,1998)认为在“网络社会”中，出现了一种新的通过交流技术建立起来的，跨越国家的权力网络。而且，一个国家是否与这些网络联结，就决定了一个国家的财富、权力和影响。因为这些权力网络无须考虑国家界限，无论在何种社会都将会有一些人包含在新的全球网络之中，而另外一些人则在此之外。因此，民族国家的分界线很少能够明确不公平的定义。同时，在任何一个国家，都将会有一些人在接近权力网络的通道上处于优势地位，而另一些人则被排除在权力之外，或被边缘化。



我们常常习惯于把国家的分界线认作是相对优势和相对劣势的决定因素，例如，我们谈到的富国和穷国、发达国家和发展中国家。虽然在如此的分类中仍然有着明显的相关性，但是，考虑到世界上富国和穷国之间不公平的持续存在，这样的定义会掩盖下述事实：甚至在最穷的国家也有富人精英，在物质丰富的社会也存在极度贫穷(Riches，1997)。而且，有明确的证据表明，国家间的不平等是不断增长的，并且Castells的分析暗示着，伴随着网络社会的出现，这种趋势将会继续。

通常，我们也认为，全球化只是增加了不平等。全球的不平等并不是一个新的现象，它是近两个世纪以来，殖民主义和全球性的资本主义结合的悲剧性结果。我们要改变的不是不平等世界的一个可憎的现实，而是这种不平等的界限。全球化使得国家的界限如同不平等界限一样变得毫无意义，即随着资本主义的全球化，随之而来的社会和经济的不平等同样被使国家界限模糊的模式所分化。因为这一原因，任何一种理解这种不平等维度的尝试(一些社会工作者集中关注的是他们实践的本质)都要求有一种国际的分析和国际化的视角。由于这种普遍主义，人权就代表着发展如此视角的一种尝试(见第四章)。

尽管我们可能会质疑Hirst和Thompson的描述——全球化本身并不是

一个新的现象，不过可以肯定的是有关全球化的许多东西在很长一段时间里与我们息息相关。资本主义、殖民主义以及随之产生的剥削和压迫令人沮丧地让我们熟悉，它几乎不是全球经济新的衍生物。然而，这一观点会被这样的人很快地否认，这些人声称，全球化作为一种新的现象，需要一种新的分析。这种反复强调"针对新的问题我们需要新的解决方案"的叠句，很快地使这些用于理解和解决老问题的分析框架被忽视。在许多方面，全球化仅仅是资本主义、父权制、现代主义理性，以及殖民主义剥削的逻辑上的延伸，而且，批判这些现象——马克思主义、女性主义、后现代主义和后殖民主义的知识框架，对分析经济全球化和寻找一种可行的或公平的替代性方法是非常重要的。

话又说回来，在全球化中同时存在着陈旧的和新兴的要素，意识到这一点是重要的。在很多时候，我们所看到的仅仅是阶级、种族和性别压迫方面陈旧的、熟悉的故事在新的背景下的一种重塑。而且，那些在过去一直关注这些被压迫的人们，他们理论的和激进的智慧有许多可以传授给今天的参与者。因此，人们反对全球化的斗争并不是一场全新的斗争，而是社会工作者所熟悉的旧的斗争的一种新形式。另一方面，对于全球化来说，新的方面绝大多数是由信息和交流技术的变革，以及当前全球经济活动的规模所带来的，是这些变化开启了新的挑战，也带来了新的机会。因此，接受全球化的社会工作者熟知旧的内容，同时又意识到新的可能性是非常必要的。在后面的章节中，这一点与人权实践大纲有特别的联系。

当前全球化经验的特征之一就是，它几乎一直是一种排斥性的经济（Brecher & Costello，1994）。在国际上有其他的惯例，例如 20 世纪的国际主义者运动，这些运动一直以来关注的是世界和平、环境、社会公平、女性主义，当然还有人权。这些运动见证了国联的成立，然后是联合国以及它的附属机构，还有一系列的国际非政府组织，包括红十字会、女性和平与自由联盟、拯救儿童组织、国际特赦组织、绿色和平组织。这些组织基于普遍的人性、全球公民、国际的理解和团结以及相互责任的观点，关注的是对"同一个世界"多样的美好想象，而不是把过多的关注点放在经济活动上。

然而，在近一段时间，国际日程一直被经济事务所占用，而对社会公平、和平、环境的关注以及人权不得不被排在第二位。比如，当前世界经济贸易的正统观念建议，我们应该欢迎那些来自其他地方想要在当地市场投资的人；同时，我们应鼓励我们国家在其他经济体中的干预。实际上，世界贸易组织的建立就是为了鼓励这种在其他经济体中的跨国干预，并且阻止政府和其他群体提高投资和贸易壁垒。结果，现如今的各国政府(除了美国)在经济事务中很少有发言权。

虽然一提到贸易，国家的独立自主几乎名存实亡，但是提及人权却很活跃，在这里，保护的口号一直伴随着任何穿过国家的界限干预人权的企图。人权侵犯议题被视为需要耐心劝说和微妙协商的事务，它旨在不触及国家的敏感点。这一点非常必要。这极大地远离了贸易协商规则，并且，如果一个政府不想遵从国际人权的标准，我们能做的非常之少(当然，除非采取行动时有其他战略上的意义，比如，当人权惩罚突然变成了武装干预的借口)。当提到经济的时候，我们好像生活在一个全球化的世界，但是当提到人权的时候，我们似乎生活在一个高度自治的国家(Chomsky，1998)。




因而，当前全球化的经历是片面的，它与经济极大地相关，并且实际上它仅仅是将经济原教旨主义强加在全球范围内。这种原教旨主义，自从1980年代早期以来，主导西方尤其是英语国家的经济政策。这种观点把经济发展的需要看成是至高无上的，并且也暗示，所有的政策首先要适应经济的发展和繁荣，其他相关的问题是政策制定者不应该允许的，诸如社会公正和人权等取代经济。这应成为政策制定者优先考虑的因素。如果政策制定者这样做了，那么，经济下滑的必然结果将对任何人无益。自由市场依赖于对所有人自由选择的总和的代表，因而也将实现最优的人类福祉，对市场运作进行任何干预不仅难获成效，并且反而会导致所有人品尝苦果(Rees et al.，1993；Saunders，1994；de Feyter，2005)。这种观点导致国家政策把经济目标定义为至高无上的，而其他目标都设定为经济发展需要的、必不可少的助推器。

对社会工作者来说，如此的经济教条主义是熟悉的，尤其是在西方英语国家。在这里，经济教条主义一直被用来证明福利国家的衰退是有道理的，并把这种衰退明确为经济的需要。这一行为已经影响了社会工作者的工作环境，更为重要的是，已经导致了社会工作者不得不对提供服务的质量和数量进行限制。现在我们正在见证一个世界范围内同样的现象，即在国家层面，利用社会工作者先前的经验处理政策问题再一次变得重要。

经济教条主义在当前全球化经验背后的认同是极其重要的。很多反对全球化的活动，包括消费者群体运动、人权团体运动和其他国际主义者倡导的运动等，不是大力反对全球化把世界紧密联结在一起，而是反对近20年支配国际议事日程的全球化经济教条主义的形式。并不是全球化本质的观念引起了这样的反应，而是仅把将全球化局限在经济层面的做法，逐渐削弱了民主责任，公然地服务于最有权力者的利益，似乎加重了不平等，以及使得诸如人权、社会正义和环境等问题在狭义的“全球经济利益”的利害关系中被边缘化。从这一观点来看，有关全球化的激烈争论和各地的普遍游行实际上并不是针对全球化本身，而是针对人权、社会正义、民主和诸如全球变暖的环境(Rees & Wright，2000)。

因为这一原因，人权的观念对于那些反对目前经济全球化的人而言，就成为一种重要的集结口号。正如我们所看到的，人权通常被视为一般概念，并且因此它代表着人类普遍观念的另类构想，这种构想拒绝经济教条主义，同时宣扬人的价值、共同的分享的人性观念，以及全球公民身份(包含权利和责任)的建构应该占据由新交流和信息技术所带来的“新的世界秩序”的核心。这就引起了如Falk(1993)、Brecher和Costello(1994)(也可见于Keck & Sikkink，1998；Rajagopl，2003)所倡导的“自下而上的全球化”观念的共鸣。这些作者认为，一方面当前正在经历的全球化，在富人和有权人利益中以“自上而下的全球化”为特征，并且几乎没有民主责任；另一方面，“自下而上的全球化”是在普通人利益中的全球化，是一种基本的民主(涉及决策制定中的最大参与度)，是基于社会正义、人权的理念而不是以狭隘的经济利益为主。从这一观点出发，我们的任务不是去反对经济全球化本身，而是把工作趋向于一种主要以社会性目标而不是经济目的为主的全球化。在这样的构想下，人权理念扮演着核心的角色，并且证明了它是民众在反对全球化的游行中最有力的观念之一。

在离开全球化讨论之前，我们需要关注反对地方化的趋势。许多社会团体通过在地方寻求投资的新方法来反对经济全球化(Cox，1997；Hines，2000)。全球经济在满足个人和社区需要方面的不足之处已经导致了大量的替代性货币和当地经济计划，例如，LETS(Dauncey，1998)。当他们企图在全球金融市场竞争时，大银行在服务当地社会团体需要的不足之处导致了社区银行的建议。同样的，也出现了当地基于社区(包括教育、住房、政策和其他社区服务方面)的实验和大量的合作社(Ekins, 1992)。这些当地的主动精神清晰地表明了他们具有切实可行的、可持续发展的、人性化的选择，并且当这种不稳定、不可持续的全球经济体系不堪重负而崩溃的时候(早晚有一天必然会发生)，他们还代表了未来发展的可能方向。

然而，一些地方对全球化的反应值得警惕，包括民兵组织和自卫团体数量的增加，以及部落主义、狭隘主义、排外主义、宗教原教旨主义、种族主义、少数族裔的明显上升。全球化、地方化，它们本身无所谓有益或有害，也无所谓能够推动或侵犯人权。但是，对于社会工作者来说，这是一个特别值得关注的现象。社会工作者典型的做法是和地方一起工作，并且他们会在社区发展中占据重要的地位，试图把“社区”和当地经济利益复苏的理念变成一种进步的社会运动，而不是沉默在排外的、忽视的政治中。



## 权利为本的实践

在本书接下来的章节中，主要概述了人权如何被用于社会工作实践的基础理念。人权的执行或者说运用，一直是许多学者关注的焦点(比如，可见于 Porter & Offord, 2006)，本书试图在社会工作或者人权服务的实践中来完成这一目标。社会工作关注人权的这一说法似乎是不证自明的，但是也有其他不重视权利的社会工作模式。

第一种是以需求为本的社会工作，这种模式强调对需求的评估以及满足需求的过程。尽管这样的强调已经遭到了批判，但毫无疑问，“需求”的观念是社会工作的核心。许多作者，如 Illich(Illich et al., 1997)批判这些专业人士(包括社会工作者)变成了社会需求的专业鉴定者，因而使案主的自信心降低，案主自己的需求不再由案主定义，而是由专业人士来替代。

尽管以需求为本的实践还有其他问题，但是，毋庸置疑，人的需求这一理念与人权是密不可分的。有关需求和权利之间的联系会在第五章阐述，因为需求是人权融入社会工作的一个非常重要的方面，这一点是本书的重点课题。目前，可以肯定“人的需求”对于社会工作者来说，是“人权”的替代性方法。同时，倡导以权利为本的方法需要表明了它相对于以需求为本的方法的优势。

第二种可替代的模式就是社会工作中以正义为本的方法。如果要求社工总结其实践的价值观基础，许多社会工作者很可能用“社会正义”这一术语，而不是“人权 ”。至于需求，它被视为权利和正义之间一条清晰的链接。然而，对于社会工作者来说，一种纯粹基于正义的方法(基于人权的方法可以克服)有两个问题：

第一个问题是正义暗示着一种简单的报复。“我们需要正义”的呼声常常见诸死刑监禁的判决以及类似的文本中。这一点导致社会工作者不大情愿提供支持，并且很有可能大力反对这一行为。对于社会工作，用如此强烈的方法表达正义，在某种程度上不是进步，在这里，社会工作仅仅是帮助把报复政策合法化了。

第二个问题是正义经常是程序层面上的定义。谈到公平公正，它就是运用公平公正的方法执行法律。然而，法律本身很可能就带有极高的歧视性和压迫性，并且所谓的“正义系统”导致了不公正法律有效地、合法地执行。实际上，这是殖民主义历史遗留的产物，在殖民主义时代，这种残忍的压迫通过操纵表面清廉的“正义系统”(政府、法院、法律等)被证明是合法的。同样地，在程序上专门的突出强调，对社会工作者来说是有问题的，因为它导致了在现存的系统中把焦点聚集在正义执行的实践活动中，保证案主能够收到任何他或她被赋予的一切。此处，系统本身并不能从本质上解决不平等和结构性压迫。在某种意义上，它也导致了一种保守的做法，即消极地接受现有的规则，仅仅试图使工作做得更好。如果系统本身是比较公平的，这样的实践就是比较充分的。

报复正义和恢复正义存在明显的差别(Fatic，1995)。报复正义试图惩罚那些违反法律、不道德的行为，以及滥用人权的人必须被确认，直至找到，并为他们的错误行为付出代价。在某些形式上通过这种严格的惩罚，使得正义被捍卫和看到正义被捍卫。这种做法使违反者受到惩罚，也对其他人产生威慑作用。相反，恢复正义就是试图去补偿那些权利被侵犯的人。他们很少把焦点放在寻求惩罚上，而是承认错误已经被承担，并且把所有的关注点都放在了和解上。

两者之间的差异在面对人权暴行的不同做法中得到体现，例如，那些发生在柬埔寨、卢旺达、东帝汶和前南斯拉夫的暴行。报复正义试图建立一个战争犯罪特别法庭或者其他形式的法庭，以至于罪犯能够被审判、被宣告有罪，从而带来正义。而恢复正义试图使人权侵犯者和他们的罪行进行对质，寻找公众的承认和推动，例如，在南非发生的真相和重建过程（Tutu，1999）。这种恢复的方法以非暴力的原则为基础，试图修复尊严、财富、和平、安全、社区、尊重和其他被侵犯的东西。而且，这种方法代表了对冲突解决的一种激进的方法，试图去打破而不是强化暴力循环。从更加个别化的层面来看，两者之间的区别反映在解决青少年犯罪、家庭暴力、家庭冲突、种族暴力等问题方法的对照上。在这一领域，社会工作者有一系列的专门知识，并且随着其在国际人权话语中变成一个重大的问题，这就成了社会工作者做出贡献的重要领域。





尽管“正义”可能是有疑问和备受争议的，但是这并非暗示着“社会正义”这一理念是不适合社会工作的。实际上，这一术语在接下来的章节中被用于许多地方，然而，正如上面所认同的，社会工作中的人权框架的确克服了关于正义的一些困难。人权推动着社会工作者很好地超越了报复政策的惩罚方法，并且实际上提供了对所谓的报复正义的批判，因为这些惩罚侵犯了人权。而且，人权并没有从压迫和弱势的结构性原因中转移注意力——正如后面的章节所认为的，这一人权方法要求压迫和弱势等问题被解决。

因此，人权取向不应该被认为暗示着“需求”和“正义”的理念对社会工作者是没有价值的，相反，这些理念在任何社会工作实践的描述中都占据着重要地位，并且它们是社会工作者和参与者产生共鸣的词汇。虽然这些问题都不能孤立地被理解，但是，正如接下来的章节中将要展示的，基于人权框架的社会工作实践能丰富需求和正义的理念，并能把它们放在一定的背景中考虑，以至于这些理念变得更加有力和有用。

在本章中许多被讨论的问题将在后述章节中进一步探讨，这一章是对有关人权的一些问题的前期考察，这些关于人权的议题与社会工作者有着特别的关联，和把社会工作建构成人权专业也有关联。人权这一领域充满了模糊的概念，同时，它也提出了一些最基本的有关社会和政治哲学的问题，这些内容只能在相关书籍中才能找到。那种正在寻求这些问题的详细的、哲学的解决方法的读者需要去看其他书籍。接下来的章节，尽管会涉及这些问题，但是主要涉及的还是社会工作理论和实践的基础。因此，有关人权的讨论将极大地被限定在这种背景中。

第二章

# 人权：超越传统的思想

关于人权的文献主要集中于三个学科：法律、哲学和政治学。虽然社会工作者们长久以来热衷于探讨权利（Centre for Human Rights，1994；Tan & Envall，2000），特别是福利权利、权利为本的实践以及特定弱势群体的权利，但是，一个全面的关于人权的分析还没有在社会工作文献中出现，律师、政治学家和哲学家仍然主导着人权的话语权。

至于人权的实践——本书的主题——这几乎成为律师的专属领地，尽管社会工作关于人权的文献已经开始出现，但是法律仍被视作主要的人权专业（Solas，2000；Reichert，2003，2007）。大多数人权的文章和人权期刊都是由律师撰写和编辑的，法律通常被视为保护人权和防止人权滥用的主要机制（Beetham，1999；Douzinas，2000）。法律重点关注立法和人权协议及公约，大量的文献是关于法律的分析和实践（Mahoney & Mahoney，1993）。许多国家都有人权委员会，它的成员大多拥有法律训练的背景，以遵守法律或者钻法律漏洞的方式运作，例如，通过倾听抱怨和做出带有法律效力的判断。



毋庸置疑，法律流程以及法律专业的实践都对保障和实现人权大有助益，而律师在其中扮演着重要的角色。然而，从法律层面去构建人权的框架既限制了人权的范围，又降低了实践的可能性，这会使社会工作者、社区工作者以及其他非法律的工作者被边缘化或者“去权”[①]；更重要的是，这会使很多重要的人权领域的价值被低估甚至直接被忽略。

本章的讨论旨在拓宽对于人权内涵的构建，以此来超越以往法律对于主导人权话语的狭隘解读。这将打开一片人权的新天地，社会工作将成为人权实践的核心，更重要的是，人权的框架对于所有社会工作者来说都是非常重要的，而不仅仅只是对于那些致力于以倡导为本的社会工作者具有重要意义。

## 三代人权

既有的文献通常将人权的发展划分为三个浪潮或者三代（Wronka，

① “去权”是与赋权相对应的一个概念，指个人或群体本来应该有权利去做事，在某种结构下，压抑住个人或群体行动的权利，“暂时”失去行动的权利。

1992)。类型学对于我们加深对人权的理解非常重要，对社会工作者理解人权也很有帮助，但是我们也必须正视类型学本身不可忽视的概念不足，它会限制对于人权的概念化。本章将首先探讨三代人权，这将有助于我们理解人权，接下来，将探讨传统论述的不足。三代人权代表着传统的“人权论述”，如果社会工作者想要成为“人权专家”，对于它们的理解将是必不可少的。

第一代人权也被称为公民和政治权利，它的学术缘起于18世纪的启蒙运动和自由主义政治哲学的发展(Galtung，1994；Bobbio，1996)。它们是个人主义取向，包括那些对于民主和市民社会有效和公平运作必不缺少的基本自由，包括投票的权利、言论自由的权利、自由集会的权利、得到公正审判的权利、在法律面前人人平等、公民权利、隐私权、自我表达的权利、宗教信仰自由的权利、提名公职的权利、自由参与社会的和国家公共生活的权利；也包括被有尊严地对待的权利、享受公共安全的权利、免于歧视的自由(因宗教、种族、性别等等因素被歧视)，保护一个人合法经营的权利，免受威胁、骚扰、酷刑、压迫等等。这些权利是基于自由主义强调个人价值，认为这些权利必须得到保护。



因为强调人权保护，第一代人权有时也被称作消极权利。这些权利应该得到保护而不是实现，被视作是人们的“财产”，国家应当去确保这些权利不受威胁与侵犯。对于第一代人权的争取，通常涉及防止人权的滥用以及守卫保护权利，而不是更积极地去提供和实现人权。

第一代人权通常被定义为自然权利，即这些权利是我们所拥有或者继承作为自然秩序的一部分(Bobbio，1996)。因此，它们不需要被授予获得或实现，而是应该被保护和保障。第一代人权保障的传统方式，或者至少可以说对于人权保障的尝试是法律机制。权利法案、宪法保障以及国际人权公约都试图去定义公民和政治权利来为人们提供机制去反抗人权滥用或对于这些权利的否认，惩罚那些侵害这些权利的人。当然，法律的有效性也是不可预测的，其中很多法律被故意违反。事实上，国际特赦组织和人权观察组织报告中的大量文献案例显示：那些签署了联合国公约或通过了本国权利法案的政府在不断地、有系统地侵犯第一代人权，或者说让这样的侵犯肆无忌惮地进行。

第二代人权是指一系列权利，被称为经济、社会和文化权利。这些权利是指个人或者群体得到的各种社会产品或者服务，以实现人的全部潜力，包括：工作的权利、得到充足工资的权利、住房的权利、得到充足食物和衣服的权利、教育的权利、得到充足医疗服务的权利、社会保障的权利、年老时仍能得到尊严对待的权利、有得到合适的消遣和娱乐的时间的权利，等等。第二代人权不是源于 18 世纪的自由主义，其目前形式的学术缘起于 19 世纪末 20 世纪初的社会民主主义或社会主义。它的传统在于集体，以国家的形式去满足个人的需要——至少在最低层次上。因为这种集体主义的意识形态相较于自由主义而言，不被当代西方主流政治话语所接纳，所以，政党和主流政治利益集团对第二代人权以及政府责任的边界缺乏共识（Chomsky，1998；Beetham，1999）。例如：政府是否应该保障公民工作的权利，这意味着政府是不是应当为每一个想工作的人都提供工作？

第二代人权被称作积极权利，因为它要求政府扮演更加主动和积极的角色。不仅仅要求权利得到保护，政府还应该扮演积极角色，通过提供各种社会服务来保证这些权利的实现，因为它们需要政府扮演一个更积极的资源掌控者的角色。所以，相较于第一代公民和政治权利而言，第二代人权引来更多争议，法律和宪法对于它们的保障也更弱些。





第二代人权不易通过法律和宪法机制来保障。尽管现在有许多公约和人权法案试图去涵盖第二代人权——其中最著名的是《联合国经济、社会、文化权利公约》——但是，它们既不普遍也不有效，因为既很难去判“罪”也很难去施“惩”。事实上，第二代人权不易适用人权“滥用”或“侵害”的概念，所以，旨在防止人权滥用的法律程序也不易适用于第二代人权。很难想象，一个国家的政府领袖会因为没有他们国家不完善的教育体制而被送上法庭，但是同样的，如果他们因为迫害或者种族灭绝很可能会被起诉，尽管这是以一种纯粹法律的方式去实践第二代人权。因此，法律程序和结构很难在帮助人们实现第二代人权方面有所作为，律师在第二代人权实践方面扮演着不那么核心的角色。

这两代人权或两个类别——公民/政治权利和经济/社会/文化权利——都表现在联合国实现人权的努力中，即两个主要协定，与这两个人权类别一一对应。每一个协议都包括一系列机制要求政府对于他们的行为报告和负责。这反映了第二次世界大战后，联合国人权体制的建立和运行。特别是在冷战时期，这两种人权类别分别代表着西方和社会主义阵营的不同的意识形态。公民和政治权利与西方自由主义传统相适应，令人疑惑的是隐藏在经济、社会和文化权利背后的集体主义，尽管经济、社会、文化权利与社会主义阵营集体主义意识形态紧密联系。因此，这两个类别代表着涵盖冷战时期人权的两种意识形态的割裂的机制，并且即使在今天，仍然被用作定义人权的类别——虽然冷战已经被视作是过去的一个时代。

第三代人权产生于20世纪最后的30年，到目前为止还没有一个与之对应的联合国协议。它是作为一种对于西方自由主义过分强调个人的人权的批判的回应，此种人权观念(译者注：指第一代人权)与更注重集体主义道德的文化联系较少，特别是儒家传统的亚洲文化。这被称为人权的“亚洲批判”(Pereira，1997；Woodiwiss，1998；Bauer & Bell，1999)，将会在第四章继续探讨。作为对于这一批判的回应，将集体主义色彩更浓厚的社会包括在一个人权的框架内，第三代人权也被称为“集体人权”。它包括只有在集体层面才有意义的权利，这些权利属于社区、群体、社会或国家，而不属于个人，尽管个人会从这些权利实现中获益。具体包括经济发展的权利、从国际贸易和经济发展获益的权利。生活在一个联系紧密、关系和谐的社会，自然权利诸如呼吸不受污染空气、获得清洁水源、接触自然。



集体权利目前的形势，只有在20世纪被视作人权(尽管它们很早就成为一些作家关注的焦点)，源起于20世纪种类繁多的反抗与斗争，包括反抗殖民主义，同不可持续的经济和社会发展的斗争，为了提升殖民地人民自我决定权利的斗争，以及环保人士的斗争。它们在条约和协议编纂方面还处在初始阶段，对于保障和实现的法律与宪法机制也还处于萌芽阶段。对于很多人来说，特别是在西方政治体系中，它们一开始不会被视作人权，因为个体自由主义关于“什么构成人权”以及“构成人权意味着什么”的观点占据主导地位。然而，第三代人权是人权斗争的一个重要舞台，也是一个重要的争论平台。对于占主导地位的西方人权观点的大力批评，倡导人权应该基于所谓的“亚洲价值观”(Pereira，1997；Woodiwiss，1998；Bauer & Bell，1999；Meijer，2001)，这实际上是在面对西方传统自由主义政治话语下，第一代人权占主导局面的情境下所做的第三代人权的倡导。

# 第一代人权的主导

当西方社会的人们讨论人权时，他们通常指的是第一代人权，即公民和政治权利。当媒体和政治家在探讨某个国家的“人权报告”的时候，他们通常不包括这个国家的适当的健康、教育和社会保障制度，或者环境标准，这些应该被包括在第二代人权中。与之对应的是他们通常是指政府没有阻止公民和政治的侵害，因此，当社会工作者和其他人使用“人权工作者”这个概念时，通常与为了阻止第一代人权被滥用而工作的形象联系起来：政治犯、拘留但不做公正的审判、迫害、法外处决、驱逐难民、镇压政治异见者、暗杀、工会压迫、国家暴力机器的暴力等等。在社会工作领域，这样会带来一个观点，认为人权工作只是一小部分社会工作者所从事的，但是如果将第二代人权和第三代人权都包含进来，那么其实人权工作是所有社会工作者都要做的工作。





诸多原因可以解释为什么公民和政治权利会如此流行，以及将“人权”简单等同于公民和政治权利的趋势，因为这是第一个为主导地位的西方主流政治话语所历史性承认的人权。自 18 世纪以来，公民和政治人权在西方政治思想中占据重要的位置，因此，长久以来形成了对于第一代人权重要性的某种共识。第一代人权与自由主义的明确联系表明，人权的发展可以为自由民主计划提供合法性。自由主义的基础使公民和政治权利更容易为西方政府和西方掌握的媒体所接受，它们的合法性源于 18 世纪自由主义关于国家角色的观点，以及西方政府和媒体在定义全球政治话语和决定国际人权事务方面所扮演的强大的角色(Chomsky，1998)。

对第一代人权的关注为政府提供政治便利，它可以使政府声称它们有一个“好的人权记录”，尽管或许它们正在减少健康、教育、福利等社会服务。第一代人权是一个公正社会的必要前提，但是大多数社会工作者认为，它们本身并不能带来社会平等和社会正义。为了实现这些目标，至少第二代人权也应该被包括在内。此外，有理由将第三代人权也作为社会公正的必要前提。但是，第二代人权和第三代人权是昂贵的，尽管保障第一代人权的实现需要一定的公共支出(Holmes & Sunstein，1999)。为了满足第二代人权和第三代人权的花费是更加巨大的，在经济全球化背景下，很少有政府去承诺实现第二代人权和第三代人权，并意识到减少社会开支是明智之举。将那些项目定义为人权将会增添政府在满足这些需求方面的责任，这也解释了为什么政府乐意去认可更有限的第一代人权。

另一个解释第一代人权占主导地位的原因可以在“人权战役”“人权运动”和“人权激进主义”中找到，第一代人权是这些运动中的核心概念。毫无疑问，最著名的国际人权组织是国际特赦组织，到目前为止，这个组织关注的焦点仍然是一个狭隘意义上的公民和政治权利。国际特赦组织还没有公开地为获得健康服务、获得教育或者清洁环境的权利而斗争，尽管它在倡导和推广一个内涵更广泛的人权教育和意识，包括上述领域。可以理解，国际特赦组织倾向专注于自身擅长的领域，但是作为“一个领先的人权组织”，它应当提升自我在人权方面的认知，以适应自身确立的努力的授权领域。必须引起注意的是，近些年，国际特赦组织已经扩大了它的授权领域，但是它的公共形象很大程度上仍然被局限在公民与政治权利方面(国际特赦组织全部授权领域，可以通过查阅它每年发布的年度报告、成员国所提供的文献资料，或者从伦敦的国际秘书处和互联网来获得)。

第一代人权在流行话语中占主导地位的另一个原因，是律师和法律在人权中的作用。如上所述，法律、公约、条例和法律制裁，保障并保证了第一代人权，这已经成为人权活动家寻求保障第一代人权可以接受的方式。这使人权保障成为法律实践的天然领域，所以不奇怪，在第一代人权的运动中，人权活动家和具有献身社会精神的律师是出现在最前面的。然而，第二代人权更加复杂，需要的不仅仅是法律保障，还包括政策发展、政治变革、有效的公共服务规划与传输等等。这些领域不是律师的天然领域，而应该是社会工作者和其他人类服务者的天然领域。类似地，第三代人权更容易被看作是政治家、经济学家、环境保护者或者社区发展工作者的领域。

法律专业在当代西方社会拥有巨大的能量，通过以诉讼、集体行动等法律行动，越来越被界定为最合适解决问题的方式(Carty，1990)。律师在大部分社会的议会、政治集团和权力精英中所占的人数不成比例，诚然，议会政治体制(译者注：Westminster system of politics，指议会政治体制，威斯敏斯特是伦敦市的一个行政区，英国议会所在地，这里指代英国首先建立的议会政治体制，强调辩论在议会政治中的作用）是建立在对抗性辩论的法律模式下。在这样的氛围中，不难理解，人权的构建与法律定义是和法律实践紧密契合的，并且通过法律结构和过程得到不断强化，所以，第一代人权占据主导地位。

通过将人权置于女性主义的视角去分析也可以找到第一代人权占主导地位的原因。第一代人权保护的是传统男性角色：它们试图去保护那些在公共议题有发言权的人们、那些积极参与公民和政治生活的人们，以及那些异议者。典型的，这些人大多数（尽管不是全部）都是男性。将“公民与政治”应用于人权，必然引发对于人权本质上是父权结构——男性主导的领域——的担忧，因此，对于公民与政治权利的关注就是关注男性传统权利。对于许多女性来说，人权的滥用不是发生在“公民与政治”领域，而是发生在家庭领域的家庭暴力、强奸、剥削、经济依赖，以及对于有意义自我表达和参与社会机会的否定。这些人权的滥用大部分（尽管不是全部）被传统的第一代人权所忽视。在该视角下，对于公民和政治权利的关注是占主导地位的父权结构和话语的结果，同时也代表着占主导地位的西方自由主义的结构和话语。

大部分问题会在后面的章节继续探讨，实现人权的途径与社会工作专业紧密联系。本书的目的，一个要点就是去承认人权的内涵应该超越西方的、传统第一代人权的父权假设（尽管这些权利应当被强调并仍然重要），包括那些争议但更加包罗广泛的第二代和第三代的人权。




## 三代视角的可能性

三代框架本身带有重要的概念问题，这将在接下来的章节进行探讨，但是这是一个很重要的拓宽人权内涵的视角。在进入探讨批评之前，很有必要去探讨这个视角的积极方面以及它与社会工作和更广泛意义的人类服务的联系。

第一，正如上面所讨论的，这使其他专业（而不仅仅是法律专业垄断人权领域)进入了人权领域，包括经济、社会和文化权利。集体权利使社会工作者、教师、健康专业人士、社区发展工作者、住房工作者、社会活动家和社会政策工作者被确认为人权工作者而创造空间。人权内涵的扩展不仅仅带来了其他形式的人权行动，也为纳入其他人权理论打开了新的局面，不仅仅是法律或者类法律的学科，也包括有助于理解社会的学科，如社会学、政治哲学、人类学、社会政策学等等。第一代人权因为与 18 世纪西方自由主义的联系，使其理所应当地成为西方社会关注的焦点。正是在这些国家，第一代人权得到了最强有力的事实保障。尽管人权的论述默许局限在第一代人权范围内，但是认为人权本质上是一个西方特有的议题，是西方文化为了统治其他文化传统提供了另一个理由，这样的指责仍然很强烈。



然而第二代或第三代人权得到不同文化传统的共鸣。第二代人权是对传统“发展”批判的核心(Beetham，1999)，同时也批判了依赖取消公共服务和低标准的卫生保健、教育、住房和就业状况为前提，实现发展经济的正统经济发展思想。因此，第二代人权对于许多非西方发达国家来说极为重要，拓宽人权斗争内涵，使其作为一种对于西方发展模式的批判。

第三代人权因其关注的核心是发展的权利以及享有清洁健康环境的权利，在“发展中”国家的文化中能够被更强烈地感受到。在该视角下，人权的“亚洲批判”不是以反对人权本身的姿态出现，而是对西方主导人权话语的批判，通常西方主导的话语边缘化了南半球国家对于第三代人权的主张(Woodiwiss，1998；Meijer，2001)。

正如我们前面的讨论，人权的一个重要方面就在于其不可分性及相互联系性。一个人权的框架不仅满足这两方面的理论需求，也有助于实践，在一个多样化的世界，将三代人权融合在一起，而不是强调一代而放弃其他的。这超越了西方传统人权建构的局限性，使对于人权批判的评估发展成另外一种西方思想霸权(见第四章)。

以一个更全面的视角去看待三代人权也有助于人权的建构超越父权假设，这一假设隐藏在公共话语下的第一代人权。这也使人权问题成为一些女性关注的焦点，通过对抗男性在参与公民和政治社会的特权，使女性成为保障和保证人权的主要受益人。

因此，纳入女性主义视角是构建一个包罗更广泛的人权框架必要的元素，这不仅仅是在理论层面。只要人权的实践还局限在第一代人权，通过法律机制来保障，人权的实践从本质上来讲还是冲突的、竞争的和男性的。一些女性主义的实践将为理解人权工作提供一个新的纬度，包括寻求共识、集体决策和冲突解决(Pettman，1996)。

女性主义视角另外一个重要的贡献在于将个人和政治联系起来(Coote & Campbell，1982)。这要求对于人权的理解不仅仅应该需要公民社会的公众人物发挥作用，也需要私人或家庭的经验，此外，这两个领域应该联系在一起。在该视角下，人权应当是个人的和政治的，只有将两者成功地联系起来，人权的实践才会有效(见第三章)。

无论怎样理解人权，非常重要的是要包括那些非占优势地位、非西方、非白人、非男性的观点，女性主义提供了这样一个视角。后现代主义则提供了另一个视角，这将在后面的章节详细讨论，接下来将探讨三代人权框架的实践内涵。





## 三代人权框架的实践

三代人权大致与法国大革命的三个理念相对应——自由、平等、博爱——提供了一个有效的框架去思考社会工作实践在人权工作中的位置。社会工作实践在三代人权中都适用，但是一个比较传统的关于社会工作的角色是和服务传输者联系在一起的，这与第二代人权最契合。接下来的讨论将简单勾勒由于三代人权所引发的社会工作的问题。

### 1. 第一代人权的实践：倡导

第一代人权是社会工作实践的一个重要领域，特别是倡导模式。社会工作在一个更狭隘、更传统意义上被视作“人权工作”。虽然公民和政治权利或许在公共论述中争议最少，但是在世界很多地方仍然被悍然侵犯，国际特赦组织和人权观察组织的常规报告可以发现这样的情况。大量的社会工作者在保障公民和政治权利中发挥了重要作用，他们通过与倡导集团工作、与难民工作、推动监狱改革、努力为人们提供充分的法律代表、代表“消失者”的亲属们工作、在社区法律中心以及其他领域从事相应的工作。

他们工作的一个直接结果是社会工作者自身有时候成为第一代人权滥用的受害者。社会工作者被逮捕，没有审讯就被投入监狱，因为从事社会工作专业活动而被打压和“被消失”，也因为他们对于社会公正的信仰，他们会与压迫政权直接对抗，尽管代表弱势群体去倡导会很危险，有时候会关注那些有权者不愿意过问的问题。1988 年，国际社会工作者联合会建立了人权委员会，该委员会的职责是支持那些承担如上风险的社会工作者，推动那些在恶劣的环境下因为进行社会工作实践而被捕的社会工作者的释放工作。



第一代人权的实践是非常重要的，因为公民和政治权利几乎每天都在被侵犯。一个特别需要解决的问题是第一代人权的滥用在世界范围内的不均衡分布。人权的滥用倾向于集中在“南半球”国家或者“发展中世界”，与此相对的是“北半球”国家强有力的民主和法律结构降低了类似滥用发生的可能性。这会导致在第一代人权框架下，北半球国家显得在道德上更具有优越性和更加先进，因此带有种族主义和殖民主义的含义。

一连串对于第一代人权的侵犯看起来好像是北半球国家在向南半球国家布道，使后者看到自身的不足，进而享受某种优越感。帮助解构种族主义和殖民主义关于人权架构，这对于社会工作者和其他第一代人权滥用相关者来说很重要。这可以通过指出人权滥用发生的南半球国家的历史和政治背景，分析这些国家紧张的局势，理解冲突和孱弱的法律结构是殖民统治和压迫历史的结果，国家间的疆界不是由于文化忠诚而是因为殖民者的需要和地图制作者的奇幻想象。经济全球化加剧的全球不平等，强化了殖民者的种族主义观点，使新进的独立国家很难加入由北半球国家所定义的“全球共同体”。

必须明确指出，第一代人权的滥用不是南半球国家所特有的，所谓的“发达”国家也会发生第一代人权的滥用现象。显而易见的例子是澳大利亚对待异见分子的方式、美国超高的监禁率以及死刑率等。发生在前南斯拉夫的人权滥用现象显示，欧洲国家也不是对大规模第一代人权侵犯免疫，“大屠杀”[①]赤裸裸地揭示了即使在所谓最“文明”的欧洲国家——那片诞生了贝多芬、舒伯特、歌德、席勒、康德等西方文化的标杆式人物的地方——政府应该为可怕的、违背人性的犯罪承担罪责。自“9·11”恐怖袭击以后，许多西方国家以“反恐的”名义对公民的政治权利进行了明显的压制，这也成为人权倡导的一个重要关注点(Leone & Anrig，2003)。无审判的拘留、法律程序的阻碍、无罪推定的否定、缺乏证据、法律咨询的限制，诸如此类的还必须包括非正式的但是强大的审查制度和对于自我表达自由的限制，这个国家的氛围是爱国主义成为所有公民的期望，严肃的(人权)倡导被视为社会的威胁。

因此，这些背景、政治分析以及历史视角对于理解人权滥用至关重要，即使从更狭义的第一代人权意义上讲。这揭示了人权滥用是与国际势力有联系的，而不应该仅仅谴责是特定国家、特定个人或群体，人权滥用不是孤立发生的。系统分析对于社会工作至关重要，也是社会工作最大的优势之一。埋怨受害者是日常社会工作实践中熟悉的现象，这也被看作是第一代人权滥用，在这个意义上讲，社会工作对于发展人权具有重要意义。这强调了社会工作必须意识到它所处的历史和政治背景。历史、政治和文化的研究，对于好的社会工作是必需的，社会工作者需要理解他们和他们所服务的案主所处的历史和政治背景，而不仅仅是解决“目前问题”。

再考虑第一代人权范围内的社会工作实践。社会工作的倡导模式显然很重要(Bateman，1995)，社会工作者经常代表个人或者弱势群体扮演倡导者角色。然而，社会工作的倡导模式存在一些问题。简单来说，倡导是一种法律实践，不必要转换成社会工作。律师已经可以将倡导和他们专业的司法武器分开，所以，倡导者不需要去考虑平衡争论和其他利害，这些工作可以交给法官和地方官员。另一方面，社会工作者通常享受不到这种“奢侈”[②]，他们经常承担某种“评估”工作，包括判断，但不是仅仅代表某一方的。

倡导所带来的另外一个问题可能是“去权”。倡导者，或者代表个人、群体、家庭说话，或者代表社区说话。对于无权的弱势者来说，倡导

① 纳粹德国在第二次世界大战时期残酷迫害犹太人的大屠杀。

② 只进行倡导，而不需要去考虑争论或平衡利益。

者们所能做的不是，代表他们说话，尽管带着善意，而应该是赋权给他们，让他们为自己说话。只是当建立社会工作专业关系，社会工作者就应该承担一种倡导角色，这代表了一种非常传统的做法，加剧了相关人群的无力感，许多社会工作者使用“倡导”这个词，其激进的本质使这样的情况更加恶化①。

然而，以上对于倡导模式的批判不应该被认为社会工作者应该放弃倡导模式，大量的例子表明，倡导模式是重要的，有助于实现人权和社会公正的目标。倡导应该被谨慎使用，而不应该不加考虑地视作渐进的方法。如果倡导不被视作保守的，它应该在一个赋权的框架下进行，这个框架试图去探寻一个倡导的路径是什么，而不是加重案主对于社会工作者的依赖，这实际上是在关注和培养案主的技能。因此，案主在这个过程中的积极参与是不可或缺的，这个方法实际上被许多试图在赋权意义上重构倡导的社会工作者所推崇。这将与社会工作对话实践模式一起在第十章作进一步探讨。



## 2. 第二代人权实践：直接实践、组织实践、政策发展、研究与行动

对于包括经济、社会和文化权利的第二代人权的考量，使人权论述进入主流社会工作的视野。尽管只有一小部分社会工作者被视作致力于实现第一代人权，但是绝大部分社会工作者都致力于帮助人们实现第二代人权。社会福利制度内的社会工作者，当然还有许多其他的人，日常与贫穷以及那些低收入群体打交道，帮助他们获得充足收入以及达到标准生活水平的权利、获得收入安全的权利，这些对于社会工作的工作者而言至关重要。类似的，获得庇护所和住房的权利，是那些服务于无家可归者或者院舍照顾社会工作者为那些弱势群体，例如老人、残疾人、需要照料的儿童、单亲父母和难民寻找合适的居所的基本工作。获得充足的医疗服务是那些服务于医院、健康中心和诊所的社会工作者主要考虑的任务。在教育

---

① 倡导是一种保守的做法，但是社会工作者觉得倡导是激进的，所以大量使用，这更加剧了弱势群体的无力感。

领域和服务于儿童的社会工作者特别关注儿童受教育的权利，几乎所有的社会工作者都觉得他们在参与有意义的工作，通过帮助那些因为年龄、残疾、性别、种族、民族、未接受足够的教育或训练、地理、跨国公司，或者仅仅因为糟糕的运气而无法获得就业机会的人们找到工作。

传统的社会工作的方法表明，第二代人权可以通过提供公共服务来满足，只需要提供最低限度健康、住房、教育等服务。这与许多社会工作者民主社会主义的理想相一致(Bryson，1992；George & Wilding，1994)，即提供充足的社会服务就能解决社会问题。这也表明社会工作实践在很多社会是传输社会服务，这对于人们第二代人权的实现不可或缺。因此，在他们的日常实践中，那些为个人和家庭直接服务的社会工作者可以被视作人权工作者。

社会工作者在机构中的实践，例如管理工作和组织发展工作，也被视作在实现第二代人权过程中发挥着不可或缺的作用。这些权利的实现通过社会组织的工作来实现，无论是在福利部门，还是所谓的“第三部门”(社区部门，或非营利性、非政府部门)或者在私人领域。那些致力于促进这些组织更有效运作的社会工作者(例如，通过更好、更适合的健康服务，或者提供更好的住房标准以适应人们不断变化的需求)，也是在促进更有效地实现第二代人权，仅仅是通过使这些组织更有效、更合适地运作。

然而，这是在另一个层面表明第二代人权对于社会工作具有重要意义。正如前面所述，这些权利需要政府更多的承诺。它们是积极的权利，需要实现而不是被保障，这需要一定规模的公共支出，例如，在健康、教育、住房、就业和收入安全方面的公共支出，由于自由主义经济学的传统和全球市场的压力，政府很难去保证这方面的公共支出。

第二代人权的充分实现不可能仅仅依靠在资源不断萎缩的福利国家结构中工作的社会工作者。如果社会工作作为一个人权专业，关注第二代人权，那么就需要社会工作者积极参与政治来寻求政策的变革，为那些需要社会服务的人们提供充足的社会服务。对于社会工作来说，宏观的方法是人权实践不可或缺的元素。如果需要实现第二代人权，政策分析与倡导显然非常重要，无论这些实践是发生在政策制定体制内(例如，政府政策工作者)还是体制外(例如，倡导群体)。当然，部分政策研究也会有价值，而无论其是由政策官僚机构所做还是由体制外机构实施。社会行动对于变革具有显而易见的重要性，也是人权工作的重要部分。所有这些“宏观”的技巧对于社会工作而言非常重要，因此，第二代人权的实践和社会工作紧密相连，这也意味着社会工作者能为人权工作做出重要贡献。

## 3. 第三代人权：社区发展

第三代人权关注集体权利，或者说那些在个人意义上不是很重要的，属于一个集体的(无论是一个社区，还是一个国家)，需要在一个集体的背景下去理解。18 世纪以来，西方政治思想占主导地位的自由主义使这些权利的价值被低估，导致这些权利作为新的“第三代”产物。和第二代人权相比，它们被视为一个更昂贵的“奢侈品”，因此不会受到来自其他文化直接的批判，特别是那些受儒家传统影响的亚洲国家。然而这些亚洲国家认为，在他们的集体主义文化中，集体权利是至关重要的，或者至少在一定情境下应该优先于个人主义的第一代或第二代人权(Gangjian & Gang，1995；De Bary & Weiming，1998；Meijer，2001；Angle，2002)。儒家传统重视社会的和谐与稳定，认为个人属于更大的一个社会单位，事实上，这被视为个人全部潜能实现的方式。因此，集体主义权利特别重要。这样看来，术语“第一代”“第二代”和“第三代”只是代表一种西方的偏见，仅代表着它们在西方自由主义思想中出现的历史顺序以及感知的优越性。

第三代人权包括经济发展的权利、归属于一个稳定和谐的社会的权利、健康环境的权利(即享有干净不受污染的空气)、水和食物的权利，一个物理环境能够实现人的全部潜能。这个关于人权的理解拓展了传统西方第一代人权的视野，它将环境激进主义视为人权斗争的一部分，认为那些正在忍受环境污染的大众正在遭受人权的侵犯。它明确地将人权与经济发展联系起来，这会使那种反全球化简单观点(即经济发展侵犯人权)复杂化。

西方对于第三代人权价值低估也反映在社会工作领域，它重点关注提供给个人或家庭的社会工作服务，也叫“个案工作”。相较而言，与社区相关的社会工作服务——“社区工作”“社区组织”或“社区发展”——被边缘化了(Mullaly，1997)。在很多西方国家，社区工作要么只占社会工作的一小部分(例如，美国)，要么被排除在社会工作关注议题之外(例如，英国)。尽管社会工作不能声称它们在社区工作方面具有垄断地位(在个案工作或小组工作同样也不能），但是，由社会工作者承担并领导社区工作是一个传统，尽管在西方社会，这种传统与偏重个人的治疗和公共福利方法处于一种最低联系状态（McDonald，1999）。社会工作以这种方式宣扬占主导地位的自由个人主义的第一代和第二代人权，贬低第三代集体主义人权。然而，如果社会工作者将帮助人们为了实现他们人的全部潜能作为自己的工作目标，那么，集体应该和个人一样被重视。这可以从占主导地位的西方个人主义忽视集体所带来的异化、孤独、抑郁、自杀、犯罪、缺乏社区感、对于公民和人类精神有狭隘的个人主义理解来证明。

如果将第三代人权纳入构建作为人权专业的社会工作，社区工作（或“社区发展”，从这里本书开始使用这个术语）将尤其重要。这样，人权的集体主义表达与实现方式可以包含在更具个人主义取向的人权构建之中，后者已经在西方话语权中占据主导地位。这不是说集体主义人权比个人主义人权更重要，而是说如果要充分实现人的潜能，集体主义和个人主义应该是同等重要且必要的。同样，这也不是说对于社会工作者来说，社区发展应该比个案工作更重要，而是说它们都是必要的，两者应当互相补充。事实上，许多社会工作实践模式都不做这种宏观/微观的划分，而是将两者融合进社会工作理论和实践（Fook，1993；Fisher & Karger，1997；Mullaly，1997；Healy，2000）。

为了理解社会工作在社区发展中的作用，为了实现第三代人权，我在别的地方提出了一个有效的社区发展模式（Ife，2002）。该模式以一个全面的视角展示了社区发展，确立理解社区发展的六个纬度：社会、经济、政治、文化、环境和个人/精神，所有的社区发展可以围绕这六个纬度进行运作。社区发展如果要达到最理想化程度，每一个纬度的发展都是必要的，这就排除了彻底单一的方式。例如，认为只要经济发展，社区就会自然发展；或者是只要个人发展，其他的发展就会魔法般地随之而来。因此，如果要使社会工作实践在社区发展中发挥效用，需要围绕这六个纬度进行运作，包含第三代人权。

社会发展需要社区工作者强化其社会结构、凝聚力和互动，这需要提供服务以特别满足第二代人权的需要。这就要去理解集体主义需求（社区的需要）而不仅仅是孤立个人的需要。

经济发展使人们意识到社区经济发展的重要性，认为可持续经济活动将有利于支撑、强化一个社区，而不仅仅是为了满足全球经济的需要。

政治发展需要社区工作者关注社区的决策和权力结构，旨在帮助他们发展优势，提高包容性和有效性。

文化发展强调社区的历史文化、规范、价值和传统的重要性，面对商品化和文化全球化，试图加强社区层面的文化活动。

环境发展断言，地方感和人们与客观环境的联系对于人类福祉是不可或缺的，因而尝试将环境保护和发展纳入一个更大的社区发展框架内。环保运动给社会工作带来了重要的经验、关于所有结构和程序中可持续的需要(译者注：无论是社会结构和过程，还是社会工作的结构和程序，都需要可持续发展)，以及将人的状况和地区感与当地和全球环境的健康联系起来的需要。

最后，个人/精神的发展认为，个人的满足与社区是紧密联系的，只有体验到一股强烈的社区感，我们才能感觉到我们全部的人性。在我们理解社区结构的过程中，社区的个人和精神方面不容忽视，有些限定在个人成长和实现方面，另外一些限定在精神方面，个人和精神都会被感受到，因此，术语“个人”和“精神”应联系起来理解(详细的讨论见 Ife，2002)。



社区发展的六个纬度提炼了第三代人权的精华，这可以归纳为一个集体主义或社区背景下的社会权利、经济权利、政治权利、文化权利、环境权利和个人/精神发展的权利。通过拓展对于人权的理解，我们将第三代人权包含进来，与此同时，我们也拓宽了对于社会工作作为一个人权专业的理解包括了社区发展的理论、角色和技巧。这样，内涵更广泛的人权观点将有助于应对西方第一代人权的批判，这些批判认为西方第一代人权过于重视个人主义而忽视了对于集体权利的关注。因此，一个内涵更丰富的人权理解带来内涵更丰富的社会工作成为可能。

## 超越三代

虽然文献中大量出现关于人权三代划分的论述，并且对于许多人来说这是可以接受的，但是这样的划分还是带有不可忽视的概念问题。首先提出第三代人权，集体权利作为一个单独的类别。这个类别与前两个截然相反，意味着第一代和第二代人权的大部分——如果不是全部的话——是个人主义的。如果是这样，这将加重对于公民和政治权利，经济、社会和文化权利的个人主义理解。具有讽刺意义的是，提出第三代人权的目的是为了包含更具集体主义色彩的理解去扩展人权内涵。

另一个方式就将第一代和第二代人权从集体和个人两个层面去理解。例如，自由表达的权利——典型的第一代人权中的权利——也可以在群体层面理解，再如，异见者或残疾人可以在政治领域集体地表达他们的观点的权利。类似的，我们可以探讨妇女、儿童应该受到保护，避免遭受暴力伤害的权利。进入第二代人权范畴，我们也可以探讨携带 HIV/AIDS 病毒的人们能够得到充分医疗服务的权利，或者那些难民可以在他们定居的国家得到足够容身、安全的住房的权利。这些对于人权的理解不仅仅是基于个人层面，也基于群体层面。




群体和个人一样都拥有权利的观点很重要，但是由于新自由主义、个人主义话语权占主导地位，这样的观点已经被边缘化了。因此，将集体权利作为一个单独的类别增强了这种个人主义，所以，比较合适的方式不是将“集体权利”单独列出，而是应该承认大多数如果不是全部权利都有个人和集体部分。按这种方式，一些传统的“第三代”人权，例如，从经济增长中获益的权利，也可以被视作是个人的权利。因此，无论个人还是集体都是与公民/政治和经济/社会/文化不同的类别，前者将人们视作权利的拥有者，而后者是指被定义权利本身。因此，传统的三代人权代表着一种概念上不连续的类别划分。

另一个人权三代划分的问题是这种划分方式将会引导人们认为第一代人权最重要，第二代人权次之，第三代人权最不重要。然而没有证据表明第一代人权应该享有这样的优势地位。例如，如果获得食物、衣物和住所的权利(第二代人权)得不到满足，自由集会的权利也就不是很重要了。将人权划分为“第一”“第二”和“第三”隐含着一个优先的排序，这与人权不可分割的观点相冲突。人权代际的顺序仅仅是反映了不同代人权在西方思想凸显的顺序，从这一点看来，三代人权强化了西方对于人权话语权的主导地位而不是挑战它。一个试图去解决这个困境的尝试者是 J. 加尔顿(1994)，他将三组人权划分为“蓝色”“红色”和“绿色”。

第三个传统三代人权划分的问题就是第二代人权——经济、社会和文化的权利，就是一个大杂烩，这些权利没有多少共通性。从某种意义上讲，这代人权只是“全部之外”的类别，包含那些没有明显被包含在内的公民和政治权利(一个联系比较紧密的类别)。可以说，经济权利、社会权利和文化权利在概念上是明显不同的，根本不需要集合在一起。特别是经济权利，和其他权利不同，它们只是实现人权的一种方式；金钱只是因为它能购买东西而显得重要，在某种程度上依赖于一个市场经济。经济权利是重要的，仅仅是因为它们可以使我们购买到其他权利，例如，健康、住房和法律保护的权利。如果在一个非市场经济中，没有货币，人们仅仅需要生活必需品和简单的交换(例如，采集-狩猎社会)，经济权利就没有意义也没有必要。因此，可以说经济权利不是“基本”的人权，它的重要性只存在于特定的文化背景中，一定数量的金钱对于实现人类福祉是不可或缺的。这里没必要继续探讨这个问题，只是指出传统第二代人权的概念缺陷。



第四个问题是传统类别划分省略了一些我们认为重要的权利。特别是，如果我们排除第三代人权——“集体权利”，因为这些权利传统地包含于这个类别(例如，环境权利)，就通常既不被包含于公民/政治权利，也不被包含于经济/社会/文化权利。因此，需要创造新的人权类别。

第五个问题是如何考虑所谓的生存权利，即获得食物、水、住所、衣物和卫生保健的权利。这些权利通常包含于第二代，但是它们不是真正的“社会的”“经济的”或者“文化的”权利，它们仅仅是与生存相联系的权利，如果说什么是“基本”的类别，那应该是这些权利。尽管通常没有实现，它们应该拥有自身的一个单独的类别。

因此，一旦我们审视这三代人权，它们就显得充满矛盾和不完善。尽管它们与“自由”“平等”和“博爱”相对应，但是，如果想要作为社会工作的可靠的理论基础，需要对它们进行审慎的重新构建。在其他地方(Ife，2006)，我提出一个关于人权的七种类别：生存权利、社会权利、经济权利、公民与政治权利、文化权利、环境权利和精神权利。我认为每一个类别都有个人和集体两方面，很容易理解的是社会工作者需要关注所有七个方面的实践。

当然，这七种划分的类别本身值得商榷，不同的人可能会提出不同的划分类别。我无意在此为我这种划分做辩解，而是要提醒大家，我们对于人权的思考不应该由一个固定不变的建构方式所决定，例如，人权三代划分。对于服务人员，例如社会工作者来说，向他们的服务对象询问，思考他们自身的框架，创造一个能够反映他们自身背景和生活经验的人权图景是很重要的。这样构建的意义在于审视那些构建框架的人们，因此，本书不会提供一个清晰的框架或“模式”，而是通过提出一些它所希望提出的问题，鼓励读者为他们自己建构这样的框架。如果一个社区参与这个过程，那就更好了，这代表人权的自下而上视角，这将是本书不断出现的主题。

## 走向后现代的理解



本章的讨论强调在一个后现代背景下，后殖民主义、女性主义和后结构主义在解构和重构人权中的重要作用。如果人权仍然希望是人类的需要，愿望、愿景能够得到表述的途径，那么，超越拥有法律学位西方男性的呼声是势在必行的。这一点清晰地指向更“后现代”的视角——多样的声音得到重视，任何声称掌握了普遍真理的声音都值得怀疑（Harvey，1989；Seidman，1994；Kumar，1995）。一个后现代的视角也警惕一个很死板的人权划分，例如，三代划分以及上面提到的七种类型学就是很死板的人权划分，并且对它们边界的划分是模糊和有问题的——特别是在一个有争议的领域，例如人权。

传统的人权论述，以启蒙运动和西方人文主义作为其学术源头，紧紧地与现代性联系。通用人权的观点认为，一系列人权适用于所有地方，就是一种典型的现代性，并认为一切人权都可以纳入一个核心的组织框架。通用人权的观念显然也与人道主义计划相联系，人被置于核心位置，“人类”的完美本身就被视作有价值的目标，人类的历史也被视作朝着这个目标努力的过程。因此可以说，人权运动是一个高尚的追求（Laber，2002；Sellars，2002），或者是一个追求更好未来的进程，这是伟大的启蒙运动现代性的一个典型例子，代表了一种确定的世界和不可避免的进步。

但是，西方的现代性日益显现其局限性与矛盾性，如果人权想要在一个后现代世界继续存在，就必须去解决后现代所带来的诸多挑战。这些挑战主要由于通用主义和文化相对主义的争论所引发，对于任何关心人权的人们来说，这是最重要的挑战之一。相关的问题将在第四章继续探讨。尽管有些读者认为后现代拒绝元叙事(例如，社会公正和人权)是反对任何通用人权的理论的，另外一些人认为通用计划带有致命的缺陷。希望本书接下来章节的讨论将会有助于这些假定性读者群体解决他们的困境。显然，启蒙运动的现代化计划至少在其最初的阶段给我们留下了许多宝贵的财富，但是如果人权需要继续发挥重要的作用，就必须超越简单的通用主义。因此，本书将采用一个偏后现代主义的视角，有大量的事情可以去做，而不是否定“人权”的可能性，这将使人权观念从现代性解脱出来。

另一方面，本书不是一种纯粹的、简单的后现代探索，本书也会吸纳批判理论的范式——试图重视和认可其他声音及愿望，与此同时承认人们苦难和压迫共同主题的重要性。人权，对于那些实践者、理论研究者或参与其中的公民来说都是一场永不停息的斗争，不会轻易产生结果。但是斗争本身是很丰富的，在面对发生在任何大陆、任何社会侵犯人权的可怕暴行的时候，如果人类价值(但是我们可以建构)需要实现，那么斗争是必要的。

# 第三章

# 公域人权与私域人权

正如第二章所指出的，对于传统人权的论述，大部分局限于公民和政治权利，一个主要批判就是它只是关注在公共领域保障人权以及防止人权滥用(Clapham，1993；Bröhmer，1997；Ratner & Abrams，1997)。“公民和政治权利”的概念隐含着自由参与公民社会及其政治的结构和过程的能力。

然而，事实上对于许多人来说，不是在公共领域或“公民和政治权利”领域的人权被威胁或侵犯，也不是在这些领域人权应该得到保障和维护；相反，在私人或家庭领域，发生了更严重的人权侵犯，这也是最需要社会工作者采取行动去应对人权滥用的领域。许多群体可以被认为需要接受这样的人权服务。本章在探讨这些特定群体的过程中，关于人权以及人权实践的一些重要问题也将会被提出并讨论。因此，本章将不仅仅是考虑一些弱势群体的人权，也会通过相关探讨去识别一些评估人权和社会工作实践的理论与实践问题。





传统的将人权视为公共领域的观点，是社会工作不被视为人权专业的原因之一。这是因为社会工作往往被视为私人领域的，是为了处理私人问题而不是为了解决公共问题(Van Den Bergh & Cooper，1986；Dominelli & McLeod，1989；Fook，1993)。因此，形成了人权是公共领域的，而社会工作是关注私人领域的认知，这也造成主流社会没有将人权和社会工作联系起来的局面。本书认为，人权工作和社会工作应该超越公/私的划分，应该既关注私人问题，又关注公共问题。传统的将社会工作视作私人的而人权属于公共的观点，既削弱了人权，又削弱了社会工作。因此，在公共和私人间建立清晰的联系将会使两者的联系更加紧密，也有助于自然地形成社会工作人权实践框架。

## 压抑的女性和女性主义的贡献

毫无疑问，对于许多女性来说，最重要的人权斗争是在私人领域，她们中的许多人都是人权滥用的受害者。家庭暴力、强奸和性虐待现在已经被文献大量记载，显然还会有大量（许多都是有意隐瞒）类似的滥用长久地没有被记载（Walby，1990；French，1992）。毋庸置疑，在家庭领域事实上还会存在大量针对女性的人权滥用。由于父权结构长久统治那些处理类似申诉（大量女性人权滥用未被报告）警察和司法体制，这加剧了女性的羞愧、人性不完整和个人罪恶感的广泛散布，尽管女性主义团体已经做了大量工作去提升女性这方面的意识。

当然，这也涉及在家庭领域的低程度的折磨和歧视的问题，虽然和那些极端的滥用形式，例如身体暴力和强奸，没法相比，但是长久的轻视和耻笑剥夺了女性应当被有尊严地对待的权利。即使是在富裕的家庭，如果男性伴侣对于经济采取严格的控制的话，这也可以是阻止女性获得相关资源的权利。还可以表现为否定女性在家庭和决策制订过程中的自由表达。这种低程度的人权侵犯可能更难仅仅通过法律途径解决，而且这种长时间的折磨可能比一桩简单的家庭暴力危害更大。



女性也可以视为现存社会结构下人权滥用的受害者。和男性相比，她们从工作中得到更少的工资和薪水，在家庭领域，她们分配到更少的家庭收入（French，1992）。和男性相比，在涉及教育、权力获得，以及在政府和公司高层的占比、参与领导政治和经济影响等方面，女性处于相当不利的地位（Jacobsen，1994）。必须承认，在北半球国家，男性和女性之间的差距已经被逐渐缩小，但是在其他国家，这些差距依然巨大。毫无疑问，对于女性的歧视显然是一个人权问题。如果女性平等的斗争不被纳入人权范畴，那么奢谈人权的成就将毫无意义。此处引用一位女性人权活动家经常呼喊的口号："人权即女权，女权即人权。"

争取女性权利的斗争也经常受到将人权仅仅局限于公民和政治权利的自由主义思想的不利影响。自由女性主义仅仅将致力于女性在现存的结构中获得"平等的权利"，而不去批判现存的结构和进行改革。因此，它主要关注诸如获得同工同酬的权利，以及去掉阻碍女性在所选择的领域达致高层的"天花板效应"。毫无疑问，这些目标很重要，但是自由女性主义没有试图去解决压迫女性的深层次原因，也不试图去变革社会，而这些是结构主义、后结构主义和激进女性主义所提倡的（Tong，1989）。当然，和人权的论述最重视公民和政治权利具有一样的局限性，自由女性主义将追求女性的"平等权利"仅仅局限在公共领域，而不去探寻解决在私人或家庭领域的平等权利的问题。

对于自由女性主义局限性的探讨，也是对于人权的自由主义的批判。同样，自由女性主义也是不完整的，因为它尽管追求自由，但是不试图挑战压迫的结构，仅仅试图为那些权利被否认妇女进行倡导或利用现行的社会结构和机制带来社会公正，这都是值得考量的。女性主义认为，正是父权社会结构使女性处于弱势地位，只有通过一定形式的社会结构变革才能带来公正的结果（Plumwood，1993）。类似地，如果压迫的统治结构还存在，一个人权的结构化的方法保证人权也是值得商榷的，需要解决这些压迫的统治结构。社会工作的作用非常重要，这意味着社会工作不仅需要在现行的社会结构中倡导，也需要系统地认识将造成人权侵犯或否认的社会结构，通过社会工作的实践来解决基本的结构的问题。

社会结构变革需要这样的观点：是否需要人权作为支撑？一个传统的立场，重视演变的、现行的系统，会很谨慎地采取这个激进的观点。在现行的结构上，我们很难去改善和提升人权保障，因此，我们应该关注如何使结构更有效地运作，也应该用所有的方式去改善和提升人权。事实上，这是诸多人权倡导背后的假设，特别是使用法律结构、过程和先例。法律的实践，接受法律主体以及关注解释法律，特别是通过先例的使用，本质上是保守的。社会工作实践的倡导模式就是如此，基本接受现存的结构，期望通过倡导来保证相关个人和群体获得他们的权利。然而，从结构的视角出发，人权实践不仅使系统运行更有效，而且应该改变系统使之与人权原则相适应。这是将人权的滥用和侵犯视作造成财富、权力、性别、语言、资本等等分配的结构性原因。

与结构主义的分析相对，将公民和政治权利视作本质上是自由的，认为在很多国家将法律和宪法结构作为保证公民的政治权利方式，因此，保障公民和政治权利的主要任务就是使系统运作（也不否认还会有改进空间），使其在所有国家都能建立。然而，这样的观点会受到批判，甚至在第一代人权中，也存在人权的滥用和侵犯的结构性因素。例如，政治犯的拘禁和虐待、劳工标准的侵蚀、成立工会的权利的压制，以及对言论自由的限制，这些与保持全球资本主义体系需要相联系，因此有很重要的结构性因素。

在这个视角下，一个纯粹的人权的自由主义方式显然是不够的。然而，如果考虑第二代人权和第三代人权，自由主义的方式不仅仅是不足的、而且是严重不足。贫穷、失业、不充分的医疗照料、流浪、环境污染、不平等的经济发展，显然与资本主义全球化需要以及决定所有国家的经济政策的经济“动力”相悖。如果否认这些结构性因素并认为第二代人权和第三代人权可以仅仅通过使现存系统运作来实现，这将事与愿违，也是不可持续的。

因此，人权实践需要解决现存结构的不平等，这也意味着某种形式的激进行动。在这一点上，人权实践被着重强调，因为它是女性主义所讨论的和女性人权的压迫的直接结果。基于马克思主义和后殖民主义，一个类似的结论需要使用一个阶级和种族的人权分析。在任何情况下，一个比较激进的分析需要考虑结构性的因素，这一点很容易理解。

女性主义对于人权实践的另一个重要的贡献需要在这里得到承认。通过她们对于父权主义结构的批判，许多女性主义作家强调一个更加全面的、自由的和非暴力的过程，需要一个更加包容的替代现存的暴力和统治的父权结构(Braidotti et al.，1994；Harcourt，1994)。这种包容性显然与人权实践相联系，事实上父权结构的统治如此重要以至于女性主义分析(是那种更激进和结构的种类，而不是自由女性主义)成为人权实践不可或缺的部分。




## 儿童，依赖和权利的竞争性要求

对于儿童的人权滥用，大部分不是发生在公共领域，而是在私人或家庭领域。儿童在社会和家庭中的地位是随着时间(Mitterauer & Seider，1982)和不同文化背景的变化而变化的(Alston，1994)。因此，作为全面理解人权的一部分，儿童权利的观点是保守的。在早些时候，儿童被视作是他/她父母的财产，任何人都没有权利去干预保护儿童免受生理、性和情感的虐待。这个观点虽然已经发生改变，但是一个强大的信念，即对于儿童的照料是父母的责任，仍然存在，其他人(例如政府，以及代表政府行动的社会工作者)在决定儿童在家庭中应该或者不应该如何对待，发挥着有限的作用。

这在对待体罚的观点中得到直接证实。在很多西方国家，公立学校对于儿童的体罚是被严格禁止的。如果一位老师轻轻地掌掴一下孩子，那么这位老师会被检举，很有可能会被解聘并将从此被禁止教书，而不考虑他掌掴学生的原因是什么。与此相对，父母在家庭领域对孩子实施体罚所受到的处罚就远远没那么严重。在许多国家，尽管家庭的体罚现在都是非法的，但是和学校相比，家庭内的体罚更难得到法律的惩罚。然而，国家通常不干预或者不采取任何形式的法律行动，除非滥用的危害异常严重。当然，一个轻轻的巴掌不会成为对父母采取法律行动的充分证据，也不足以判断——像老师那样——父母应该被“解雇”或者阻止他们成为父母。一位老师在学校打一下孩子和父母在家打一下孩子具有显著差别，尽管后者在现实中可能给孩子带来的情绪伤害更大。和师生关系相比，亲子关系在心理上更加重要。



这个例子说明了儿童权利问题的复杂性以及与父母权利观点的冲突。这也是各种因竞争而产生冲突的权利要求之一，只要探讨人权，这样的冲突就会出现。孩子和父母权利的冲突对于社会工作者而言有着特殊意义，因为儿童的福利在所有国家或文化中都是社会工作实践的一个主要领域，社会工作者经常发现他们身处这些竞争的权利要求中，难以出于“儿童利益最大化”的目的做出是否应该将孩子与他们的父母隔离的决定。社会工作者实践在社会价值冲突的领域(保护儿童与“家庭”完整的价值冲突)，他们应该代表社会做出艰难而富有正义的道德与专业判断，一个错误的决定会带来严重甚至悲剧的结果(Clark，2000)。

在这个权利冲突的案例中，需要详细分析情况。代表双方权利要求的是父母和孩子，通常是一种不对等的权利关系，因为大多数情况下相较于他们的父母，孩子是相对弱势的。这就意味着儿童(而不是其父母的)的权利应当被保护，因为社会工作带着一种强烈的价值取向，即为了弱势群体的利益而工作。类似地，和父母相比，孩子可能更不能有效表达自我需要，更需要被代表和倡导。

当然存在一个更加基本的理由要优先保障儿童的权利。因为所谓的“父母权利”在现实中是指一个父母(或者两人)去控制或对另一个人施加权力，然而儿童的权利则是自我决定或自己掌握他/她的生活。在大量的人权共识和公约中，除非有特殊情况，自我决定的权利应当优于控制其他人的权利。事实上，这与第一章所确定的权利地位紧密相关，因为自我决定的权利满足"人的权利"的标准，而控制其他人的权利则没有。因此，一个人权视角必须给儿童的权利以优先地位。类似的结论可以适用于其他自我决定的权利与控制的权利产生冲突的地方。例如，家庭暴力中女性和男性的权利、老板和工人的权利，以及持枪权与公共安全的权利。

因此，在彼此冲突的权利要求中做决定，涉及道德推论和选择价值的问题，比其他权利更具优先地位的人权原则将会有助于做出决定，这在第一章已经详细探讨过。道德推论不可能仅仅是简单地试图以一种具有明显目的性地使用边沁的"幸福微积分"去谋求"为了大多数人的最大福祉"（Benn & Peters，1959；Bentham，1983），价值的争论无可避免。正如第一章所概述的人权本质，将会有这样的竞争权利——问题的解决需要道德辩论。社会工作者在这些道德辩论中发挥着重要作用，因为社会工作实践带有强烈的价值和道德取向，社会工作的价值基础需要他们在特定问题上发表观点。在孩子与父母冲突的权利要求的案例中，社会工作者明显站在儿童那边，因为他们是更加脆弱的、弱势的且不善表达的。这不仅得到人权原则优先于其他权利要求的支持，也与大多数儿童福利实践紧密联系，在任何涉及儿童未来的决定中，儿童的利益是最重要的（Goddard & Carew，1993）。

然而，实践"儿童利益最大化"理念也有负面的影响。或许有很强大的道德理由为这种行为辩护，但是我们怎么知道我们真的在为另一个人的利益最大化而工作？在干预过程的案例中，使用儿童福利权利进行分析是必要的，但也可能是危险的。无论什么时候，如果我们承担着代表其他人说话的角色，我们也就否定了人们代表他们自己发言的能力，我们就冒着犯殖民和压迫实践的风险。

许多让人遗憾的社会工作实践都可以用"为了某些人利益最大化"来辩护。在澳大利亚，将原住民新生儿从他们父母身边带走的计划持续了数十年，给原住民父母和儿童带来了严重的身心创伤，导致大量原住民家庭分崩离析；许多澳大利亚的原住民饱尝这个政策的悲剧性恶果，事实上，"被偷走的一代"对于更大范围澳大利亚社会的影响更加深远（HREOC，1997；Garkawe et al.，2001）。然而这个政策——现在被认为是不人道的、错误的，是压迫、歧视和对人权的严重侵犯——因为是为了原住民儿童的"利益最大化"而在当时显得雄心勃勃。当时的许多福利官员都认为他们是在做正确的事情，儿童的利益是他们最关心的问题。对于所有自信地认为他们是为了其他某些人的“利益最大化”而工作的社会工作者，这是一个令人警醒的故事。谁可以确信今天的实践完全符合专业伦理原则的最高标准，在未来就不一定会被视作压迫呢？

不仅仅只有澳大利亚原住民儿童收养实践导致了后来被视作人权滥用的案例，在其他国家也存在着类似的关于原住民的故事（例如，在北美：伯杰，1991），英国的“儿童移民”计划甚至不是因为出于种族主义的驱使，现在看来是完全不合适和不人道的收养实践（Humphreys，1994）。这些经验告诉我们，任何社会工作者都应该特别谨慎地使用“为了儿童利益最大化”而为他们的行动辩护。

社会工作者如何确保他们有明显正当的理由介入不会犯同样错误和带来类似的悲剧，以及他们不会受到后代的谴责？当然，我们无法在这些问题上充分自信，因为我们无法用后见之明来评判我们现在的行动。如果行动是善意的，我们可以做一些事情去减少压迫的可能性。





上述例子的一个共同特征是儿童本身不会被询问，也不会参与决定什么事情，这些都不会发生在他们身上。“为了儿童利益最大化”的行动并不意味着工作者可以理所应当地忽视儿童的意愿或者没有责任去以尽可能的方式了解儿童。当然，婴儿和年幼的孤儿是不可能有表达的意愿的，但是年龄较大的儿童可以交流，当代的社会工作者已越来越关注儿童自我表达的意愿（Goddard & Carew，1993）；事实上，如果不考虑儿童的意愿，也会被视作侵犯儿童自我决定的权利。一个人权视角的社会工作需要案主的参与，特别是脆弱且弱势的案例，例如儿童在关于他/她的未来的决定中做出最大化的参与，因此，社会工作者需要竭尽所能地促使这样的参与发生，包括为使用另外一种语言的案主提供翻译，可以通过口头或书面交流、通过艺术或戏剧、利用电脑，或通过任何相关的媒介。

社会工作者应该充分了解另外一个反对压迫的实践，不仅仅是他们所处理的个人，而且应该了解到社会工作实践发生的更大范围的政治、历史、社会和文化背景。如果福利工作者能够了解原住民的文化和受压迫的历史，他们就不怎么可能去做出将原住民儿童带离他们家庭的事情。英国的福利工作者如果了解前殖民地劳工的压迫，那么，他们就不会成为儿童移民计划政策制订过程中的积极参与者了。

我们不可能预计到我们行动可能带来的所有结果，但是如果我们越了解行动的背景，就越可能知道行动结果带来的问题，就越能避免我们的行动所带来的压迫的结果，尽管当时采取的行动是善意的。因此，当社会工作者在“为了弱势和脆弱群体的利益”做决定的时候，他们有责任去充分了解行动的政治、历史、文化和社会背景。这意味着社会工作专业和教育机构有责任去确保社会工作者不仅得到关于特定方法的培训，也要获得关于他们开展实践的背景知识的培训。这也意味着，任何减少社会工作教育领域的行为，或只关注获得特定“实践竞争力”而放弃更广阔背景的分析，应该被强烈地反对。

从人权视角看，关于儿童的社会工作实践会带来一些理论和实践问题。儿童福利一直是社会工作实践的一个主要领域，围绕文化议题，它引发了特别困难和敏感的问题、权利的竞争要求、可能带来压迫的实践。然而，这些问题已经超出了特定的与儿童相关的领域，对于所有弱势群体的工作都有意义。





## 老　人

老人是另一个可能在家庭或私人领域遭受到人权滥用的群体。关于老人受虐待现象，只是近些年才出现在文献中。直到最近三十年，这个问题才被承认（Biggs et al.，1995）。和儿童被虐待相似，老人虐待可以是心理上的、情感上的或者是性方面的。但是，老人虐待有一个新的类别，即财务虐待，这需要一个不同的人权框架，即不仅需要去保护老人免受心理或情感的伤害，而且要保证老人在涉及自身财产和财务事项上的自我决定的权利。尽管对于老人的财务侵犯可能来自不择手段的销售代表、财务顾问和经纪人，但是大多数财务虐待都来自老人家庭的成员，他们要么直接去试图获得老人的储蓄、财富或财产，要么通过欺诈和欺骗，或通过长期的压迫去迫使老人改变他/她的意愿。社会工作者有责任去确保老人的相关权利得到尊重和保护，可以通过现行的法律机制去保护老人的相关权利，也可以通过非法律的方式做他们家庭成员的工作。

儿童权利和老人权利还有一个重要的区别。尽管儿童没有能力去管理他们自己的事务，也没有能力去做关于他们自身的决定，但是随着他们的成长和成熟，这些能力也在不断增长。因此，社会工作者可以扮演一个教育者和赋权者的角色，使年幼的儿童不断培养他们自我导向的能力，以及促进他们成为一个负责的决策者。然而，许多老人独立做出决策的能力随着时间的推移不断弱化，特别是如果他们患有某种老年痴呆症。因此，和儿童不断成长的能力、自主性和独立性相比，老人在这些方面是不断弱化的。这意味着，随着时间的推移，他们更容易遭受虐待，更难控制他/她自己的生活。

因此，赋权实践，尽管可能仍然有效，但在涉及老人可能实现的能力的假设方面需要做一些改变，需要努力的目标是使老人得到更大的而不是更少的依赖。因此，人权问题是不同的，他们面对任何形式的虐待越来越脆弱。尽管一种健康、幸福、自我实现的生活仍然重要，但是和儿童相比，老人的生活需要以另一种不同的方式构建。许多老人不断弱化的需要和实现人权的能力，意味着社会工作者对老人赋权将具有重要意义(Neysmith，1999)。赋权的实现可能通过与老人一起去制订他们未来的计划，包括什么时候他们不能做某种程度的自我决定以及他们依赖别人增加到什么程度。

诚然，这样一个面向老人的社会工作方法会使老人“病化”——如果仅关注他们的负面或衰弱方面的话。这会加剧对老人的年龄歧视，他们中的许多人因此会没有机会去为社区做贡献，他们的智慧和经验被低估了。对于老人政策的批评，在那些为生病或虚弱老人(旅馆、家庭护理，社区护理)的发展性项目上投入了大量资源，而忽略了其实大多数老人本不需要这些密集的服务就可以过一个健康而自我实现的生活(Office of Seniors' Interests，1999)。显然，老年人受虐待的问题包括他们不断衰退的做决定的能力，这对于年老体弱者给予充分的医疗保健是很重要的，需要得到充分保证。然而，一个关于老人更加积极的视角是要求将他们视作仍能为社会做出重要贡献的公民。

年龄歧视可以以任何程度发生在任何背景下，这本身就是社会工作者需要解决的人权问题。社会工作关注最脆弱群体，会无意识地加剧特定群体的病态化和边缘化。社会工作者不应该跌入这个陷阱，而应该以更积极、更系统的方式构建关于老人的人权问题，这是非常有必要的。社会工作如果只关注负面因素，将导致整个群体的病态化，带来的是伤害而不是帮助。这一原则也适用于本章对其他脆弱群体的探讨，它强调了基于人权的社会工作实践对于发展性策略的需要。

## 残疾人

残疾人通常被视作遭受一种或多种人权滥用的群体（Dreidger，1989）。本章内容特别关注解决在私人或家庭领域的人权滥用问题，而较少关注残疾人在公共领域所遭遇的人权滥用问题，例如，参与社会和迁移的权利、劳动权、自由而免受歧视的权利，等等。我们关注的是在家庭和住户里对于残疾人权利的否认，以及由于他们本身的脆弱性，他们很容易会被其他人利用。在这里，很有必要去区分两种残疾群体：一种是残疾损害了他们在公众场合做决定和表达他们意愿的能力（例如，那些患有智力残疾的人，以及那些饱受心理疾病折磨的人），另一种是残疾没有损害他们自我决定和自我倡导的能力（例如，患有生理残疾的人）。

做这样区分的原因是因为与这两个群体相关的社会工作实践是不同的。在与后者的工作（指能够自我决定和自我倡导的）中，以人权为本的社会工作实践聚焦于打破残疾人参与和追求有意义生活的障碍，反对歧视，重建残疾人的信心，让他们能够为自己倡导。如果让社会工作者代表他们发声，或者声称社会工作者比残疾人自身更了解他们的需要，这将会导致一种控制和压迫的实践。在这样的实践中强烈需要一个对话和赋权视角（见第十章）。

然而，和那些自我决定或交流能力受到伤害的人群工作，会带来额外的问题，包括保护他们的权利以及防止受侵害。实践“为了残疾人利益最大化”，这对于社会工作者而言很有必要，但是也会导致与本章前面讨论的“为了儿童利益最大化”相似的问题。社会工作实践在历史上曾经加剧了对于残疾人的压迫（Barnes，1990）。例如，通过鼓励制度化或者与不能提供充分机会或支持的“社区照顾”的共谋，使残疾人的生活比在机构接受照料更加恶化。同样的问题在前面已经被指出：人们需要对于在决策过程中的最大程度地灵活参与，也需要意识到实践背后更广阔的系统背景。

在探讨残疾人工作的时候，特别需要提一下自从 1980 年代“正常化”运动对于这个领域工作的深刻影响(Barnes，1990)。这一视角旨在最大程度上让残疾人过上一种“正常”的生活，将残疾人视作是“正常”人而不是某方面存在异常的人。当然，这个问题是它重新构建了什么是“正常”，带来了一种保守而循规蹈矩的实践，人们被迫去适应某种所谓的“正常”(Wendell，1996)。因为不断强调在实践领域的多样性，这种模式的重要性近些年已经慢慢衰退了。重视差别而不是符合“正常”，代表着一个巨大的变化，不仅体现在社会工作思想上，且还体现在社会政策中。这种改变是因为女性主义运动、追求同性恋权利的运动、重视多元文化以及后现代主义者拒绝接受只有一个事实或做事情的“正确”方法。

毫无疑问，尽管重视多样性会导致一个更加自由和赋权的实践模式，为所有的社会工作案主提供更多的可能性，但它同时也可能带来一些问题，这会导致一种态度，我们就可以不去为残疾人做任何工作，这也成为不作为的一个借口。这也是为什么重视差异需要贯穿人权视角的始终，需要用一个多纬度的方式去分析为什么残疾人是弱势的，需要去实现某种形式的普遍人权。重视差异也不应该被用作接受现实的借口，这很重要。这等于承认现行的制度已经达到最好的状态，这让人感觉很保守。这也是为什么在重视差异、接纳和赞扬多样性的同时，某种形式的关于不利处境的结构分析是很有必要的。



## 其他问题

这个部分需要指出目前为止还没讨论的两个领域。本章关注发生在家庭或私人领域的人权滥用问题，这不能被简单地认为只是围绕着女性、儿童、老人和残疾人工作的人权问题，当然也包括这些群体在公共领域的重要问题，如歧视、获得、机会、污名等问题。当然，这些问题应该通过跨越私人和公共的界限，被为人权而工作的社会工作者解决。本章讨论对于他们的忽视并不意味着和私人或家庭领域的人权问题相比，他们不怎么重要，而是因为本章的目的在于强调理解社会工作作为人权专业在个人、私人或家庭领域的重要性，这与占统治地位的第一代公共领域人权问题相对应。从这一视角看，一个社会工作者在为体弱多病的老人提供照料的疗养院工作就可以被视作一个人权工作者，同样，包括儿童保护社会工作者、在妇女避难所工作的社会工作者、残疾人评估组中的社会工作者、实施为那些患有慢性心理疾病的社区服务项目的社会工作者。通常这些工作者不将他们自身看作是人权工作者，但是人权的视角将会为他们的工作提供一个更加有力而清晰的实践框架。

另一个需要指出的是，本章所探讨的群体不是一个包括所有为社会工作服务的脆弱的或弱势的群体清单，显然不是这样。然而，他们——这四类群体是在私人家庭领域最容易受到人权滥用的群体。





## 非国家滥用的人权

一个非常重要的观点需要被强调，在本章讨论中，既然国家不是唯一人权滥用的施暴者，那么，国家也不应该独自承担保障和实现人权的责任。本章所讨论的人权滥用基本上都是由个人或群体，大多数情况下是家庭成员所施行的。然而传统的关于人权的理解(在第一代人权层面上)倾向于强调国家责任，考察的是特定政府的“人权记录”。但是事实上，绝大部分政府不会实施强奸、家庭暴力、对老人或儿童的虐待。我们可以认为政府应该有责任去防止类似滥用的发生，但是这些不是受国家实施或国家认可的，除非在特殊情况下(例如，战争期间的强奸、警察暴力、学校的体罚)。我们关心的绝大部分的人权滥用是由个人或群体在有些情况下，以他们自身的力量去实施的。

如果我们想拓宽人权的视角超越在第二章所描述的传统人权观点的限制，应由个人而不是国家对于人权的侵犯负责，这个观点很重要，因为个人是非国家的人权侵犯者。在一个全球化、私人化的时代，企业，特别是跨国企业拥有相当大的权利，经常被指责滥用人权（Rees & Wright，2000）。对于石油公司忽视本地社区的需要支持独裁政府、矿业公司不尊重原住民、烟草公司的营销战略、发展中国家婴幼儿配方奶粉的营销策略的批评，以及其他很多例子都论证了公司的行为侵犯了人权。此外，将人权的视角延伸到第三代，任何公司带来的环境污染都可以被视作侵犯了人权。不仅是公司，国际非政府组织和联合国机构都因为人权滥用而遭到批评。例如，在他们对待受雇于他们援助项目的当地工人，或者他们与正在实施压迫行动的当地武装合谋。

因此，人权问题不仅仅是国家的问题，当然这不是说国家就应该放弃承担它在人权领域的责任。我们的目的是，社会工作者在他们的政策倡导、社会行动和研究中，应该不仅仅关注政府的行动（或不作为）和责任。当然，他们也应该关注个人的行动，这是社会工作实践长久以来的习惯。然而，他们应该进一步关注其他非国家的行动者在人权滥用方面的影响，特别是企业、跨国公司、个人安保公司、宗教组织和各种非政府组织。当然，这样一个视野广阔的观点会使人权滥用的概念复杂化，但是，这也使社会工作的行动以人权的名义在许多以往社会工作者没有实践的领域具有合法性。





## 结　论

因为社会工作者经常面对弱势和边缘群体，以及那些在私人或家庭领域人权受到侵犯的人们，人权为本的社会工作需要构建超越公共/私人界限的社会工作和人权。在讨论人权和社会工作的公共/私人分界的过程中，本章提出了许多重要的实践问题，包括社会工作联结私人和公共的重要性；需要将问题放在它们的历史、政治和文化的背景下理解；结构分析的重要性；代表弱势群体的恰当的倡导的重要性；为“其他人最大化利益”的工作可能带来的风险；社会工作者道德推论的重要性；需要将多样性纳入一个普遍人权的分析，如果多样性不成为压迫和剥削实践的理由。

这些原则将会在后面的章节继续出现，人权为本的社会工作的特征将会详细说明。

## 进一步的问题

本章提出了一些需要进一步探讨的问题。一个是公共领域和私人领域边界的实质问题。这样一个划分，其本身就是现代性的特征以及现代性对二分法的需要。明确的公共领域和私人领域的划分真的对社会工作很重要吗？社会工作通常需要超越两个领域，但是，社会工作对于“宏观/微观”的划分(个案/社区和政策划分)表明了二分法对于社会工作思想的强大影响。解构两者的边界，将社会工作实践视为同时发生在公共和私人领域的行动，从而挑战传统叙述的假设，这是可能的吗？

在任何情况下，“公共”何以成为公共？ “私人”何以成为私人？公共领域有许多秘密，私人领域遭受许多公共领域的入侵。因为两个领域都涉及人的互动，也都有可能带来人权滥用，所以，简单地将两者的边界视作是人为的是不是不合适？

另一个需要进一步探讨的是压迫这个概念。我们识别了一系列被视作压迫受害者，如妇女、儿童、老人、残疾人。“压迫”和“受压迫”是社会工作经常出现的词汇，“压迫”经常与“人权滥用”等同，它们真的一样吗？从“压迫”到“人权滥用”的语言转换真的导致我们追问一些新的关于行动本质和原因的问题，以及解决这些问题合适的方式吗？人权语言是否真的有助于我们避免结构和叙述的压迫所带来的更加困难和激进的问题，包括阶级、种族/民族和性别？

讨论压迫的一个困难在于，人们倾向于认为一种形式的压迫强于另一种压迫。因此，一些女性主义者认为，性别压迫是一切压迫的根源，而马克思主义者则认为阶级压迫更基础。这其实没有什么作用，只会导致原教旨主义，一切问题都会被一种标准去衡量。一个更加完整和多元的对压迫的理解如何包括在社会工作的分析中？人权本身会成为另一种形式的原教旨主义，声称超越其他任何分析框架吗?

最后，“为了其他人的最大化利益行动”是另外一个问题。我们如何知道“最大化利益”是什么?谁定义它们?谁(包括社会工作者)有权利去为了其他人的最大化利益行动?“利益”的定义是研究型的、意识形态型的，还是道德型?强迫接受“最大化利益”本身是一种人权滥用的形式吗?当一个社会工作者与父母对于什么是儿童“最大化利益”存在争执，或者当不同的亲属和社会工作者关于一个患有老年痴呆症老人的“最大化利益”发生冲突的时候，谁的观点应该更重要?为什么?谁的权利受到威胁?

第四章

# 文化与人权

对于人权理论家来说，文化相对主义一直是一个主要的争论点。关于文化差异的争论或许代表着对人权最强烈的批判，对于很多人来说，这些争论也是最为棘手的(Brown，1998，1999)。这对来自西方传统的社会工作者来说尤其如此，他们一般意识到西方对其他世界观的殖民，同时希望重视文化的多样性。这导致其他很多西方社会工作者为支持所谓的“人权”而在某种程度上感到内疚，容易受到“人权是一个西方概念”这样的批评的影响，因此不可轻信。本章的目的在于探讨这一困难的范畴，以求发展一种路径，能够克服这些人权的困境。

尽管很多具有压迫性、殖民性的实践来源于西方文化传统是一个事实，包括传统社会工作实践的某些方面，但是，像社会工作者那样如此常见地一律对所有西方的东西感到内疚，意味着一种不恰当而且无益的反应。西方主流文化有很多东西值得批判，但是从人权的角度来说，西方文化中的其他面向值得捍卫。同样的道理也适用于其他文化传统，称颂别的文化，假设其应免受批评，与全面批判西方文化的压迫性一样，天真并具有误导性。



处理文化差异的关键在于：批判性地审视所有的文化传统的能力，意识到人权在所有文化中同样重要，意识到人权在不同文化中的情景脉络不一样，意识到人权的侵犯和抗争发生在所有的文化语境中。对西方社会工作者的挑战在于：跳出西方必胜主义和西方自责这两个极端，对文化差异有着更加敏感和具有现实意义的评价。

文化是人类存在的一个重要的、核心的维度，事实上，没有了我们的文化语境，我们什么都不是。文化赋予生命以意义，决定了大量的人类行为(Jenks，1993)。因而，对社会工作者来说，理解文化议题非常重要，要理解任何个人、家庭或者社区，首要问题是理解这个人或者团体所处的文化。

只用心理学或者社会结构的因素来理解人类行为，则忽略了很多行为的最重要的决定因素。例如，要理解一位长者为什么拒绝搬进养老院的建议，需要围绕年迈、家庭和机构照料以及这位长者她/他自己的经历来理解。为什么一个小孩可能逃学？为什么一位女性在家庭中被孤立和感到压抑？为什么一个年轻人变得依赖药物？文化因素在其中发挥着相当重要的决定性作用。

当然，心理因素和社会结构因素也发挥着一部分作用。社会工作的学者们对两者的相对重要程度有不一致的看法，但毫无疑问，文化必须被视为人类行为、人类情感和人类福祉的关键因素。正因如此，人权的文化面向必须予以重视。

## 西方对人权话语的主导

毫无疑问，自 18 世纪以来，西方思想传统一直控制着主流人权话语的形塑，但这并不意味着人权完全是西方的发明。人权的理念，尽管可能不完全是用“人权”这一字眼，可以在很多哲学和宗教传统中，包括犹太教、伊斯兰教、佛教、印度教和基督教，以及在希腊、阿拉伯和印度的哲学理念中找到(Von Senger，1993；Ishay，1997；Hayden，2001)。所有这些传统包含了人被赋予以某种方式对待的说法，以及重视人性体验的说法。认为人权纯粹是由西方所建构的，不仅仅具有误导性，也贬低了其他宗教和哲学传统，并具有讽刺意味地折射出类似种族主义的假设——只有西方思想家拥有这种观点。



换言之，我们应该认识到西方对人权话语的主导，在第二章所讨论和批判的第一、第二和第三代权利，挑战了我们对西方的偏见，指出了这三代权利进入西方思想的次序。西方思想传统在很多不同的领域主导了社会和政治话语，不仅仅是人权，同样的说法适用于道德、司法、音乐、科学、心理学、法律、医药和许多其他领域，当然也包括社会工作。

人权并不光是在建构中被现代西方启蒙传统的主导和必胜信念所影响，其错误在于假设人权本身是一个西方的概念，所以要摒除这样的概念。在其他领域我们没有这样做，我们没有因为西方思想主导道德而摒弃道德，西方对音乐的主导当然也没有告诉我们应该放弃把音乐作为人类表达的一种方式，就如同西方对食物生产的主导并不意味着我们应该停止进食。我们的任务更多的是重构我们关于道德、音乐、食物和其余的观念，以使他们避免西方主导的限制，丰富多种多样的文化传统和理解。这同样适用于人权，西方对人权的主导没有理由全盘否定这一理念，相反，它代表以这种方式——不会给予明显占主导地位的西方世界观任何特权来重建人权，且势在必行。

西方传统主导人权话语是什么意思？西方世界观里有几种特征影响了人权的建构，识别和讨论这些特征是很重要的。

## 个人主义

首先，西方自由主义思想中有个人主义的特征。自由——自启蒙时期以来西方思想传统最重要的意识形态——一直是关于个体的意识形态(Machan，1989)。个人体验才是重要的，个人成就才能受到欢迎。词组“人性”和“人类的精神”强调个人主义(除了性别运用在适当的时候会被考虑)。





我们谈论的历史，是个人成就的历史，即使这些显然是集体的胜利。哥伦布“发现”美洲(难道没有其他人和他一起航行？)，惠灵顿在滑铁卢打败拿破仑(没有人提及真正上阵战斗的军队)，克里斯托弗·雷恩建起了圣保罗大教堂(靠他一个人吗？)，卡拉扬创作一流的音乐(显然没有柏林交响乐团演奏者的帮忙)。大多数的人类成就被界定为个人的成就，相似地，当有恶魔的时候，我们需要找到一个人去承担过错，希特勒个人被谴责为第二次世界大战的罪魁祸首，而大屠杀，通常不会承认有任何其他的影响或者其他政治、经济和历史因素的重要性。在更加本地的层面，无论何时，只要有一些意外或者灾难，我们似乎总想要找到“谁应该负责任”，好让责怪可以从每家每户转移到个人，而不至于被认为是系统的问题(这种现象对于从事儿童保护的社会工作者来说实在太熟悉了)。

这种个人主义在西方启蒙思想中是如此根深蒂固，以致生活在西方文化中的人们不可能承认它的支配性。因此，其他观点，例如孔子思想，强调和谐和整体的价值，最难为很多西方人所理解。例如，在澳大利亚的大学里，很多主流学者发现难以理解原住民学者不愿意以传统西方学界的方式，把学术的功劳都归在个人身上，因为原住民认可集体共享智慧和理解的天性，以及拒绝将个人利益先于集体利益。正是这些例子提醒我们，西方个人主义不是事物天然的秩序，只不过是很多传统中的其中之一。

个人主义在对人权的传统理解中的垄断地位已经被提及，个人主义成为来自非西方国家的一些人和政府对人权运动感到不信任的原因。他们强调集体权利的重要性，认为集体权利大于个体权利的简单相加。因而，对集体权利进一步的探索，在我们对普遍人权之理解的重构中显得尤其重要。这不意味着要放弃个人权利——真要这样的话，会陷入上文讨论的西方自我谴责的陷阱中——而是要认可、验证、讨论和争论个人和集体二者的权利建构。

对于社会工作者来说，西方传统的个人主义主导，导致了对社会问题以及实践的个人化形式的西式的个人理解的流行。在一些社会工作著作中，大多数西方国家里集体主义的分析和实践(例如，社区发展)，比起更个人主义的实践形式(从“治疗”到公共福利的个案)，是排在第二位的。如果社会工作者把自己视做人权的专业实践者，如果他们认真对待西方主导的人权框架遭遇的批判，他们就很有必要更加坚定地质疑，个人主义者在他们自己的理论和实践中的偏见——并不是说要完全地拒绝个人主义的观点，但要验证集体主义的观点，平等地把二者包含在内。

对于那些关注结构分析和社区发展实践(Fisher & Karger，1997；Mullaly，1997；Gil，1998；Pease & Fook，1999；Healy，2000)的社会工作学者来说，这是长期存在的争论，因此，这对社会工作者来说并非什么新的讨论。但是，具有包容性的人权视角要求西方社会工作比近几十年来更加认真对待这场争论。对社会工作者来说，意味着在社会工作整体上对个人和集体或个体和政治间联接的重新确认，以及对“宏观”和“微观”的社会工作实践手法的整合。

## 男权主义

西方世界观具有男权主义的特征，它以已经表明的方式影响了人权的建构。像“人的精神”和“人的本质”这样的词组，在上文涉及个人主义的部分被提及，反映了传统西方关于人类精神的观点背后的男权主义假设。女人的历史在很大程度上被排除在历史记录之外，只有如今通过女性主义历史学家的努力，而重新得到修复(Du Bois，1998)。

当然，西方文化不是唯一被男权结构和思维方法所影响的文化。男权主义渗透到很多文化传统中，诸如阿富汗塔利班这样的团体，为了寻求反抗西方统治，相对于当下父权主义在西方的微妙而隐匿的实践，它可以更加公然地将更加压迫性的体制强加于女性。对于人权框架来说，女性解放的抗争，以及消解男权主义垄断的结构和跨越文化边界的需要，实际上是一个很好的例子。将“女性的压迫”或者“女性的解放”用于批判塔利班(作为一个极端例子)之时，这些措词就被赋予了意义。它们需要围绕女性权利的某些观点，女性被剥夺人权的方式——超越某一特定文化的基础，参考某种普遍人权框架进行描述。



尽管关于女性权利，很多非西方国家的记录远不完美，当前目标的重点是承认西方世界观很大程度上取决于男性，为男性利益所服务，承认男性的成就，重视男性的工作。这导致对统治和暴力的结构毫不质疑地接纳，把女性边缘化，予以男性特权。如果我们参与到人权的重构中，以及超越传统西方世界观对人类精神的限制，我们就应接受女性主义的观点。因此，女性主义的分析是重构人权的必要组成部分。普遍人权的理解不能把女性主义视角排除在外，而要集中整合。

对于社会工作者来说，这意味着进步社会工作实践应该从女性主义中汲取营养。当然，不存在唯一一种女性主义，本书没有足够的空间去探索多种多样的思潮，它们为女性主义学术贡献了不同的分支。然而，需要重新强调的是，朴素女性自由主义(帮助女性和男性进行竞争，举止像男人一样)并不足够。要解决男权主义的结构和话语的问题，建立更加具有包容性的人权观，我们还需要激进的、结构的或后结构女性主义。这样的女性主义视角可以成为社会工作的所有层面的依据。这不仅仅是关于和女性案主或者人权侵害的受害者的工作，也关乎女性主义分析作为与男性、儿童、家庭或者任何人口有关的社会工作实践的依据，因为我们所有人都受到男权主义结构和对女性持续的压迫的影响(包括人性的丧失)。

更加重要的领域在于社会工作的组织脉络。男权主义的实践和再生产，存在于社会工作者工作的组织的结构和过程中，并且侵犯着他们的案主。进步社会工作的一个重要部分是要解决组织层面的议题，找到在组织中具有变革能力的工作方法，以帮助建立更多具有包容性的、容易接受的、有机的以及有共识基础的结构和过程。

## 殖民主义、种族主义及发展

西方的世界观有着鲜明的殖民主义和与其相联的种族主义的传统。启蒙运动在这一进程中的重要性需要被强调。18 世纪末，以启蒙运动为人所知的思想家，诸如伏尔泰、洛克、亚当 · 斯密等，为现代西方世界观贡献了有关个体自由、理性、进步、科学以及能够脱离迷信和宗教捆绑的自由的知识原理。启蒙运动重要的一点在于对进步的信念——我们正在展开一场人类发现和发展的冒险，我们坚持不懈地改善之前发生的事情，当下就是过去的进步，未来将是当下的进步。不可阻挡的发展的观点在现代西方思维里是如此根深蒂固，以至于很难跳出来发现，这并非一直是主导的世界观或者人类活动的建构。在其他文化(例如传统印度教或者佛教文化中，Hershock，2000)和其他时代里(如欧洲的中世纪，Cook & Herzman，1983)，视发展为必然的观点并没有受到热烈欢迎。

发展的信念在“启蒙思想”中便已被奉为神圣。它假设，因为当时西方的思想革命，那里的人们比以前更加进步(Foucault，1972；Touraine，1995；Rorty，1998；Jenkins，1999)。这自然导致对于那些没有如此“进步”或者处于伟大的发展进程的更早时期的人们，也就是世界上的其他人——产生了傲慢的态度和优越感。因而，西方自然假定自己的角色，把这种“进步”带到其他没有那么“进步”的地方，而这在知识层面合理化了对“不文明”国家所进行的殖民统治。这也给商人、教士、士兵、统治者和把更加“进步的”西方方式强加于世界的“先锋”们铺平了道路。当然，它是为了服务和满足经济剥削的需求以及为 19 世纪对殖民地人们的经济压迫提供强大的正当性。

种族主义便是这样一种世界观的自然后果。如果人们真的相信他们已经达到相当程度的启蒙和发展，而其他人没有，他们可以把自己视作高人一等，同时把其他人定义为非完整意义上的人。然后把剥削他人视为理所当然（例如，通过开采资源，为现代工业资本主义奠定基础）或者“拯救”他们（常见于基督教传教活动）。直到今天，在部分西方人中还存在不言而喻的种族主义，认为某种程度上，他们达到了一种更高的生活质量，世界其他地方需要多多向他们的智慧学习。西方专家为世界其他地方的问题提供解决方法，然而事实上，正是这种西方“专家”的不合理做法，首先引起了很多问题。

在这种世界观中，人权的构想被那些非西方国家批评为殖民主义的（Davis，1995；Pereira，1997；De Bary & Weiming，1998；Bauer & Bell，1999）。挑战在于确认和容纳来自其他文化传统的声音，这些声音体现在关于人权的辩论中，以及人权对于人类的意义的阐述中。这会在第八章有更详细的讨论。



对于社会工作者来说，这意味着，就像女性主义必须在社会工作理论和实践中占据核心位置一样，反种族主义和反殖民主义的分析也必须如此。再次，如女性主义一样，这不仅仅适用于面向不同种族或者不同文化背景的社会工作，也应该适用于所有社会工作，因为殖民主义实践可以是微妙而具有潜伏性的。殖民主义的实践包括：

- 只读来自“发达”国家的社会工作的著作和学术文章；
- 为来自不发达国家的社会工作者组织培训项目，以一种单向的信息流动的方式，使他们可以学会发达国家的经验；
- 强加一个人的世界观于另外一个人；
- 扮演“视察专家”的角色，或者认可另一个人扮演这种角色；
- 在和参与和需要帮助的人们对话之前，把实践的目标和产出具体化；
- 视一个人自己的智慧优于另一个人。

反殖民主义者实践的议题会在第十章中更详细地讲述。这是人权为本社会工作的一个重要的面向，因为所有形式的殖民主义都站在人权的对立面。

# 理　性

西方的世界观，如此牢固地建基于启蒙运动，强调理性和理性逻辑思维，或者更具体地说，它强调某种具体的理性，建基于逻辑实证主义。这强烈地影响了何谓“真正的”知识，以及什么才叫合法的调查、研究、理论和实践。而且，由于进步的假设和接受某种理性逻辑在西方意识中是如此的根深蒂固，以至于对于那些生活在这种传统中的人来说，很难重视其他认知方式或者其他接近“真实”的方式。尽管他们或许承认有其他认知方式，但事实仍然是，在西方学界，理性的、科学的、逻辑的（以及父权的——很多人会争论）思维形式比其他更有特权。



西方传统重视实证的知识，也就是那些被理解为“事实的”知识，存在于客观感觉的知识，可以通过客观的、价值中立的科学探析获取的知识，可以被精准定义、描述和测量的知识（Fay，1975；Lloyd & Thacker，1997）。西方传统也重视能够基于经验观察，源于仔细严谨的“逻辑”论证结果的知识。感觉、情感、主观性或者不可量化的东西在这种理性中毫无地位——如果可以的话，应该被放逐。它们的存在阻碍了“真正的”学术活动。尽管，这只是知识的一种形态，“了解”世界的一种方式（一种实际上枯燥无味的方式）。这种知识形态以及理性科学推理的特权，已经面临一系列重要的挑战。原住民强调巫术、宗教、灵性、梦境等等——一种非常不一样的理解形态和一种不一样的知识维度，根本不能被上述的西方逻辑信条所容忍（Knudtson & Suzuki，1992；Sveiby & Skuthorpe，2006）。女权主义者也曾质疑在很多传统西方推理和探究背后的父权假设（Plumwood，1993），提出认识世界可以有其他的方式，其他每种从女性的传统中发展出来的方式都被主流男性话语贬低了。

西方理性的另一种面向，在于其对二元对立、二元思维的倚重。这样的思维经常产生叉状分枝一样的分割和对立的范畴：心灵和身体、男性和女性、对和错、激进和保守、胜者和输家、成功和失败、愧疚和无辜、足够和缺乏、个人和集体、私立和公立、好和坏、健康和不健康。这是西方人一直以来理解世界的方式，是他们把世界系统化，让万事万物各得其所的方式。

但二元思维有其限制：总是分裂，而非联合；总是排他，而非包容。是一个基于“不是X就是Y”的世界，而不是“既是X也是Y的世界”，一个非黑即白的世界，有时候可以艰难地忍耐一点灰色，但是对五彩缤纷毫无概念。现代性创造的这种二元对立导致如下假设，即这一“面”一定，或者应该，在某种程度上胜于另一“面”。二元对立变成了比较的基础，为了优先级的判断，“不同但是平等”的观念难以接受。

一个很好的例子是自由女性主义。男性和女性的二元主义意味着一方看起来一定更加优越，而在一个父权的社会中，那就是男性。所以，女性自由主义接纳这样的二元思维，致力于寻求展示女人在职场、体育成就等方面是如何跟男人“一样能干”，而不是以一种没有等级的方式去接纳和真正地拥抱差异。某些稍微不同的女性主义思想家，例如Plumwood（1993），认识到二元思维的限制和重要影响，进一步寻求能够超越这种二元主义的逻辑和理性的形式。女性主义当然不是二元主义批判的唯一来源，因为这样的批判早就在很多非二元哲学和宗教传统中广泛存在（例如，印度教以及离我们更近一点的后现代主义）。

西方理性的一个更深层次的面向是对线性思维的倾向性。推理沿着一条直线，有开始和结束，一步一步来，没有回头或者跳跃前进，也不会向外部偏移。另一种更加整体性或者系统性的思维方式因而被贬低，那些尝试效仿这种思维方式的人的想法很难符合“可以接受的标准”。线性思维的限制已经被很多批评所指出。尽管人们对于更加整体论的方法有着很浓厚的兴趣，但整体论者仍然面对着极大的困难，这是由西方传播的结构和实践引起的。书籍、论文或者文章，有开头、中段和结尾，沿着直线的道路演进，代表线性的过程。作者可能并非完全按照这样的顺序来书写，读者也可能选择不按照这样的顺序来阅读，但是为了消费而呈现的最终产物必须是线性的，而它特有的形式强化了线性思维和知识的线性传播。后现代主义的一个更加有趣的面向在于试图在小说的书写中超越这种线性，尤其是通过运用电脑创造能够用很多不同顺序“阅读”的作品，没有哪一种顺序是“正确”的。尽管如此，线性在西方思想中仍保持垄断地位，对各种各样的原教旨主义（经济理性主义只是其中一个例子）有持久的吸引力。

所有这些对于社会工作有着明显的影响。西方社会工作不可避免地视自身的基础在于西方形态的理性。社会工作中的科学和实证传统重视严谨的经验研究，目的在于建立一种显而易见的去情境的“知识体系”。二元主义、线性思维以及实证知识的特权性，都是社会工作中强大的传统（Ife，1997b）。在计算机时代，这样的知识形态甚至得到更加高度的重视：“知识”被视作一些可以被存储和转化的数据，它能够通过互联网而获得。这不可避免地意味着实证知识、线性过程得到更多的重视，以及其他知识形态（那些还不能通过数字传播的知识）的边缘化。

然而，社会工作者的经验通常和这样狭隘的西方理性发生矛盾。本能、巫术、爱情、笑声、游戏、喜剧、音乐等等都是我们“认识”自己和其他人的重要途径，这些东西也已经成为社会工作实践的一部分，但是这些极可能不被社会工作研究的科学传统所承认。确实，社会工作者非常清楚他们最能帮助人们的那些方式，不是经过详细策划和科学评估的“介入”，而是通过共通的人性经验，以及共享一些特别而且重要的人的经验（Ragg，1977；Wilkes，1981）。它永远不能被经验性地测量，输入到数据库，或者在互联网上获得。社会工作者也已经特别关注整体性、系统性的理解——拒绝简单线性思维，寻求一种非常不一样的理解、沟通和共享。其他理论传统的影响，例如，对实证主义的批判、诠释社会科学、叙事、女性主义方法论、后现代主义、批判理论等等也帮助社会工作者摆脱实证主义和西方传统的贫瘠。

这并不是说所有经验性调查都没有价值，假设－演绎的科学没有什么贡献，或者说使用线性方法的严谨的调查研究没有价值。情况当然并非如此，毫无疑问，传统西方理性已经有很多重要的成就，只是应该承认其他知识形态也需要得到验证，它们能够丰富认知的层次，否则，仅指望传统西方理性路径是永远不可能实现的。如果多种而且具有包容性的认知和沟通形态得到认可，社会工作实践以及所有其他人类生活和行动，会因此变得无可比拟的丰富多彩。

这对于我们对人权的理解也有很重要的影响，它强调人权不仅仅服从于传统经验调查和西方逻辑推理。确实，某些最为有利的人权宣言并不是在这种传统中创造的，它通过诗歌、喜剧或者人类行为的力量表达。马丁·路德·金著名的“我有一个梦想”演讲辞所做到的，比一整个图书馆里严谨推理的哲学论著要多得多。瓦茨拉夫·哈维尔，不仅仅激励了捷克人民，还激励了世界上很多其他人。作为一个剧作家，他通过他的创作才华达到了非凡效果。曼德拉、昂山素季和其他人的勇气激励了数以万计的人投身人权事业，他们的生命和行动并没有服从于批判的知识分析。

举一个个人的例子，我们当中有幸作为观察员出席 1999 年东帝汶独立投票的人，永远不会忘记东帝汶人民，在真正而且严重的恐吓面前的力量和勇气。投票日清晨六点，人们在投票站前排起长长的队伍，这是人权的力量的动人展现，他们完全清楚行动的可能后果。这教会了我们所有人一些从未在毕生的阅读、研究或者研讨中学会的东西。接近人权的本来面目有多种方式，尽管西方知识传统具有不容置疑的优势，但这也只是其中一种。



## 关于人类的假设

如果我们珍视多样性和情境，我们就需要将“权利”的理念延伸运用到“人”这个理念上。启蒙时期世界观代表理想的人的一种特殊形式，它也可以被视为人权工作的目标的理想的人性。正是这样的“人”才有权利。然而，不同的文化背景可以形成非常不一样的理解。关于什么算是“人”以及理想的人、关于人和人性的概念，在不同的时代和不同的地方有不同的建构。尽管西方启蒙思想要把这个观点强加于世界，但是没有一种一致同意的建构。为了强调这一点，表 4－1 总结了西方启蒙思想关于人的观点和澳大利亚本土思想的观点（见 Sveiby & Skuthorpe，2006）。需要承认的是，跟任何类似的比较一样，它被泛化了，而且在某种程度上代表固定的、同质的“理想类型”的极端形式，然而所有文化都是动态而且多元的。这是一种二元对立的比较，是本章早前批判的一种。但是，这样的比较是为了强调两种世界观之间差异的重要性。

表 4－1　关于人类的相对的世界观

| 西方启蒙思想 | 澳大利亚本土思想 |
| --- | --- |
| 个人的 | 集体的/公共的 |
| 世俗的 | 精神的 |

(续表)

| 西方启蒙思想 | 澳大利亚本土思想 |
| --- | --- |
| 父权的 | 男女角色是互补的，重视两者差异，但也重视平等的智慧和贡献 |
| 有活力的年轻人受到重视 | 有智慧的年长者受到重视 |
| 过程和成长：我们为了未来而活 | 稳定的状态：我们为了过去而活 |
| 理性的和经验的，关注“真实的世界” | 通过故事和神话表达人性：与“真正的世界”没有明确的边界 |
| 去身化的，大脑的、心身二元，身体具有审美趣味，是被观赏的 | 心身合一，通过艺术、舞蹈、歌曲和故事表达人性身体是主动的 |
| 与自然分离、控制自然世界为人类所用/剥削人给大地带来生命 | 以一种深刻而基本的方式联系自然、图腾要求对自然世界负责、只有大地本身才能带来生命 |
| 人有权利 | 人有义务 |



当我们进行这样的比较，可以看到，相对于西方启蒙思想的人的观点，存在着真实而且合理的另外一种看法，这在不同的文化脉络下是符合常理的。因此，不仅仅是“权利”会有差异地被脉络化，“人”的观点也一样。受到这样的比较的启发，我们可以从澳洲本土关于人权的用心良苦的主张中得到什么？如果这样的主张是从启蒙思想人性的教育出发，它们极其不适用于澳大利亚本土，而且确实代表了强加于它们的一种完全相异的对于“人性”和拥有权利的人的理解。

要把人权脉络化，我们因此需要把人脉络化。这涉及对任何文化脉络更深层次的理解，以及对人性的意义和人类经验的探索。确实，列于表4-1右边的人类特质并不完全局限于澳大利亚原住民，其中很多也常见于其他地方的原住民，还有其他非西方传统。如果有什么区别的话，恰恰是西方启蒙思想关于人类的观点与世界其他地方的步调不一致。

## 文化主义、多样性和变化

思考文化最大的错误在于陷入文化主义的倾向(Booth，1999)。这个假设是，如果某些东西是一个文化的传统，就使得它凌驾于批判之上，不知为何就变得神圣不可侵犯。文化主义物化了文化，以文化完整性的名义允许最恶毒残暴和压迫性的事件得以延续。这是很多社会工作者趋之若骛的诱惑，在他们可以理解的渴望中，重视和拥抱文化多样性，参与文化敏感的实践。然而，对重视多样性、文化敏感的实践的渴望，并不意味着文化主义式的全盘接受——“文化的东西，就是好东西”。

文化主义者的观点有两个关于文化的错误假设：第一是文化是固定不变的，但实际上它们持续地改变和演化，没有文化会十年不变，十年之后又会变得不一样。规范、价值和实践也在变化，任何关于某种特定文化的某种特征的类型化说明，都可能很快就过时。另一个错误的假设是文化是完全统一的。实际上，文化传统倾向于多元化，在某种特定的文化或者团体当中，很多文化价值和实践并非普遍承认的，反而存在对抗和争论。



例如，很多西方评论者不愿意批判女性割礼，因为这一实践背后的文化似乎非常重视这个东西，批评它被视为文化钝感，不尊重文化的完整性，重蹈殖民主义者主导的覆辙。尽管对于女性割礼的实践的批评通常以一种文化钝感的言辞表达出来，反映了一种预设的西方优越性，但是也必须记得，女性割礼的实践在那些文化里也并非普遍性地得到重视，而且也有很多文化内部的人在发起废止女性割礼的运动，或者至少有一些教育性的活动旨在减少这样的实践。归根到底，这是一种人权的滥用，这些文化内部的人在这些运动中也欢迎一定的外部支持。

这是文化价值和实践处于挑战的情况，文化内部有很多种观点，同时，文化自身也处于变化中。我们不能从一种狭隘的文化主义者的视角来看，由此保持沉默和无所作为。在这种情况下，也正如在很多其他情况下，我们应当坚持多样性和改变的立场，而非静态地、普遍性地来看待信念和实践。这不是否认女性割礼的议题是一个困难和敏感的议题，需要来自另一种传统的人们的高层次的理解和文化敏感性，相反，是要把它作为一个充满挣扎、抗争和改变的舞台，在其实践的文化内，有着多样的观点，从而超越把其他文化当成是永久的博物馆展览一样的想法。在这种情况下，对话变得具有批判性；每个人都希望对这场辩论、政策发展或者行动做出有用的贡献，希望开启和那些来自其他文化的人的对话。对话，其本质就是双向的过程，任何希望参与类似这个议题都不能以没有商量余地作为起点。

其他女性解放的议题也是如此。把女性从父权结构和实践中解放出来的斗争，跨越了文化的边界，在世界各处很多情境中表现出来。这种斗争或许在某些地方比在其他地方达到更多目标，在某些地方采取的形式比在其他地方更不一样，因为女性发现了用符合她们自己文化的方式来争取人权实现的途径。虽然在不同的情景下有不同的形式，但它们仍然是同一项斗争。这是文化相对性和人权议题至关重要的一点(Brown，1998，1999)。人权(为了女性或者其他群体)的抗争跨越文化边界。声称人权具有普遍性，就意味着人权是涉及所有的文化脉络下人们的议题，是一个我们都可以成为其中一部分的、常见的、全球性的抗争。

但是这不代表抗争会在不同地方以同样的方式呈现。人权或许具有普遍性，但也可能在不同的脉络下有不同的定义、不同的实现方式、不同的保障方式、不同的保护方式；权利或许是一样，但可以用不同的方式得到实现。例如，我们可以说，受到尊重和尊敬是一种普遍权利，但是尊重和尊敬在不同的文化脉络下非常不一样，这普遍性的权利并不意味着每个地方的人必须得到完全一样的对待——在一种文化脉络里可能深受尊重，但在另一种文化里可能是具有高度侮辱性的行为。



对于人权工作者来说，挑战在于保持一种坚定的人权视角，认可普遍人权的重要性，但也能够以恰当的文化方式来工作。从而保证，在不同的文化脉络中，人权能够得以实现。我们要记住，那些文化脉络本身会经历变化，文化价值倾向于多元而非铁板一块。

这是社会工作的关注焦点，它与社会工作者所处的典型位置有关，他们促进权利在不同文化传统中的脉络化，可以支持人权的抗争。能够实现这种情况的方式将在第五章有关权利和需求的关系层面上进行讨论。而眼前的目的，重点在于找到一种方式超越文化主义无力的限制，寻求跨越文化边界而且具备文化敏感和尊重的人权工作方式。确实，如果人权真的具有普遍性而且涉及诸如本章讨论的女性解放，这样的实践是非常重要的。当然，适用于女权主义的挣扎，同样也适用于其他的人权抗争，例如儿童、伤残人士、种族、性取向、贫穷或者其他。通过把这些视为人权抗争，也可以把它们视为普遍性的抗争。这是所有的关注，必然跨越国家和文化的边界。

## 普遍主义和相对主义：超越简单的二元对立

普遍主义和相对主义的议题已经被明显地表达为一种对立的关系。一个人要不就是持有这一种，要不就是另外一种，他们是相反的，辩论哪一个应该处于主导地位至关重要。但是，这是一种对普遍主义和相对主义过分简单化的看法。对于一个人权工作者来说，朴素普遍主义和朴素相对主义都是站不住脚的，坚持认为所有的人权适用于任何地方、任何人，用同一种方式，而不考虑文化差异性，以及任何人对“权利”的理解会受到他们的文化的形塑，也会根据他们的文化来定义。同时，朴素相对主义通常表示出文化主义的特征，不给人任何道德立场去反对在一个人自身文化之外所发生的对人权的侵犯，无论那些侵犯看上去是多么的恶心。因此，有必要尝试超越简单的普遍主义/相对主义的二元对立，找到一个不至于不加鉴别地接受普遍主义或者相对主义，而是整合两者的，更加细致入微的立场。

实现这一目标的其中一种方式，就是区分需求和权利。如果权利是普遍性的，那需求则是普遍性权利主张的情境化。这要求权利以很普遍的字眼表达出来。例如，“健康照顾的权利”而非“负担得起药品的权利”或者“获得医院病床的权利”。在这个例子里面，后者变成了随着情景不同而变化的“需求”。这个观点会在下一章进一步探讨。

我们可以解决普遍主义/相对主义议题的另一种方法，是把关于权利的普遍主张理解为普遍的规范性愿望，而非经验性的普遍主张。因此，谈论一种普遍权利，例如教育，仅仅意味着发表这个权利声明的人，希望这一权利能够在全人类身上实现。这种方式主张任何人能够在其对人性的盼望的基础上，正当地定义权利。其他人可能基于不一样的价值和愿望，不一样地定义权利，因此，普遍主义存在于权利定义者的愿望中，而不是说要让其成为普遍的权利，莫名奇妙地“存在”于每个地方。用这样的方式来理解普遍主义，打开了在不同的权利定义者之间的对话，这会在第八章继续涉及。

一旦超越了普遍主义和相对主义相互排斥这种预设，我们可以发现两者是相互关联的，一方需要另一方的存在。无论何时，当我们提出一个普遍主张，只有在我们所处的情景下，这个声明才有其意义。因此，对于普遍权利的任何确认，例如，教育的权利会做出的假设，教育是什么，为什么教育很重要的假设，这些假设都是在一个情景中做出的。这个情景赋予其应有之义。在这种方式下，所有的普遍性不可避免地要有情景作为基础，尽管所使用的语言可能会让意义变得难以理解。

相似地，关于某种情境的任何声明都需要一些更广泛、准普适（quasi-universal）的框架。要声称某种文化特别唯物主义，或者家长制，或者具有合作性，或者军国主义，是要拿它跟某些更加广泛的规范进行比较，这是在一个比文化情境更高层次的分类上进行运作的。情境依赖于普遍性，普遍性依赖于情境化，一方需要另一方来赋予其意义。因此，权利的声明总是同时具有普遍性和情境性。他们不能只是其一，而是二者兼有，尽管通常有一方处于更明显的地位。我们认为，这或许是超越普遍主义/相对主义的二元主义最有力的方式。通过理解人权不仅可以，而且必须整合两者。关于权利的任何声明或者陈述，都涉及普遍性和情境性两种因素的交织（关于超越普遍性/情境性的进一步讨论，请参阅（Ife，2007））。



## 全球公民权

我们对人权这一概念的一般理解，与对公民权的理解紧密相连，我们的公民权赋予我们一定的权利，是公民所在的国家必须遵守的——这已经成为社会政策形成的基础。然而全球化的时代，我们还没有目睹公民权的全球化与经济全球化保持同步。由于国家正在“被掏空”（Jessop，1994），国家越来越难以保障人民可能希望提出的所有的公民权利。尤其是经济、社会和文化权利，这些需要大量的公共开支，然而政府却发现难以为继，这涉及全球经济竞争和自由市场的意识形态。因此，在一个全球化的世界里，有必要去检验全球公民权这一理念，尽管这一理念到目前为止仍未被充分地定义或者实现。

全球公民权实现的弱点，可以用个人流动性来举例说明。在全球化的世界里，拥有财富和权利的人可以轻易地在世界范围流动，而且所到之处受到夹道欢迎。某些情况下为了方便获得经济利益，他们随时做好充分准备改变他们的名义国籍，从而规避对他们的行为的追责。对于这样的人来说，国家认同和公民权并没有多大意义，而且他们骄傲地自称“世界的公民”。相反，难民、寻求庇护者和移民劳工，要不就是在逃离迫害，要不就是只求为自己和家人寻找稍好一点的生活，他们却受到歧视、胁迫、驱逐，被剥夺基本的人权，面临惩罚和入狱(Loescher，1999)。

很明显，人们很容易接受有钱人为了追逐财富而改变国籍，这却不适用于穷人。部分媒体高叫“把他们赶回他们自己的国家”，这让人回忆起英国济贫法时期，贫穷意味着流动的自由被严重剥夺，“流浪”受到严苛惩罚的威胁，教区的施舍只限于本区的人，陌生人会被拒绝，而那些贫穷的人会被鞭挞以及赶回家(de Schweinitz，1943)。英国济贫法的改革和新的普及条款的建立经历了几个世纪，发人深省。它意味着，作为一种公民权利，全体英国人民，无论他们住在哪里都可以享有。显而易见，如今有必要更加重视全球公民权的提法，从而保护受到国籍限制的穷人的权利，对贫富一视同仁，或贫或富，皆可以自称“世界的公民”。

同样的论证也适用于其他人权问题，例如个人流动与难民、寻求庇护者和移民劳工。只要考虑世界范围内的贫穷问题，就能看到任何全球公民权的提法和相应的权利，在实际中是多么不均衡。确实，普遍人权最初的构想，揭示了全球公民权的某些提法。我们要求权利，不是因为我们是某个国家的公民，而仅仅因为我们是人，因此，这些权利是全球公民权赋予每个人的。《人权宣言》和其他人权条约与协议代表着建立一系列全球公民权利的起步。而在全球化时代，建立类似公民权利的任务变得更紧急，因为国家权力机制正变得逐渐失效。

全球公民权的理念因此也带有普遍人权的理念。所以，随着全球化进程的延续，相应地要求对全球公民权之概念的追求(即使只是为了更优越的那些人)，人权的理念不可避免地变得更加重要。因此，我们不应该对这一特殊的历史时期感到惊奇，似乎它对人权的理念有一种新的兴趣，人权已被当下全球化的反对者频繁使用(见第一章)。有趣的是，全球化通常被视作人权的对立面，如果全球化能够更加具有包容性，不那么聚焦于经济领域，那么我们会期待全球化和人权能够并行不悖。

# 全球性实践

把全球公民权的理念应用到社会工作中，开始得到社会工作相关文献的认可。这是社会工作未来发展的重要领域——如果社会工作在这个全球化的时代仍然有其意义，如果人权作为社会工作实践的基础能够得到实现的话。

理解社会工作实践的一种方式是把它视作帮助人们表达他们的权利并且让那些权利得到实现和保护。这意味着社会工作者必须有国际视野，仅仅关注社会工作者所处的本地和直接情境并不足够；另一方面，社会工作者不忽略本土也很重要，这一直是人类活动的重要位置，如果有什么区别的话，那就是变得更重要。正如第一章所提到的，对于全球化最重要的一种反应，就是对本土化的逆趋势(counter-trend)，随着本地社区的人们感到全球经济系统在遗弃他们，他们开始寻求建立属于他们自己的当地为本的其他选择。这些或许是渐进性的社区为本项目，或者是教区范围内的、排他性的和种族性的。社会工作者，尤其是那些从事社区发展社区，有着清晰的任务去帮着支持前者，挑战后者。

由于民族国家在重要性上的减退，社会工作者的政策干预需要改变。此前的社会工作者，在私人问题和公共议题之间划上天然的连接线，遵循传统，和政府共同推动政策发展和倡导，带来服务和政策的进步，进一步推动社会正义。而在有效的国家权力减退和全球化扩张的情况下，这种国家层面的介入在重要性上有所减弱。各国政府，考虑到全球市场的需求，使得他们的政策选择非常有限。而在本地层面，就有更多的空间可以活动。全球市场或许能够威胁一个政府不去遵循某些政策，但是却难以阻止一个本土社区建立它自己的货币计划或者经济发展合作计划。另一个重要的实践舞台是全球，因为这里是做出关键决定的地方，也因为全球力量控制着社会工作者和他们案主的生命。

由此，社会行动和政策倡导的舞台应该从国家层面转移到本土和全球两个层面。链接二者的能力事关社会工作未来的成败。影响社会工作案主的力量目前蔓延全球，但私人问题的经验，以及绝大部分地球人口的主要生活经验，确实仍然顽固地源于本土。如果社会工作要有效，必须能够在两个层面运作起来，在一个本土-全球的参考架构下链接两者，这个框架有时被称作“全球本土化”（Lawson，2000）。

因此对于社会工作者来说，理解那些表面上是本土问题中的全球维度是很重要的。举例来说，有一个个案在国家层面被大量媒体报道，引起了美国人的一些反省，那是2000年发生在密歇根的一个案例。一个六岁的男童射杀了他同校的另一个孩子。同时，在塞拉利昂，有关于童军的惊人报告，这些儿童士兵有时甚至小至六岁，被带去训练射击、恐吓和杀戮。一眼看去，这两件事情似乎没有关联，但它们却都跟常见的全球性现象有关——强大而愤世的全球军火交易、推崇暴力解决问题和大男子主义侵略的暴力文化。一个软弱的人权机制无力阻止这样的弊端，它无力说服这个世界，儿童的权利应该被予以重视。




然而这样的实践常常被理解为国家或者本地的问题。这两个例子在世界媒体上被截然分开，尽管它们发生在同一时间，而且都涉及六岁的武装儿童杀人。密歇根的社会工作者在对男孩和他的家人有效工作的同时，塞拉利昂的社会工作者也在致力于娃娃兵的复原。然而在美洲和非洲的六岁杀人者之间的联系却没有得到社会工作者的注意。真正的全球实践会寻求合作，或许通过互联网，或许来自两个大陆的承受这些悲剧的人们，或许还有两地服务受害者和犯罪者、防止情况再次发生的社工。

如果社会工作要有效，能够制造上述联系和跨越国家的边界合作以寻求共同的解决方案是必要的。儿童福利的社会工作者，无论是在密歇根、塞拉利昂还是任何其他地方，需要把他们的实践和关于儿童权利的理念概念化，以包含这些全球议题。重点是这两种情况绝不能被认为是独立的事件。我们应当避免只采取国家层面的视角，只在国家边界以内加以理解（例如，“美国是怎么变得如此暴力的？”），而这也需要社会工作者思想和行动的巨大转变。

另一个例子是医疗卫生的公共开支。在很多西方国家，医疗开支直接减少，医疗系统也被批评者和媒体定义为“陷入危机”。然而这些对医疗卫生的大声疾呼大多数是作为单独的国家层面的问题，伴随着很多批评和建议，让国家政府怎样去“解决”它们，但是却极少认识到这是一个普遍的国际问题，有着国际的原因，涉及国际的行动者（例如，医药公司），而且不可避免地需要国际性的解决方案。即使是难民和寻求庇护者——这一如此明显的全球和国际相连的议题，也需要深刻的国际分析，但行动者的回应也令人沮丧地限制在国家层面的视角，如被视作“加拿大的难民问题”，或者“澳大利亚对非法移民的处置”，或者“阿富汗需要的是重新变得安全”。只要这是社会工作者看待这类问题唯一的方法，或者甚至是主要的方法，在一个全球化的世界里，社会工作就会变得更加无效和无关紧要。

全球化的力量正是如此，影响所有的社会工作者、社区成员、同工和学生。如果我们想要理解为什么一个人找不到工作，为什么一个经理被要求削减更多服务，为什么一个病人要等待数年才能接受选择性手术，为什么一个社区要经受经济的衰退，为什么街道上有乞丐，为什么一位同行太忙了甚至都不能喝杯咖啡休息一下，为什么一个年轻人感到生命几乎没有什么价值而要自杀，为什么一个学生会兼职工作到很晚在课堂上竟然睡着了，或者为什么数百万人死于明明可以预防的疾病，我们需要明白导致这些问题的全球力量和全球性因素。

因此，所有的社会工作必须放眼全球，所有的社会工作在这一意义上都是国际社会工作。国际社会工作在专业上有悠久的传统，但很大程度上是为相对极少数社会工作者占据的一个专门领域，即在国际机构工作的，从事跨国收养的，服务难民的等等。对于大多数社会工作者来说，国际社会工作或许被视为一个有趣的专业分工，但也是一项跟“主流”实践无甚关系的分工。然而，在这个全球化的时代，无论主流抑或其他，国际的视角已经与所有社会工作实践息息相关。



## 结　论

这一章的主题——文化议题，以及普遍主义和相对主义的争议引起的议题——确认了人权为本实践的某些进一步议题。这关系到社会工作者不仅仅需要文化敏感，而且要把文化差异置于一个更广泛的人权视角之中。人权的抗争、超越文化和国家的界限，而且，尽管人权会以不同方式情境化，但它们也是全球公民权话语的一部分，自然导致社会工作者发展更加国际主义的方法，去分析社会问题或者实践。在全球化的年代，如果社会工作者要继续对寻求其服务的那些人的需求有意义的话，如果社会工作能够解决社会正义的议题的话，这是恰当并且有必要的。

## 进一步的问题




这一章的讨论引出了一些更进一步的问题。现实中，我们怎样才能够和西方启蒙遗产达成妥协？妖魔化启蒙思想很容易，但是也有必要认可启蒙时期创造了很多至关重要的贡献，在一定程度上我们都是其受益者。要在启蒙思想的理想化和妖魔化之间发现平衡，然后能够鉴赏它积极的贡献和消极的遗产，并不是轻而易举的。社会工作本身在何种程度上是启蒙时期的产物？启蒙时期的假设在多大程度上渗透在社会工作的文献和社会工作专业机构中？这些问题会在第十二章中进一步得到讨论。

与文化有关的全部议题无可避免地存有很多疑问。社会工作者经常引用文化差异和文化多样化的重要性，这通常是来自一种启蒙思想的视角，而没有对更深层次的假设——关于拥有权利的“人”的本性——提出疑问。如此深入的探索如何能够实现，尤其是考虑到社会工作者面临的严重的时间限制，以及他们需要应对的文化的多样性？还有，当文化总是多元和处于动态之中的时候，我们如何能够肯定任何事物只涉及某一种文化传统？

# 第五章

# 人权与人类需求

这一章讲述的是需求与权利两者之间的关系，以及其对社会工作实践的意义。社会工作者被认为是专业的需求界定者，正如 Charlotte Towle 于 1945 年描述的：他们总是不断地对人类需求进行界定，并努力满足人类需求(Towle, 1965)。社会工作者每天都会使用这个词，他们通过做需求评估，来界定个人、家庭、案主(例如，老年人)、社区、机构、服务提供体系(如健康照顾体系)、整个社会(例如，更健全的收入保障系统)的需求。“需求没有得到满足”、“需要更多的资源”、“做一个需求调查”、“需要更多的社会工作者”以及“需要督导”，这些都是社会工作者谈论的话题。“需求”是社会工作者的词典里使用得最频繁的词语之一，但往往在使用这个概念时遇到很多问题，借用 Noel 和 Timms 的话说，“因为缺乏对这个概念的困惑的深层次的理解”(Timms & Timms, 1977：141)。

需求是一个复杂的论题，与有些社会工作书籍中简单的定义不同，本书更倾向于把社会工作定义为实现人权的专业，而不是满足人类需求的专业。与其将社会工作视为对人类需求进行界定和满足的工作，不如将其视作界定、实现以及保障人权的工作。为了明白这两者之间的差别，在社会工作中，仔细体会和考察需求与权利的联系是很有必要的，这样，就会渐渐明白社会工作应以权利为本。



## 需求的问题

尽管绝大多数社会工作者都能够理解需求这个概念，但实际上需求的概念是很复杂并且有争议的(Doyal & Gough, 1991)。实证主义对社会工作者有很大的影响，实证主义者认为，需求存在于人们的权利当中，应作为客观现象来被界定和测量(Ife, 2002)。

“需求评估”一词意味着，案主、社区、机构、组织等都有需求，并且我们能够对其进行描述和测量，就好像它们是独立的现象。人们普遍认为，不同的社会工作者对相同的个案(个人、家庭、社区)应该得出一样的结论，不然，其中某个人的专业能力就会受到质疑，会被认为是没有对案主的需求进行合理的评估。

这个观点是典型的实证主义者的观点，它强调对社会现象进行客观和中立的评估，并且如果得出的评估结果不同，实证主义者会把原因归结到评估手段的差别。这就好像让两个人去量桌子的宽度，如果他们得出了不同的答案，原因就在于他们测量的手段不同，还有可能是因为其中一个人用了一把不精确的尺子或者不会正确地用这把尺子。桌子的长度是客观存在的，这毋庸置疑，对于两个测量者来说也都是一样的，所以他们应该得出一样的结论。

如果我们承认人类需求是同桌子一样的客观存在，那么通过实证主义者的这个例子可以看出，我们可以很肯定地对需求进行界定。但是很明显，人类需求跟桌子是不能相提并论的。人类需求，由于其本质是价值负载的，不同的价值立场将对特定情况下所有的需求产生不同的看法。一个有着强烈女权主义倾向，并且将传统的家庭结构视为是具有高度压迫性质的社会工作者，会与持有保守的父权主义"家庭价值观"的社会工作者，对案主的需求进行不同的界定。这两个社会工作者也许永远无法对一起家暴案中的受伤害者、施暴者、家庭的需求达成一致意见。对需求的界定不仅仅是通过客观测量得出的，还会受到社会工作者的理论认识，特别是意识形态的影响。




因此，需求的界定应该是受一定价值观和意识形态影响下的评估，而不是对"客观事实"进行的描述，这一点对于社会工作来说非常重要。一个社会工作者能够对服务对象的需求进行界定，是在掌握了一定的专业知识的基础上进行的，这些专业知识包括，在不同的情境下应该如何解决问题，以及何种形式服务的提供才能达到最好的效果等。需求界定是建立在对专业知识的了解、相关的调查、工作经验及理论等基础上的。对需求的评估可以反映社会工作者的价值观和意识形态，而且也反映出了社会工作者专业技能的高低(Ife，1980)。

由此得出的重要观点是，界定的方法和界定者的视角是无比重要的。不仅这两个社会工作者将从不同的方面来界定某个个案中的个人、家庭或者社区的需求，这个个案中的其他角色也会对需求有不同的界定，包括案主、其他家庭成员、社区领导者、其他的专业人士等。社会工作者每天要花大量的时间对这些需求的界定进行协商。

一个针对所有人类服务专业，特别是针对社会工作者的批判是，他们利用他们自己的专业地位否定其他人的需求。Illich 著名的专业“去能化”(disabling)理论中所批判的职业里面也包含社会工作者(Illich et al., 1977)。他声称，随着专业人士在需求界定上权威性的增加，服务对象对自己的需求进行界定的权利被削弱，从而导致自信心降低。

在专业化的时代，我们让专业人士控制了生活中越来越多的方面。比如，总会有不同的专业人士教我们应该怎样正确地生活：怎么正确地吃饭、锻炼、做爱、生育、养育、认识世界、处理个人问题、减肥、哀伤、变老、甚至怎么正确面对死亡。做每一件事情都有正确和错误的方法，很显然，有一大批专业人士准备告诉我们如何用正确的方法去做这些事情，就好像不使用正确的方法就不是健全的人。不论遇到什么样的困难，我们总是想寻求专业人士的建议，因为我们觉得他们更清楚自己的需求。

这使我们自信心降低，并且让我们降低了对生活的掌控力。专业主义让自主选择的价值变低，并使我们被动地成为专业服务的消费者，它并不鼓励我们努力通过自己的方式服务自己：专业培训被提倡，自学的认可度降低；在没有辩护律师的帮助下出庭是不被鼓励的；在健康领域，自我保健的价值降低，当然买一本专业人士指导自我保健的书是被认可的。专业人士——全科医生、律师、设计师、会计师、建筑师、心理学家、教师、社会工作者、顾问、健康和减肥专家，好像控制了我们生活领域的方方面面。

媒体通常针对社会工作者提出类似的批判(Franklin & Parton, 1991)。他们被标签为空想的社会改良家和工程师，他们试图介入人们的生活并告诉人们解决问题的正确方法，但他们的介入往往使事情变得更加糟糕，没有解决什么实际问题，即使这些媒体的批判通常建立在对社会工作有限的理解上，并过度简化了社会问题。尽管如此，很多社会工作者还是对媒体的评论感到不快，因为这些评论可能不仅陈述了事实。这些批判基本上和 Illich 的专业“去能化”的观点是一致的，尽管社会工作和其他专业一样有这种缺陷，但媒体不应该只是针对社会工作者。

目前，服象对象(如个人、家庭或社区)定义自身需求是专业化的发展潮流，这种批判就是在这种情况下产生的。目前社会工作者对需求的界定是大有问题的，绝不应该是中立或者客观的描述。事实上，专业界定的行为在一定程度上排斥了其他力量，尤其是社会服务对象的介入。服务对象的利益和需求被社会工作者决定，这使得服务对象的自信心降低，这也意味着决定自己的需求是每个人的权利。因此，那种专业行为实际上是人权滥用的表现。

这一论述隐含着重新阐释社会工作的意愿，它强调人们应该拥有自己决定需求的权利并可以通过自己的努力来满足需求。这个想法或明或暗地包含在大量对社会工作的构想中，特别是在传统的对社会工作激进的构想里，以及那些以追求真正的权利为目标的构想里（Benn，1991；Rees，1991；Fook，1993；Fisher & Karger，1997；Ife，1997b；Mullaly，1997；Gil，1998；Pcase & Fook，1999；Healy，2000）。它试图阐释，如果社会工作者在工作中能够以权利为本而不是以需求为本，也许会取得更好的成果，并且也可以避免需求界定中产生的很多问题。



## 需求与权利

当我们对需求进行陈述时，本质上谈论的是达到目的的某种手段。例如，为了写作我需要钢笔，为了保持活力我需要吃饭，为了治病我需要服药，为了可以在城市里兜风我需要一辆私家车，为了漂亮我需要新衣服，为了放松一下我需要听听音乐。我所有的这些需求都是为了完成其他事情的手段，而不是目的。

关于这些对需求的陈述，有两点是值得注意的：一是目的重要性有先后次序，就比如生存比外表漂亮更重要；二是达到某个目的的手段不是唯一的，是可替代的，例如，我也可以乘坐公共交通工具在城市中往来，或除了听音乐还有其他方法让我放松。这两点对为什么要以人权为本展开社会工作有很大的影响。接下来的讨论中会就此进行进一步的阐述。

当社会工作者对需求进行陈述时，服务对象渴望实现的愿望也可以被描述为服务对象的权利，这是需求和权利联系的本质。当我们说，一个社区需要一个儿童照顾中心，是基于这样的假设，即父母有权利去工作或者拥有自己的时间和空间，孩子有权利获得足够的照顾。当我们说，一个孩子需要教育时，是假设孩子有受教育的权利和使自己的潜能得到充分发挥的权利。当我们说，一个老人需要在养老院休养时，是假设老人有得到社会照顾的权利，并且家庭成员没有义务 24 小时守在老人身边照顾他/她。

因此，在社会工作中有关对需求的陈述也是对权利的陈述。问题是，在工作过程中，社会工作者极少对关联的权利进行阐述。这里对需求的描述非常明确，如养老院、儿童照顾中心等，但是与之相应的权利很少被阐明。事实上，社会工作者可能没有思考过关于权利的问题，甚至没有意识到权利的存在，他们被政策指南、机构程序、办公文化以及日常工作的压力所湮没，渐渐忽视了关于权利的问题。

但是，认识这些权利是社会工作者开展工作的基础。因此，对于社会工作来说，一条重要的工作原则是社会工作者必须界定需求背后的权利。人权为本的社会工作中，人权这个词被提到的次数远远多于需求，并且不论何时，当需求被提及的时候，其背后的人权要被界定和探索。





在之前有关需求和目的的讨论中提到，不是所有的目的都是同等重要的。因此，为了生存，对食物的需求比新衣服来得更迫切，因为维持生命比外表更重要。当我说我“需要”这些东西，我实际是在主张需求满足的权利，而且认为生存的需求比外表美丽的需求更加重要。

为了评估新衣服的需求程度，必须考察外表对我来说有多重要。例如，我的社会地位需要仪态外貌端庄得体，并且这样会让人们更加信任我，或者我的工作对外貌条件有一定的要求。对于有些人来说，外表在个人层面上并不重要，但对于另一些人来说，也许对提升个人幸福感，或者拥有健康的心理、良好的修养非常重要。

这引出了一个话题：我们应该优先考虑哪些权利？很明显，有些权利更加重要，决定优先考虑哪个权利是很有必要的，因为有时这些权利之间会相互矛盾(例如，拥有武器的权利和个人安全的权利)。而且，我们的资源是有限的，这就意味着不能满足所有的需求。同样，我们不能从理论上挑选出应优先考虑的权利。一些权利，比如妆饰的权利，妆饰本身不是目的，而是提升工作效率，或提升幸福感的手段。因此，实现 A 目的可以是通往 B 目的的手段，并且，手段和目的的差别也不好区分，或者事实上我们根本就不应该给权利进行排序。在接下来的一章会讲述如何对目的和手段进行区分，以及如何对需求和权利进行区分，这些区分对社会工作的意义是什么。目前的问题是，社会工作者很难对应该优先的权利做出抉择，只有结合具体的情境才能做出抉择。

## 如何在不同的权利和需求中选择

要选择出重要的权利，应该先对权利进行分层，但这是非常困难的。我们已经知道，西方的个人主义倾向与“亚洲价值观”相冲突，我们也知道，不同的权利诉求不能在理论上进行解决，必须结合具体的情境。例如，我们无法说，妆饰的权利优先于在城市驾驶的权利，必须结合实际情况分析，才能对这些权利的重要性进行排序（Doyal & Gough, 1991）。





第一章讨论人权的界定时提到不可分割是人权的显著特点之一。人权应该是完整统一的，因此，社会工作者不应该选择实现服务对象一种权利而抛弃另外一种权利。一种权利作为人权的标准是，它不会与其他人权相矛盾。因此，人权之间不应该相互矛盾，并且当人权与其他权利相冲突时，从人权视角来看，应该优先考虑人权。这是一个很重要的原则，可以在评估不同的权利时使用。

我们应该怎样辨别一个权利或需求是人权，或者说它是否可以被当作人权？方法是继续问“手段-目的”的问题。例如：

- 为什么我需要新衣服？为了看起来漂亮。
- 为什么我需要看起来漂亮？为了我的精神健康和提升幸福感。
- 为什么我需要提升我的幸福感？因为这是我作为人类所应该拥有的权利。

一旦得到这个结论，我们的讨论就已经进入了人权的领域。这时，我们能从两个方面来评估每一步的诉求。第一，我们要看这个诉求是否满足了第一章所列出人权的五条标准。第二，如果满足，我们还要评估它的需求程度。例如，我不用穿新衣服也看起来很漂亮，或者我看起来很丑，以至于穿新衣服也无济于事；我们可能还会说，我们可以用比买衣服更小的成本来使我们的幸福感得到满足，例如，下载一些音乐。只有当我们对这个链条里所有的诉求都满意时，我们才能把这个诉求当作人权的诉求，它才有资格取得优先权。

# 需求和权利的层次

马斯洛的需求层次理论是关于需求最著名的构想之一。马斯洛(Maslow,1970)概括了人类需求的五个层次，他将人类需求像阶梯一样从低到高按层次分为五种，分别是生理需求、安全需求、归属与爱的需求、尊重需求和自我实现的需求。该理论认为，如果某个层次的需求得不到满足，那么较高一层次的需要就变得不那么紧要，因为注意力会被转移到怎么满足最基本的需求上面。但是，当更多的基本需求得到满足之后，高层次的需求就会变得相对重要。当一个无家可归的人被饥饿和寒冷占据时，人生的全部意义就是吃和穿，自我实现的需求对他来说并不重要。但是当一个人底下四层的需求都得到满足之后，自我实现的需求就成了他最重要的事情。





我们已经知道，需求和权利联系非常紧密。马斯洛曾在《动机与人格》第二版的前言中表示，实际上需求可以被当作是权利。

> 将人的本能需求和它的衍生需求视为*权利*是合理而有益的。人有权利享受作为人应该拥有的权利。为了成为健全的人，满足这些需求和衍生需求是必需的，因此，这些也被称作自然权利(Maslow,1970;Xiii)。

如果需求是有层次的，介于需求和权利联系的紧密性，人权是否也存在层次呢？如果存在的话，那就意味着有些基本权利的满足是必需的，我们要满足这些最基本权利之后才能去关注那些高层次的权利。西方“三代人权”的层次结构和马斯洛的需求层次结构比较吻合。在之前的章节中提到过市民的特权和政治权利会带来的一系列麻烦，所以，给人权划分等级的做法是不适当的。相反，我们应该接受人权是不可分割的观点。顾名思义，所有的人权应该是作为一个整体存在的，不能把其中的任何一种权利凌驾于其他权利之上。不同的权利之间是相互依存的关系。

但是，马斯洛的需求层次理论确实为分析人权问题提供了一个思路。因为，需求隐含权利，马斯洛所有的五层需求中的每一层中都隐含权利。

从人权视角来看，自我实现是所有人类的权利。这意味着，马斯洛的需求层次较低的四层需求隐含的权利都应该被看作是人权，因为马斯洛认为，如果一个人要想实现自我，他必须先满足下面四层需求。

这并不意味着马斯洛需求层次中隐含的人权是有层次的，即存在一种人权比其他人权更重要的情况(但确实一些权利可能要优先考虑，因为一些权利如果没有实现，其他的权利就变得不那么紧要)。有意思的是，这种权利隐含的层次结构不与"三代人权"层次结构相对应。马斯洛认为，市民权和政治权不是最基础的层次(通过马斯洛对人类需求的界定来看，这些权利是属于需求的第二个层次，即被尊重的需求)，但在"三代人权"里，食品、衣着、住房、健康和经济保障相比，在"一代人权"里面处于更基础的地位。事实上，在"三代人权"中，环境资源使用权可以被认为是最重要的，如果人在生存的环境中不能呼吸、不能喝水，那么其他权利也变得无关紧要。



然而，人们应该谨慎运用将人权划分层次的观点，因为它与人权是不可分割的观点是相冲突的。这可能是因为，在某些时候，人权比其他权利看起来更加紧迫，例如，当人们没有食物和住所时。这样做的风险是其他的权利将会被忽视，例如，救援机构将提供足够的食物和住所，但不会关注灾民的教育，即使受教育是人人应享有的基本权利，是每个人实现自我必须要满足的权利，这也是人权为本的社会工作的目的。此外，不同的人对待不同权利的看法是不一样的，对某些人来说，自由和民主的权利甚至比生存权还要重要("不自由，毋宁死"；"宁死不屈")，而其他有的人会认为生存权优先于市民权和政治权。由此可见，很难对权利层次的划分达成一个基本的共识。

## 作为情境权利的需求

考查需求和权利之间的关系的另一种方式是将它与在第四章讨论的文化普遍主义和文化相对主义的问题联系起来。人权的普遍性并不意味着在不同的文化环境中实现人权的方法也一样。虽然人权是普遍的，但是在不同的情境下人们产生的需求是不一样的，于是，界定不同情境下的需求是解决普遍主义和相对主义之间矛盾的一个好方法。我们已经知道，需求隐含权利，我们是通过对需求进行陈述来试图实现权利并且展示那些权利是怎么实现的。

例如，我们虽然承认，受教育权是一项基本人权，但并不意味着在不同的文化背景下，人们对教育的需求是一样的，满足受教育权有很多不同的方式和途经。在有些地方，实现受教育权意味着通过建立学校来提供教育的场所，但也许在另外一些地方，实现受教育权是另外一种方式。例如，在人烟稀少的偏远地区，为孩子们提供教育更好的方式是为他们提供电脑、电话和电视机这些与外界交流的媒介；在另外一些环境下，比如在一些原始部落，教育是通过流动的老师在非正式的教室里传播的。所以，不同情境下的教育模式是不一样的，一种情境下，好的教育模式不一定适用于另一种环境。



因此，与受教育权相对应的有非常广泛的需求。如上文所述，在不同的情境下，它分别意味着对建筑的需求、对媒体工具的需求、对本地人进行传统教育的需求、对书本和电视的需求。这就如同不同地方建的房子的结构和外形不一样，是由每个地方的气候、地势、可利用的资源、文化背景或者家庭结构决定的。

在所有的人类情境中，基本人权都是一致的，但是在不同的情境下对需求的界定是不同的。这样，人权就不受文化背景或其他变量的影响，而是通过对需求的界定来解决。如果把相同的人权标准强加在所有人身上，会被认为是压迫和独断专权的，不允许多样性存在的行为。最重要的目的是使人的基本权利得到满足，但是没有必要用相同的方式。实际上，在一个承认文化多样性的世界里，实现人权的方式是极丰富的。

但是，人权在某种文化环境下得不到满足的情形是很常见的，尽管可以对需求进行界定。例如，在一个压迫女性和否认女性参与社会权的文化环境中，获得教育的权利或者自我决定的权利被认为是违反人权的。这个例子表达的意思是，在人权视角下，所有的社会都有满足公民基本人权的义务，而不论通过什么样的方法。这是因为社会将会以各种不同的方式实现人权，我们可以交流学习从而保证文化的多样性。但是如果某种文化传统不能够实现那些人权目标，那么这个文化外的人就有正当理由批判这个文化内的人，并和他们一起做出改变。这并不意味着强制地让他们通过某种方式来实现人权，因为实现和保障人权有不同的方式。

由这个观点推导出来的另外一个结论是，在文化多样性的社会中，可由不同的手段来实现人权。例如，在一个社会中，对教育的需求可能因为所属文化群体的不同而不一样。多样性是如此重要，把相同的模式强加给整个社会是不对的。这样做就相当于殖民行为，而在人权视角下，殖民主义行为严重侵犯了人权。



## 需求与权利、手段和目的

上述大多数讨论都是把满足需求作为实现权利的手段，而不是目的。需求这个词是说哪些事情必须要做。实现权利通常被作为是目的，所以，通常满足需求是实现权利的必由之路。但是，手段和目的的区别并不是那么明显。上面所述的一个例子就是，我可能需要新衣服来让自己变漂亮。但是变漂亮并不是目的(或者说并不算一种权利)，是为了让别人更加相信和尊重我的手段，同样，赢得别人的尊重与信任也不是目的，是为使我的工作更加有效率。将需求和权利分开也没有那么简单。例如，我可能需要食物(为了生存)，我们也有进食的权利。需求经常被当作是权利，而不会产生为什么有这种需求的疑问。

在语言上将需求和权利进行区分是幼稚的，这两者之间的关系是如此复杂，以至于我们只能在语言上进行肤浅的区分。从人权为本实践的视角看，社会工作专业中的需求话语不能排斥权利话语。重要的是，社会工作者应该时时探寻需求背后的权利是什么，并且，不论什么时候，根据人权而提出要求时，社会工作者必须界定与之相关的需求有哪些，并找到两者间的联系。例如，在不同的文化、社会、政治和经济背景下，对满足居住权的需求是不一样的，不同家庭或社区之间对住房的需求也是大不相同的。

因此，权利和需求的区别是很大的，尽管它遇到了一些概念上的问题，包括手段和目的之间的区分，但它也是人权为本的社会工作实践中非常重要的一部分。

## 谁来定义需求和权利

这一章主要关注的是需求和权利的定义。第一章指出，人权是一种话语，是社会工作者与服务对象在合作互动中构建和再构建出来的，而不是存在于客观现实中。很明显，需求也是一样的，不能说它是客观存在着，它也是为实现权利为本的目标而主观决定的。

如果对权利和需求的界定很重要，那么应该由谁来界定？对于关心人权的社会工作者来说，这是一个最基本的问题，并且对社会工作的实践来说有重要的意义。这个问题将会在第八章进行单独讨论。社会工作者是“去能化职业”中的一个，他们对需求界定的热情使原本需要帮助的服务对象失去了能力。这与主张优势视角的社会工作实践是相矛盾的，许多社会工作者声称，优势视角是他们工作的原则，因此在社会工作中，他们对需求的界定需要更加细致。服务对象自决是社会工作实践中最基本的原则，在社会工作实务中，服务对象有自由选择和决定需求与权利，而社会工作者在这个过程中有义务尊重案主的权利和选择，同时要避免过度影响服务对象的决定。

这并不意味着社会工作者没有权利界定案主需求，事实上，社会工作者可以适当地协助案主。在人们不知道存在哪些服务或者他们可以取得哪些服务的情况下，服务对象会不知道自己到底需要什么，但是社会工作者知道人们或者社区所不知道的一系列广泛的资源。如果一个人没有意识到心理咨询这项服务的存在，或这项服务是可获得的，那他将不会觉得自己需求心理咨询。同样，社会工作者知道这样做的效果以及这样做的方法，并且他们可以为服务对象提供服务。一个被青少年犯罪率明显上升所困扰的社区可能会认为他们需要更多的警察来进行改善，但社会工作者就会意识到，即使有再多的警察也可能无济于事，而其他的一些社会工作方法的运用可能从长远意义上来讲会更有效。

因此，社会工作者在协助需求的界定当中扮演了重要的角色，但这并不意味着要将一起工作的其他人员排斥在外。相反地，需求界定必须由社会工作者和个人、家庭、组织或者社区共同合作来完成。在合作中，每个人的专业知识和想法都得到了分享，这对社会工作者能够更好地界定需求提供了很大帮助。此工作方法不仅仅适用于需求界定，并且还适用于人权为本的社会工作。这些在第十章中会进一步说明。



## 结　论

本章所讨论的需求与权利之间的关系是整个社会工作的核心。通过建立需求和权利之间的联系，社会工作者逐渐建立起社会工作实践的人权视角，就如之前几章倡导的那样。需求和权利之间的联系是非常关键的，它为满足需求提供了很好的道德参考；它为人权在社会工作日常实践中打下坚实的基础，它使人权可以在不同的文化和组织环境中实现，它帮助建立了既包含相对主义又包含普遍主义议题的社会工作。因此，它是人权为本社会工作的重要组成部分。

## 进一步的问题

以上关于需求问题的讨论引出了有关弱势视角和优势视角的重要问题。通过关注服务对象的需求，社会工作者会把更多的关注点集中在服务对象的缺陷上而不是优势上，这加强了案主不自信的感觉。那么，人权视角下的社会工作是否能够改善这点？权利是否比需求更积极，更符合优势视角？或它们仅仅是另外一种工作方式？如何通过构造人权来完成优势视角下的社会工作？

# 第六章

# 人权与义务

本章将探讨权利与职责、责任和义务的联系。如果假设人们应该拥有权利，这也意味着需要承担相应的义务，无论在国家层面还是在个人层面，去确保这些权利得到保证和实现。这需要详细的探讨，因为这对于一个人权视角下的社会工作实践而言具有重要意义。要承认和明确人权，我们首先得讨论国家的责任的内涵，或其他公民组织的内涵。

## 国家的退却





显然，人权要求政府有责任去确保这些权利得到尊重、保护和实现。然而，在探讨这些权利如何实现以及它们对于社会工作的意义之前，我们需要考察国家在当代社会所扮演的不确定角色。“国家的危机”是社会政策文献中不断出现的主题，大量的文献集中于特定的“福利国家的危机”，这一现象特别重要，正是福利国家才有基本责任去确保满足许多经济、社会和文化权利的需要（Bryson，1992；Burrows & Loader，1994；Saunders，1994；Goodin et al.，1999；Mishra，1999；Rodger，2000）。

国家危机以及国家可能没有能力去确保人权实现程度符合许多社会工作者的期望，这表现在以下两个方面：第一个就是福利国家在现代社会自身存在的内在矛盾，这已是被许多详细分析的主题。因为其自相矛盾的本质特征，国家无法在保持满足所有社会需要的同时，支撑经济的持续成长与发展。福利国家扮演着双重角色，一方面要保证经济的健康（通过确保健康、接受良好教育的劳动力，以及通过刺激需求），另一方面不断损坏健康发展的基础（通过失去动力以及不断增加的无法得到满足的公共开支）（George & Wilding，1984；Mishra，1984）。因此，福利国家是自相矛盾的，政府无法长久负担国家福利，但是它们也离不开福利国家（Offe，1984）。这就导致一个僵局，国家既无法充分满足公民的需要，也无法充分满足经济发展的需要。

自从 1980 年代新自由主义思想统治许多国家以来，这样的情况便更加恶化。新自由主义组织试图去减少政府的行动，将所有可能的事情都推向私人，或盈利组织，或经济部门，这是基于通过增加“消费者”的责任和一切按市场的“原则”进行，将会带来效率和富足的理念。在这样的氛围下，国家资助的项目不断减少，众所周知的福利国家的危机发生了。

另一个造成国家危机的原因是全球化，这已经在第一章讨论过了。不断增强的全球市场力量限制了政府做经济决策的自主性，甚至当一个政府想要投大量的钱在公共服务上去保证人权（特别是昂贵的经济、政治和文化权利），却会因为担心由于市场对他们的经济失去信心，进而往其他地方投资和获利，给他们的经济带来崩溃，最终他们只能放弃大量公共服务的支出。

然而，人权的制度需要一定的机构——在西方，传统的人权机构就是国家——掌握资源，得到授权去保障人权。所以，在国家逐渐萎缩的时候，是否有其他公共机构能够填补国家萎缩以后所留下的空间，或者至少保证以往国家保证人权的功能得到维系。在全球风云变幻的背景下，已经注意到非政府机构会侵犯人权（Bröhmer，1997；Rees & Wright，2000），而没有注意到非政府机构可以保障人权。有四个可能替代的对象我们需要考虑。

首先是某种形式的人权全球“保障”成为可能。例如，联合国通过它的人权委员会和其他机构，在某种程度上扮演这种角色，尽管它的影响力和有效性不尽如人意，许多国家选择忽略和削弱联合国在保障人权方面的作用。在一个国家力量不断衰落的时代，联合国人权机构应该得到加强，这已变得越来越重要，对于那些关心提升和保障人权的人们来说是一项重要的任务。

另外一个重要的全球人权机构是人权非政府组织，最著名的是国际特赦组织和人权观察组织。当然，它们没有被正式授权去确保人权标准得到执行，但是它们拥有跨越国界的道德权威，通过发布研究报告和对于侵犯人权进行媒体评论，它们扮演着一个重要的全球人权保护者的角色。但是，它们既没有得到法律授权，也没有资源保证“国家”去履行保障和实现人权的义务。诚然，联合国通过一系列公约，在一定程度上得到了签约国的法律授权，它也可以提供一定的资源（例如，通过联合国教科文组织、联合国儿童基金会）实现第二代人权。然而，如果联合国想要代替国家承担实现人权的基本责任，那么，无论是它的法律基础还是资源基础，都需要被大力加强。

当然，在国际层面，区域而不是全球机构会使履行人权义务成为可能。欧盟是一个典型的例子，它由一系列公约来保证其成员国的特定人权

(Duparc，1993)，在很多情况下发挥了重要的作用。和那些非欧盟成员国的公民相比，欧盟成员的公民享受了更多一层的人权保障。在全球化背景下，这样的地区组织是否会增加经济和政治的重要性还有待观察——那只是全球化的一种场景——，但是如果它们真这样的话，它们将有可能在促进履行公共义务去实现和保障人权的过程中发挥重要作用。其他区域的族群缺乏类似的人权保障，特别是在没有区域性人权条约的亚洲，成为一些来自非欧洲地区人权活动关注的焦点。

正如第一章所指出的，全球化的一个结果就是“反当地化”趋势，因此，我们了解本地的社区是否能够承担以前属于国家的履行保障人权的义务。至于第二代人权，可以说实现第二代人权的社区服务的未来取决于社区结构和过程(Ife，2002)。事实上，福利国家正在衰退，“社区”——无论是什么形式的——很有可能承担更多的责任去做以前福利国家所做的事情。因此，社区将有义务去确保第二代人权的实现，实现的范围也可以延伸到第一代人权和第三代人权(Rodger，2000)。这有力地表明对于社会工作者以及其他人权工作者来说，社区发展是一项非常重要的工作。

问题是，特别是在西方社会，社区已经饱受工业(现在是后工业)资本主义的摧残，因此，我们所希望求助的社区力量已经非常脆弱了。如果没有一个强大的社区作为基础，那么谈论社区服务就是毫无意义的，因此，建设或重建强有力的社区就成为优先方向。从社会工作视角来看，这个特别重要，对于社会工作者来说，社区建设应该是一项特别优先的工作。

无论当地社区多么强大，都不可能是履行人权义务的唯一机制。一个纯粹的社区体制将会导致个人社区的自我决定，一些人无可避免地会做出一些侵犯人权的选择。因此，一些更高层次的组织是必不可少的——国家、区域或全球——来使社区负责并要求它们达到某种人权标准。不同的社区以不同的方式可以做到这点，如在第五章讨论的通用权利和情境性需要。任何机构明确的问题都应该是达到人权标准，而不是弄明白如何被实现。事实上，因为不同的社区背景下人权都应该被清晰表达，社区的某种程度的自主性是必要的。当地和更高层次的组织共同努力工作去保障和实现人权的图景在不断出现。

在全球个体化和经济私人领域实力不断增强的背景下，私人部门是否应该承担“公共”责任去保障和实现人权？这样的提议是有问题的，因为追求利益的动力(对于私人部门来说这是最重要的驱动力)有时会直接侵犯人权。例如，公司利益最大化可以通过剥削工人、阻止成立工会、将工资压低在贫困线下和向外转嫁环境成本来实现。这些都是违反人权要求的行为，但是这些行为自然受追求公司利益的驱动（Rees & Wright，2000）。因此，这并不意味着私人部门应该独立地去承担保障和实现人权的责任。

然而，也存在着其他一些情况，一个私人部门如果没有一个好的人权记录，它将无法获得任何收益，在这些情况下，多元社会私人部门在保障人权方面发挥着重要作用。我们必须铭记，历史上一些最有成效的社会项目都是由那些富有公共意识和慈善精神的企业家推动的，这些项目为他们的员工提供，他们认为为员工提供福利不仅是社会责任，也是符合公司利益的。有时，私人部门在我们生活的所有方面都扮演着重要角色，否认私人部门这样的重要角色和责任，就是“让它逍遥法外”①。一个比较现实的方法是，私人部门应该在保障和实现人权方面承担责任，但是不要期望它们能完全承担所有责任。

一个重要的观点就是，人权需要一些公共部门履行义务，无论是国家还是其他基于公共利益得到授权行动的机构，都应该提供资源和机制去保障和实现最广泛意义的人权。现代社会中，不断变化的国家角色表明，国家将不再能独立实现保障和实现人权的功能，国家以前是可以做到的。如果人权还是有价值的，在国家不能独立承担保障和实现人权的责任的背景下，就需要其他机构去承担相应的责任。此外，在全球层面，基于人权的通用特征，也延伸出某种程度的需要得到普遍认可和有效实现的人权责任——通过联合国或者其他的机构。

## 保障人权

在前面部分，保障和实现人权是放在一起讨论的，但是，达成这两个

① 私人部门应该承担保障和实现人权方面的责任，如果我们否认这些，就会让它逃脱本来应该承担的责任。

目标的机制和机构是完全不同的。人们主要关注保障或捍卫人权，因为占主导地位的公民和政治权利，正如我们在第二章所看到的那样，这些权利被视为“消极权利”应该得到国家的保证和捍卫。它们不是那些需要被“给予”或“提供”的权利，这样（指第二代或第三代人权）的权利需要大量的公共开支和服务要“供给”。另一方面，健康和住房的权利需要某些人提供健康服务或者住所，自由表达的权利或自由集会的权利则不需要花费这么多去赋予。

然而，这些权利仍然需要花钱的。在有关它们的重要著作——《权利的成本》中，霍尔姆斯和桑斯坦（1999）认为，保障基本的公民和政治权利也是需要花钱的，因此，即使是这样的权利也不是完全与个人主义意识形态和政府开支最小化契合的，像右派的言论使我们相信那样①。公民和政治权利如果得到保障和保证，需要对法律和司法结构的大量投入：警察、法庭、特别法庭、对于律师和法官的培训、资助法律援助（通过法律补助、社区法律中心等）和关于权利以及上诉程序的公共教育，一个人如果觉得自己的权利受到了侵犯，他通常会采取上述方式来捍卫自己的权利。



国家在这些结构和过程中没有投入充足的资源，因此很难说国家履行了人权的义务，即使在最狭隘的“第一代人权”意义上，许多国家也没有做到，这些国家缺乏法律援助或社区法律中心，使平等的概念在法律面前成为嘲弄的对象，阻碍了低收入群体去实现他们的公民和政治权利。只要法律和法律机制仍被视作是保障个人或群体的人权的基本机制，平等使用法律的问题就一直是人权的基本问题。人们在使用法律方面是不平等的，和穷人相比，富人能更有效地拥有更多法律权利，而这仅仅是因为他们可以负担得起邀请更好的律师为他们工作的费用（Wilhelmsson & Hurri，1999）。

这是西方法律传统的经典主题。事实上，法律体制的存在是为了律师的利益，这个观点不仅得到狄更斯的《荒凉山庄》的支持②，也体现在更早之前阿里斯托芬的《鸟》③。法律体制仍然是不平等的，在公民和政治

---

① 美国的右派指共和党，强调小政府，缩减政府的干预，缩减相应的社会开支。

② 《荒凉山庄》是狄更斯最长的作品之一，讲述了冰美人戴德洛克终日厮守着一个自己不堪回首的秘密，以及无情的律师图荆霍尔试图揭开这一谜团的故事。

③ 阿里斯托芬是希腊著名的讽刺喜剧大师，《鸟》是其流传至今的一部著作，是西方乌托邦的缘起。

权利方面，法律专业声称自己是基本人权的专业，在日常的实践中却在否认和侵犯人权。任何关心保证公民和政治权利的人们都应该将改革西方政治机构和法律专业视为最主要的目标之一，然而这不是公共领域讨论的主要议题或者被主流媒体承认的主要人权的议题。这只强调法律专业基于自身的利益去影响主流话语的权力。

社会工作，如果它想成为公民和政治权利的专业，需要解决许多问题。首先，通过法律援助和社区法律中心确保人们充分使用法律服务。第二，社会工作者在某种程度上可以代表他们的案主扮演倡导者角色。他们或许无法在法庭上代表他们案主，但是他们可以确保他们案主的个人或集体的问题被广泛告知，那些边缘群体的声音不再沉默（见第八章）。第三，社会工作者可以去支持那些努力改革法律制度的人们，包括那些致力于推动改变的法律专业的人们。第四，社会工作者可以在公共领域倡导用充分的法律资源去提供合适的法律服务，特别是为社区里那些最脆弱和边缘化的群体。第五，面对目前不充足的法律制度解决人权问题不平等的现状，社会工作者可以支持其他机构，例如，人权特赦组织和人权观察组织将在帮助捍卫公民和政治权利方面扮演重要角色。



所有这一切的最根本问题就是这些权利无法得到保证。公共责任需要提供充分的结构和资源去有效保证所有公民的人权（特别是那些最弱势和边缘的群体），但是目前这在所有国家都没有得到实现。任何社会都不能声称自己是完全文明的，或致力于人权的，除非最基本的公民和政治权利得到充分保护。一个致力于人权实现的社会工作者应该朝这个目标而努力。

## 实现人权

一方面，积极权利需要的不仅仅是保证，而且需要政府（或其他的公共机构）采取行动去实现这些人权；另一方面，仅仅提供法律保障是不够的，如教育的权利。这就是说，和自由言论的权利不同，教育的权利需要提供教育来实现，因此需要政府承担更主动的角色，或在全球化背景下由某些机构取代政府的角色。正如上面所述，保证消极人权需要公共资源，但是，实现积极的人权需要在政府层面更大的投入。学校、医院、医疗所、政府为低收入者所建的住房、福利机构、社会保障——事实上所有的福利国家的服务和项目——是保障所有人的经济、社会和文化权利的日常工作的一部分。其他人权，例如环境权利，需要在环境或其他项目中大量投入。

公民和政治权利或许不需要提供给所有人，但是和不断崛起的全球经济和政治体制在现实中无法满足很少一部分人的积极权利(例如，经济、社会和文化权利)的情况相比，这方面的失败就显得微不足道了。饥荒、可预防的疾病、饥饿、文盲、无家可归、贫困和环境退化都在大规模出现，这是对于全球正统经济和政治发展模式的控诉，需要社会工作者和其他关心人权的人们采取行动。即使在“最发达”的西方社会，大部分人的权利被否认，而富人和强势群体从经济“健康”发展中不断获益(美国或许是一个极端的例子，但是它不是个案)。如果我们关注人权，如果我们将积极人权纳入我们对于人权的定义中，这在很大程度上只是一种臆想。

将贫困、排斥、缺乏教育、饥饿、可预防疾病、无家可归和环境恶化视作人权滥用，将有助于提供道德的动力去促使这些问题得到有效解决。人权的话语作为对于需要的话语，意味着以一个公共责任、一个道德动力去行动。这将社会工作者或其他倡导提供充分的公共服务的人们，视作为人权辩护的，控诉公共权威没有提供公共服务为人权滥用的代表。倡导更好的服务对于社会工作者来说并不陌生——这一直是社会工作实践的重要部分(Woodroofe，1962；Younghusband，1964)——但是一个人权的取向强化了这一点。从这一视角看，社会工作者如果接受作为人权工作者的角色，就应该采取这样的行动。这意味着如果社会工作者视自身仅仅是提供服务者，他们将无法成功履行他们的全部责任。这也意味着社会工作者如果倡导更好的服务不仅仅因为它们是好的，或使人们更健康，接受更好的教育、更好的住房等等，而是，社会工作者需要为人权辩护，因为接受充足的服务以实现他们的全部人性是人们的天赋权利。

社会工作者可以用许多不同的方式去实现积极权利。许多人从他们特定的组织或官僚机构选择去采取行动。这可以通过政策发展，在机构中提供备选建议，以及通过研究满足人们人权不足的体制，并以此研究作为倡导改变的依据。另外，社会工作者可以在机构之外工作，通过某种行动组，施压的政治过程或参与政党政治。在许多社会工作的论述中，社会行动被视为法律方法(Fisher & Karger，1997；Mullaly，1997)。社会工作者应该果断采用社会行动视角去推动人权事业。以权利为基础的修辞常常提升社会工作者努力去推动事业的道义感召力。

社会工作文献中大量出现政策发展和社会行动策略(Yeatman，1998)。在这里详细探讨使用的方式是没有必要的。然而，至于这样的社会工作，需要明确两个地方。第一个重要的地方就是不要陷入"倡导陷阱"，正如第二章谈论的，通过自信地代表一个弱势或边缘化发声而不让他们为自己发言。如果我们仅仅代表他们发言，社会政策发展和社会行动会轻易加重那些我们关注的弱势群体的无力感，强化他们的弱势地位。如果政策倡导和社会行动要符合社会工作赋权为本的原则，那就需要那些期望被影响的人们的积极参与和控制这些行动；由他们自己去斗争，而不是社会工作者，他们是行动的控制者，导向者和参与者，社会工作者在其中是合作者和支持者，而不是控制者(Freire，1985)。这是一个作为人权工作的社会工作的核心议题，也是第八章的主题。



另外一个需要澄清的是社会处境不利和人权的全球特征。如果社会工作者视自身仅仅是政策发展和行动主义的"补丁"角色，那么他就看不到世界其他地方的人权侵犯，这些地方没有社会工作者或其他行动者去完成这项事业。这在前面已经探讨过(见第四章)，在这一视角下，社会工作者需要在全球和地方两个层面去理解他们的问题，也需要政策倡导和社会行动。社会工作者不能狭隘地关注他们当前的背景，他们与他们的同志们通力合作，在全球范围对抗人权滥用。慈善可能起始于地方，但是不能一直待在那里而不朝外发展。

## 公民义务

对于人权的理解，要求政府有义务去保证和实现这些人权，但是另一方面也要求那些声称拥有以及从人权中获益的人们承担相应的义务。公民义务语言有时候也为“权利”政治家用来表达对于那些获得的政府补助的批判性态度：为获利而工作、利益偿还、期望获得政府补助的人们应该表现出合适的感激之情，还应该证明他们是“值得的”，而且不能表现出大惊小怪和不正常行为。因此，检验与公民责任相联系的人权是很重要的，不能将人权建构为一种保守的、判断性的社会控制框架，而应该理解公民在涉及他/她人权的角色，并且认识到公民义务对于人权为本的系统的运作是必不可少的(Twine，1994)。通过这样的检验，将为社会工作提供重要的启示。

## 1. 尊重其他人的权利




如果人权是普遍的，那就意味着不仅每个人都有权利行使那些权利，他/她也应该尊重其他人拥有的类似的权利，应该准许其他人去实践他们选择的权利。接受一个人权的框架不仅意味着个人可以采取自私的态度，声称自己拥有权利而对于其他人的权利置之不理，而且社会成员都应该有一个相应的义务去尊重和支持其他人的权利。从这个意义上讲，社会工作不仅仅是个人主义的，也是构成集体主义的基础：互相尊重每个公民的人权将社会联结在一起，社会的基础是互相依赖、互相支持和集体的福祉。

然而，人权的语言通常屈服于个人，绝大部分自私的话语——我要我的权利，我们要我们的权利——而没有考虑到其他人的权利。一个经典的案例就是关于持枪权的游说：人们认为自己应该拥有持枪的“权利”，而没有考虑这将会影响其他人的免于威胁和暴力的社会自由的权利。

任何权利的主张和一个通用的人权框架想契合，都应该考虑这种主张可能会影响他人的权利。“他人”可能是家庭中的或当地社区的其他人，当然也可能远远不止于此。例如，西方富裕国家的人们为追求富裕的生活方式而进行的大量物质消耗浪费的“权利”，如果他们因为聪明或足够幸运而获得无数财富，毫无疑问会影响到数以百万计“发展中”国家的人权，否认他们基本的生活标准，导致贫困、饥荒、环境恶化、无家可归和缺少基本的健康和教育服务(Chomsky，1998)。因为这些生活方式将会对环境产生长久的影响，这也会影响后代的权利。这些论证将会大量地弱化这种主张(译者注：过富裕生活方式的主张)的道德理由。事实上，当这些被考虑的时候，从人权视角来看，积累不受限制的财富显然是不受支持的，虽然这是很少承认当富人权利——那些拼命想成为富人权利——被提倡。

权利的声称或定义并不意味着不受限制地实践权利。当权利的行使影响到其他人的权利的时候，例如，通过行使自由言论的权利来为种族歧视辩护，私人财产的权利可以用来为购买大量的土地以至于其他人没有充足的空间辩护——则演变成压迫的机制而不是自由。然而，正如第一章所讨论的，权利与个人自由主义的联系意味着拥有一张无所顾忌地使用“权利”的通行证。因此，任何关于权利的理解都应该考虑其他人的利益，这是很有必要的。

人权的话语中通常缺少这种集体主义关于人权的理解，至多是一种自由主义关于容忍其他人权利的讨论，例如，需要尊重他人的独特性(如服饰、性别或宗教信仰)、尊重他人言论自由的权利(即使他们与我们的观点不同)，正如启蒙运动中伏尔泰的名言：“我不同意你的观点，但是我誓死捍卫你说话的权利！”当然，容忍不同的观点以及捍卫他人权利是很重要的，这也是真正自由民主社会的特征之一，世界上许多地方对于第一代人权的侵犯仍然是人权丑闻。对于人权的集体主义义务的理解需要不断拓展，这很重要，也很有必要。



如果要将一个更加广泛的趋势纳入第二章所概述的人权中，类似地，需要严肃考虑人权要求公民去保证其他人的权利实现的主张，这也意味着公民有义务去防止否认其他人权利的情况。在全球化的世界，我们需要面对同样的全球力量，一个地方的物质主义生活方式会影响其他地方的人权，这意味着全球的理解和全球行动的义务。换句话说，西方的人们应该履行义务防止他们的行动会造成对较贫困地区的人权滥用，因为贫困、不充分的健康、教育、住房和食物供应造成了大量的人权滥用。

如果人们不强加给其他人的权利，我们只能通过法律声称权利或许听起来是一个植根于自由主义内部的相当矛盾的概念，但是在一个全球化的世界，我们都是互相联系着的，一些人的生活方式将会造成对于另一些人的人权滥用，这是相当激进的。在这个意义上，一个人权的视角要求每个公民承担起一个责任——社区和国家——积极地为一个更加公平的世界而努力。

然而，国际主义也有一个风险。对于西方国家的人们来说，将人权滥用视为其他地方发生的事情是一种经常的事情，这样的人权论述将会加剧西方优越的观点。必须指出，人权的滥用不是只发生在一些地方，而是发生在所有社会，例如，家庭暴力、儿童虐待、监狱恶劣的环境、没有经过法律审判就逮捕、原住民社区糟糕的健康状况、养老院对于老人的虐待、对于残疾人不尊重的对待、缺乏心理健康关怀、种族和宗教歧视等，这在大多数“发达”的西方国家是相当普遍的。

这样看来，人权视角代表着一种激进的观点，如果社会工作者将他们视为人权工作者，他们就需要接受他们专业的激进内涵。行动主义寻求一个更加公正和环境可持续的世界秩序，关于西方发达社会不可持续的生活激进的追问，坚持强调财富、资源、土地再分配的重要性，这已经成为部分人权实践。因此，对于社会工作而言，作为人权工作者，参与这样的实践不仅是法律确定的，也是一项必要的义务。社会工作实践的一个重要部分就是鼓励和支持其他人积极地参与进来，履行他们的公民义务。



## 2. 行使权利

在很多情况下，人权来之不易，很难一下子实现。通常需要通过长久的、艰难的斗争去为大量人权建立合法性使它们实现。这些斗争仍在继续，许多人的人权仍然在被否认。在这样的情况下，一个人可以通过一个道德的案例要求公民充分行使这些权利。

这可以通过投票权利的例子得到证明。尽管许多人为争取普选而英勇地斗争，但是在许多拥有普选权利的民主国家，那些国家的许多人都不愿意去投票(当然，除非这些国家中有少数几个国家投票是公民的义务)。如果想感受个人的责任，那就行使投票的权利。如果知道大多数人不愿意去投票，那就想想那些为争取普选而斗争的人会怎么想。

当然，可以认为投票权也意味着选择不去投票，一个人可能认为不投票是经过深思熟虑的政治行为(例如，可以作为对于选举的抗议，因为双方候选人的竞选政策相似，故无法解决重要的问题)，但是这与无法投票是截然相反的，因为后者代表着一个人没有权利去投票。这可能使某些人认为，这是对于早期革命斗争努力去争取权利的背叛(Bobbio，1996)，但是，也有些人认为，那些不愿意投票的人通过不投票表达了他们的政治观点，那就是他们对于涉及他/她的需要和生活方式的政治家不满意。

另外一个例子就是建立工会的例子，它是前辈们在面对恐吓、监禁、贫困和死亡的威胁下努力斗争所取得的成果。我们现在看到工会的成员数量在不断下降，我们想知道那些现在不加入协会的人们是否知道他们的行为是在背叛他们从前辈那里继承来的历史遗产，或者他们是否知道如果没有这些前辈的斗争，他们的工作环境将是多么糟糕。

然而，问题的复杂性远不止于此，问题的关键是，从某种意义上讲，需要一个行使权利的义务，否则，拥有它们的意义是什么？谈到公民和政治权利的时候，事实上，只有社会成员的大量参与，积极行使他们的政治和公民权利，才能拥有一个健康的、充满活力的民主社会。经济、政治和文化权利与此相类似，如果人们能够充分利用他们所拥有的权利，一个社会才会更健康(Giroux，1989)。因此，人权不仅仅对于使个人成为完整的人必不可少，而且对于社会成为完全人道的社会也是不可或缺的。我们不仅仅因为自己的利益而拥有人权，我们可以为我们所生活的社会的利益而拥有人权。从更大范围来说，我们是为了全体人类而拥有人权。



如果说社会工作是一个人权专业，这样一个人权观点要求参与的义务对于社会工作来说具有重要启示。这就意味着社会工作者要努力去发展一个公民更易参与的社会，在这个社会中，人们被鼓励去履行与公民权利相关的公民义务。

个人主义和消费主义的力量，是工业资本和后工业资本占统治地位的经济和政治正统模式的必然产物，阻碍着一个参与社会的发展。对于消极的消费主义的接纳以及对于那些积极行使权利的人们的某种程度的不信任；通常要么被视作太保守，要么被视作“把船底打穿”(指太激进)。1970 年代对于涂鸦浪费的抗击——“消费、沉默或死亡”是对于消极消费主义和不参与主义的行为的最好注解。

尽管极权主义国家的人们仍在为获得人权而不懈斗争，但是在西方“民主国家”，许多人权被视作理所应当的，那些权利很少被使用。这不仅仅包括言论自由、集会自由等第一代人权，还包括经济、社会、文化权利，其中最重要的可能是受教育的权利。许多选择拒绝接受教育的机会，不仅包括正式的(通过学校、学院、培训机构和大学)，而且包括非正式的(通过图书馆、教育广播和电视、互联网和非正式学习群体)。这种行为可以被视作对更大范围的社会的伤害，也是对个人的伤害。在这种情况下，一个人没有履行使用权利的义务。

有许多原因可以解释为什么人们不愿意履行积极参与社会的义务，当然，使用上面的论据就来指责相关的个人是错误的。那些选择不投票的、从工会中退出的，以及不利用自我教育机会的人们，他们的选择是出于诸多因素的考虑，他们这么做是与主流的意识形态、媒体所传递的信息以及对于那些已经跳出消极、沉默消费者或真实或感知的威胁有关(Herman & Chomsky，1988)，这通常需要在一个更大的结构背景下去理解。

另外一个解释不参与的原因是对于历史研究以及从历史视角理解现在的不重视。在一个不断与过去历史相分离的世界，人们被鼓励去为现在而活，视过去与现在无关，所以很容易理解，那些从工会中退出的人们，以及决定不投票的人们，他们不会感觉到他们的行动是一种背叛。因此，作为人权工作者的社会工作者，需要尝试去将人类行动，例如投票、上学读书以及加入工会等权利放在一个人们争取人权斗争的历史视角下分析。这或许是帮助建立一个参与社会的重要一步。





如果人权视角要求行使权利和参与义务，参与最大化就是社会工作的重要组成部分。增加公民的参与一直是社会工作者的工作目标，特别是在社区发展领域，参与本身就是一个复杂而矛盾的概念，此处也无意去详细探讨这个问题。然而，我们可以看到，增选、伪参与、形式主义以及其他类似的问题，使参与徒有其表(Ife，2002)。我们还可以看到，将“参与”纳入西方父权中产阶级话语的趋势(例如，参与委员会会议)，因此低估了其他形式参与的意义。然而，我们有许多可以用作鼓励公民参与社区事务的原则，这些已经被社会工作者使用，我在其他地方将它们归纳为：

- 如果他们觉得这个问题重要，人们将会参与；
- 人们必须意识到他们的行动会带来改变；
- 不同形式的参与必须得到承认；
- 人们必须有能力去参与并且在参与的过程中得到支持；
- 结构和过程不能分离(Ife，2002：132—133)。

这些是社区工作者熟悉的材料，对于那些了解社区发展文献的社会工作者也对此很熟悉。然而，此处讨论的重点是，社区工作应该被视作人权工作中一个重要并且不可或缺的部分，如果社会工作的定位是人权专业，那么，社区发展应该被视为社会工作的重要组成部分，而不应该在某些情况下被边缘化。人权与公民责任的联系与个人服务(或“个案工作”)和社区发展的联系相似，彼此相互联系，相互构成一个整体。

# 结　论

本章论证了对于人权的关注是社会工作的一个核心概念，是如何导致一个更具集体主义的观点，人权对于社会和个人都有好处，以及如何在对于“案主”私人领域的关注和对于一个健康、参与社会追求之间建立必要的联系。人权实践是全面的(既包括个人领域，也包括私人领域)，需要一个全面的理解来打破传统宏观/微观的划分，这种划分成为社会工作话语的显著特征。社会工作如果致力于人权实现，那么就应该将社区发展、社会行动和个人服务全部包括进来；如果保障和实现人权，社会工作应该视它们(指社区发展、社会行动和个人服务)为一个完整的、缺一不可的部分。




# 进一步的问题

责任，或义务，可以被视作人权工作的难点。关于权利的共识很容易达成，但是关于谁应该为保证和实现权利而负责会存在争论。典型的，不同的人会觉得其他人应该比自己承担更多的责任。事实上，人权工作更多的是关于责任而不是权利：确保不同人群能够充分承担他们保证和实现人权的责任。

这无可避免地为人权工作者带来问题：谁应该为保证和实现特定的权利承担更多的责任？这部分取决于意识形态。国家的角色是什么？市场的角色是什么？公民个人或公民社会的角色是什么？这些意识形态问题能够得到保守主义者、新自由主义者、自由主义者、社会民主主义者、社会主义者和无政府主义者的不同解答。在一个意识形态多元化的社会中，国家、市场、公民社会和公民的角色是冲突的，人权工作者如何确保责任能够得到承担？谁有权力去决定这样的权利，而避免无可避免的“责任推诿”。

对于社会工作者来说，考虑他们在人权领域的责任是很重要的。社会工作者在保证和实现人权方面有什么责任？什么时候可以将责任分担给其他人，如何确保相关的责任能够得到承担？一个社会工作者有什么权力要求别人去承担他们的责任？

第七章

# 伦理和人权

专业的重要特征就是拥有一套伦理准则(Corey et al.，1998)。社会工作者一直认为，伦理是他们实践中不可或缺的一部分，很多国际社会工作组织为其成员制定了让他们服从的一系列伦理准则。社会工作在这方面不同于其他很多专业，价值的重要性意味着社会工作者比其他专业对于在实践中遇到的伦理问题要做出更快的反应。当然，社会工作者花费很多时间谈论伦理，建立和调整伦理准则，并自觉地处理在实践中遇到的伦理问题。社会工作实践的本质，是处理冲突价值和就社会行为做出道德抉择，这意味着伦理困境是每个社会工作者实践中的一部分。

伦理准则不仅仅是社会工作者面对伦理困境时判断他们行为的标准。当社会工作者预防一些“不合伦理”行为的发生时，它们也起到了控制的作用。某些伦理准则实现了以下一些惩罚：对“不合伦理”的社会工作者采取措施，比如把他们从专业组织中开除，剥夺他们参与实践或要求继续培训的权利(Gaha，1997)。因此，伦理准则是专业控制机制很重要的一部分。



在下文中，我们将对社工工作伦理的传统方法进行批判。这不是说所有的社会工作伦理都对所提到的问题视而不见。有一些社会工作伦理准则对专业伦理的进行了不同表达，例如，把社会工作准则与清晰的价值立场以及人权观点联系起来。因此必须强调，以下的批判适用于专业伦理的传统框架，很多社会工作者也在积极寻找一种更合理的框架来替代它。本章将要阐释的人权观点可以替代传统社会工作伦理准则。

## 权利和伦理

在伦理和人权之间有一种很显然的联系(Baier，1994)。伦理准则在某一层面确实可以看作是权利的话语。很多原则和实践建立在社会工作伦理准则的基础上，这种准则也暗含着权利的主张，这些权利包括案主的权利、社会工作雇佣者的权利，以及社会工作专业人员的权利。因此，“伦理”是一些重要权利的话语，同时也是这些权利实现和保护的描述。相反，以固有且不可分割的人权为本的社会工作实践，需要的是社工工作者的伦理行为。

所以，我们在专业实践的情境中可能会看见权利和伦理同时出现，就像同一枚硬币的两面一样。它们互相包含，彼此联系，它可能会被看作是完成同一件事的两种不同方式。然而，这里必须强调一些重要的区别。有一点已经被清楚地表明，即专业伦理准则的控制功能和“伦理”话语。我们可以做这样一个假设：如果一个人遵从权利视角是道德劝服而不是害怕惩罚的结果，那它和权利相关的控制功能就在减弱。当然，也有可能通过法庭、人权委员会等对侵犯人权者采取法律行动，但并不是通过专业组织内部管理机制，也不带有“不合伦理行为的愧疚”的污名。在下文中将会论述，在伦理的传统话语中，存在着现代主义确定性的趋势，这种趋势认为，相对于人权的话语，社会工作伦理更有可能满足社会工作者在错综复杂的现实世界中的需要，至少后者可以慢慢被建构。



## 作为保守个人主义话语的伦理

伦理话语本质上是个人主义的，它是关于个人在具体情境中做出的伦理抉择。从这个意义上说，社会工作也是个人实践者做出的个人抉择，它广泛适用于新自由主义意识形态和很多社会工作实践的现实（Clark, 2000），强调了工作者所做的抉择。

另一方面，当权利是对群体而言时，人权话语可以用于指导集体问题，然而伦理抉择却只能在个人抉择的框架中起到作用。人权话语把工作者的注意力转移到他所介入的人和群体上。简单来说，伦理抉择是和工作者个人相关的权利，而不是案主或是工作者在互动中认为与其相关的人的权利。

虽然伦理和权利在处理同一个问题上都有作用，但两种不同的话语使我们在建构它们时走向了完全不同的方向：一个是自我的反省，而另一个是对外的关注。从伦理上说的社会工作困境，是把社会工作者看作是权威的抉择者；在社会工作的伦理抉择中，案主没有能够参与其中。而本书论述的人权观点，允许案主在抉择过程中作为一个积极参与者存在。所以，两种话语中由不同的实践而建构。

在伦理的话语中，对于有着专业能力的专业人士来说，伦理强化了案主的弱势地位。在权利的话语中，有着较强的赋权实践能力；它主要强调案主权利的实现和保护，而不是帮助社会工作者做出专业决定。

从这个观点出发，对伦理的关注可以看作是为了满足社会工作者实践的保守的个人主义，并增强其表象的工具。福柯曾提到（Foucault，1991），话语和定义强化了权力和控制的关系。在伦理决策中，案主并没有被给予权利，所以在社会工作的决策框架中，案主处于被动的地位，而不是主动的。这并不是说社会工作者关心他们自己的发展，也不是强调伦理准则不是来自良好的动机，而仅仅是为了说明这种方式在实践中，会渐渐强化保守个人主义和案主的弱势地位，这可能不是社会工作者想要的方式。



## 现代主义的伦理

通过描述社会工作者将要做的和不能被接受的事，伦理准则开始建立“合理”的伦理专业实践的规则。这种方式的危险在于，它被看作是社会工作的一条“正确”的道路。伦理准则可能是展现专业实践的单一理想模型，并且在道德劝服和惩罚威胁结合之下，社会工作者被鼓励去遵守它。它意味着对多种多样的角色和行为以一种理想方式加以统一。

这是英雄现代主义的极致表现。把复杂性和多样性包含在一个单一叙事中并使其有意义的尝试，是现代工程的一个重要特征，并且成了很多西方哲学和社会科学所暗含的目标（Touraine，1995；Griffin，1996）。如果我们能用一种方式将所有事物结合在一个系统中，这将使它容易被理解和付诸行动。它那么完美以至于不容置疑，直到少数被边缘化的哲学家的一系列批评的出现。这些批评使现代性的工程进入另外一个阶段，也就是后现代主义（Harvey，1989；Seidman，1994；Kumar，1995）。后现代主义认为，找到一个包含所有事物的单一系统是不可能实现的，它会使那些主导世界观的人占统治地位，而不同的声音将被边缘化。

在后现代主义的批判具有多种形式（因为在后现代主义的观点中没有单一的后现代主义）。这些批判可能在哲学和社会科学中得到认可，但是它并没有渗透进社会现象建构的主流。例如，社会政策仍是建立社会保障体系、医疗体系和教育体系等所想到的最好办法。根据后现代主义者的观点，建立在这些体系基础上的理想注定失败，因为后现代主义运用多种"正确"的方式来考查这些体系，情境、文化、历史和结构以及涉及人的现实随时都可能被重建。"最优方法"的概念是现代性的经典，但是以后现代的观点来说，这个概念简直是胡说八道。在不同的情境中有不同的"好"方法，但是要说有一个是"最好"的，那就是现代主义者的自负。所以，这种伦理在现代主义的范例中仍然是可以捕捉到的，不足为奇。





社会工作也开始走向后现代主义（Howe，1994；Ife，1997b；Leonard，1997；Pease & Fook，1999；Healy，2000），虽然后现代主义怎样与社会工作结合仍有争议。把社会工作的思想重构成另一种思想将是一个挑战，但是相对于暗含在很多社会工作伦理中的那些关于对错分类的自信断言，后现代哲学的多样性和多元现实观将更满足后现代世界的需要。

传统伦理准则从本质上说也是现代主义者掩盖所有不确定性的手段，它提供给社会工作者的一个指南，这个指南在任何一个潜在困难情境中都适用。社会工作专业的学生常常要求学习社会工作准则，并要求用它"解决"一系列复杂问题。如果运用得当，伦理准则将会提供给你解决任何问题的"正确"答案。这样一种自信就是现代主义的精髓。这种社会伦理准则可以提供给你解决任何可能出现的实践困境的指导。从后现代主义的观点来说，简直很荒谬。社会工作者实践经验表明，大多数情况下，伦理守则既不能提供单一的清楚"答案"，也不能给出两种相互冲突的"选择"。相对于现代主义者的伦理准则，或是为了追寻明确指示的社会工作教科书，现实世界的实践更加错综复杂（Parton & O'byrne，2000）。

对伦理准则的使用的进一步批判是，它们在专业范围中起到了控制的作用。伦理准则不可避免地成为社会工作者的小团体——"伦理委员会"所撰写的东西，这个团体告诉其他社会工作者他们应该怎样做或不该怎样做。因此，从本质上说，伦理准则变成了一种控制的工具。这就产生了一系列问题：谁来制定这些伦理准则？谁来批准它？谁来执行它？该怎么执行？所有这些，从本质上来说都是政治行为，它把特定的社会工作实践形态描绘成对一般性意识形态假定的反映。

从策略上讲，建立替代性的伦理守则非常必要，如激进社会工作者的守则、本土社会工作者的守则、有色人种社会工作者的守则等（Loewenberg et al.，2000）。这些替代性伦理守则的存在表明单一的伦理守则无法统摄所有的社会工作，同时也会导致专业内弱势话语的边缘化。

替代性准则的存在承认了后现代主义的观点，单一的准则不可能存在，但当别人提出“替代品”来反对它时，现代主义的伦理准则仍然是主流，现代性的霸权思想仍然存在。一个真正的后现代主义的回答应该是，当需求上升时，它能建立在社会工作准则多元性的合法化基础上，并不断被不同的社会工作团体以及案主构建和重构。这也许可以很好地反映社会工作实践的现实，在预防社会工作者“不合伦理”行为方面，也会起到限制作用。如果没有道德参考的标准，社会工作伦理准则的多样性可能会使社会工作者自行制订规则，例如，恋童癖工作者有一套准则，排犹主义工作者也会有一套标准。

重构社会工作伦理似乎是很有必要的，特别是把后现代主义的批判纳入考虑范畴，但同时不要陷入相对主义的汪洋大海中。下面将说明人权观点具有面对这种挑战的潜力。

在开始探索之前，分析伦理的后现代主义批判是很有必要的。当然，我们可以不顾现代主义明显存在的限制，选择完全拒绝后现代主义，仍然保留单纯的现代主义框架。然而，在本书中，后现代主义却很重要。有人可能不愿意去接受极度怀疑的后现代主义（Rosenau，1992），后现代主义对社会工作实践的情境进行了重大的批判，同时对社会工作理论和实践也有很大贡献（Howe，1994；Ife，1997b，1999；Leonard，1997；Pease & Fook，1999；Healy，2000）。它重视来自边缘的发声，抛弃了对只寻找一种“正确”答案的服从，并将多样性合法化。它接受社会工作实践和日常现实的复杂性，不在自然的混沌中强加一种错误的秩序。

在这样的逻辑下，后现代主义对掌握社会、经济和政治的统治权的父权资本主义西方假设进行了批判，同时也提供了创造替代选择的手段。这种批判在社工所处的不公正的世界中显得非常必要。接受这种批判是有争议的，在其他文章中，我已经论述了极端后现代主义可能和社会工作对社会正义的追求是矛盾的，它仅仅是削弱市场的保守主义主导地位和意识形态以及批判它们的概念框架(Ife，1997b,1999)。

其他论者(Pease & Fook，1999)支持后现代主义的观点，指出它具有变革的潜力。我很赞同 Pease 和 Fook 的观点，然而，后现代主义的批判需要被社会工作者严肃看待，拒绝它，不仅仅令具有潜力和自由的学术望其项背，同时也把自己限定在贫瘠而无任何联系的现代性范式中。

回到伦理的讨论中，最重要的后现代主义伦理重构者是 Zygmunt Bauman(1993，1995)。Bauman 的思想抛开了社会工作伦理准则传统框架的确定性，他把现代性的破碎看作是伦理准则破碎的结果，理由将在下面的段落中阐述。但是他不认为这意味着道德准则的结束，相反，他提出“伦理纪元”的结束可以是道德纪元的开始。伦理可被定义为规则为本的道德，尽管我们拒绝规则，但却没有必要拒绝道德。

Bauman 认为，人们是被强迫做出道德决定的，这些决定包括在每天的现实生活中产生的好坏对错问题。生活总是忙于做道德决定，根据他的观察，这在道德纪元并不会改变，真正改变的是在伦理形式中对外部道德规则化的依赖，这样宏大的规则在后现代世界中将不会有任何意义。这在 Ulrich Beck 关于政治重塑的思想中也有所体现(Beck，1997，亦参见 Bauman，1999)。

Beck 发现一种“新”的政治出现，它不是政党和政府的传统结构导致的结果，而是平凡人努力构建他们生命意义的结果。这样一种政治，不再需要传统政治话语的宏大叙述来作为它的基准点，而是在日常生活和人们的经验中寻找可参考点。因此，由于人们没有投票或参与政党而说他们不再对政治感兴趣是不对的，那反而是人们为理解生命而在日常的挣扎中重塑政治。Bauman 的道德理解也是同样来源于日常生活。

根据 Bauman 的观点，我们不会了解我们行为的所有结果，因此，我们所做的就是努力去做我们认为是“对”的事，而驱动着我们的是人类固有的道德品质。需要强调的是，在一些人权思想中可能会找到道德的话语，这种权利并不是被动的，所以，人权在伦理被重构的过程中能够被建构出来。

Bauman 提出另一个观点，伦理听起来是对那些可能会打破已经过时的伦理准则的人的一种警告。他认为，伦理准则更多服务于掌权者，而不是弱势者。过去，掌权者讨论伦理、道德和道德推理，这使决策中的弱势者痛苦。贫穷孱弱者迫不得已才做出抉择，他们没有参与道德论证和伦理辩证过程。更进一步说，他们几乎没有真正地选择，因为他们掌握自己生活的权利是被限制的，掌权者对他们进行统治，伦理准则也不是为他们制订。

所以，伦理准则是掌权者的控制手段，它成了掌权者要求弱势者服从的工具(Bauman，1995)。我们回想下当代社会中有哪些被伦理准则约束的人：专家(医学、法律、社会工作、心理)和拥有权力的人(提倡伦理行为的政治家)。其中，可能最多的是建立“商业伦理”和要求“伦理”行为的公司(比如，国际医药和烟草公司)。

相反，有一部分人的伦理准则却很少被提到，他们可能是犯人、原住民、疗养院的居住者、贫困家庭的成员、残疾人以及其他一些弱势群体。因此，“伦理”掌权者行为的话语是让约束弱势者的尝试。基于这样一种状况，我们必须小心任何一个尝试。因为解构在后现代时期被抛弃了的伦理，它是解除对掌权者行为上的限制，它会使弱势者更加弱势。

关于后现代主义也存在问题。在关乎弱势者利益的一些重要行动的话语中，后现代主义的观点变得无效，至少是减弱了它的效果，反而强化了掌权者和弱势者之间的统治和压迫关系。抛弃伦理行为的思想和伦理准则，可能对社会工作追求社会正义目标起到反作用。这就提出了一个很有意义的议题，一些后现代主义者认为，后现代主义是不断进步和解放的。当然，后现代主义有支持解放实践的方面，但是也有强化压迫的方面，社会工作者需要批判地接受后现代主义。

伦理话语被完全摒弃，不是社会工作伦理所追求的，也不是实现社会正义的手段。简单化的现代主义伦理所建构的价值是有限的(Bauman，1993；Griffin，1996；Jenkins，1999)。在下面的部分，我们将讨论人权观点的潜力，为在人权的基础上重构社会工作伦理做铺垫。

## 伦理与人权

关于伦理的职业准则，最重要的不是这些伦理准则本身，而在于其背后的道德。社会工作和社会工作者的行为所应具备的道德是仍在讨论中的问题，伦理准则仅仅只是用以测量和评估道德的尺度。Bauman 主张的主要观点是：道德与伦理需要加以区分，伦理时代的终结并不意味着道德的终结。伦理是道德的一个解释，但是它们并不是唯一的，在后现代时期，我们需要寻找到另一个道德话语，例如人权（Hershock，2000）。

然而，Bauman 主张的符合逻辑的德性纯粹存在的方式，并不能满足社会工作者的需要，社会工作者不仅有他们个人的是非评价观念，而且具有公开建构的道德声明，这两者共存着并且经常处于矛盾对立的状态。除此之外，社会工作者要求的责任不仅仅是对于他们自己的价值观和道德准则，而且也面向他们的案主，无论是个人、家庭、群体、社区还是社会层面（Clark，2000）。这需要的不仅仅是个人道德，而且包括逐渐建构的共同道德，涉及社会工作者以及与之互动的其他人。道德，对于社会工作者而言，无论是通过伦理准则所表达或是通过其他方式，都是互动的、交互式的，不只是一个要单独决择的问题。



接下来的问题是，人权这一视角能使话语中的道德建构到什么程度？正如在第一章所讨论的，人权在本书中是以话语的形式出现的；在客观的实证意义上并不存在人权，它是被持续不断的话语所建构的。同样地，它的出现，如果脱离了现代主义道德准则的建构，可以说是道德的真实。因此，它可能是人权能够为实践抉择所提供的另一种道德的空间，而不是诉诸一个正式的道德规范。如前所述，人权话语所关注的是“人类是什么”的思想——即超越文化、种族、性别、年龄、阶级的我们所共有的人性的本质是什么。人权是一种方式，通过这种方式，我们可以尝试定义共同的人性，以及为人们提供以实现全部潜能的环境（Czerny，1993）。从这个视角看，基于人权的社会工作的道德准则可以通过以下这种方式简要表达：

——行动，以肯定和实现所有人的人权。

——不做任何限制、否认或违反任何人人权的事。

当然，这样的原则，要求人权必须得到肯定、实现和保护。一名社会工作者不能遵照这些原则行事，除非他对人权概念有了真正的理解。作为人权的话语，没有一个单一的书面陈述是充分的。书面陈述，例如《世界人权宣言》也非常重要，因为其代表了一种尝试性的共识，以及众所周知的人权的有力申明。它是在任何特定的情况下所代表的人权的意义，尤其在作为需求申明的权利情境化方面是非常重要的（参见第五章）。这是一个积极的过程，涉及社会工作者、案主、同事、政策制定者和更广泛的社区成员，这部分内容将在第九章进一步讨论。试图将人权定义为一个静态的权威性陈述是徒劳的，如同固定道德准则一样是现代主义的。但是，权利观念，能够成为社会工作实践中以另一种强有力的话语，来建构道德的基础。

## 伦理实践





在后现代时期，正式伦理准则的使用看似无关紧要，但是伦理的观点并不是必须被丢弃。如上所述，伦理准则的使用往往意味着强有力的约束，因此它对社会工作这类专业领域具有特别重要的意义，这一专业是如此关心权力和赋权问题，并全心全意地支持强大的限制，以防止一些缺乏权力的人被过分地利用。特别是对于社会工作者来说，"职业伦理"的观念意味着对职业实践中专业权力的强大制约。因此，运用人权作为一种参考点去理解道德可能是什么这一问题，对于谈论职业伦理或是职业道德是有意义的。我们要形成的伦理实践框架的基础是，始终致力于最大化实现与保护人权，以及绝不损害他人人权的原则。

这使得专业伦理比常见的正式伦理准则具有更为宽泛的结构。伦理准则所强调的一个重点是，社会工作者尊重每一位与之工作相关的人。例如，社会工作者必须坚守尊重和保密原则，不得以经济、性或者以其他任何方式利用案主。社会工作者还必须尽可能地为所有人提供最好的服务，而不因性别、年龄、种族或民族等因素有所歧视。这些显然是重要的原则，其相关的伦理准则具有最强的影响；一贯不履行(甚至一次不履行)这些义务的社会工作者很可能会被采取违反职业伦理的正式行动。这些问题都清晰地体现了社会工作者尊重案主人权这一观点。

但是，从上述原则出发，以人权视角来看，仍有更高层次的伦理实践。首先是要求确保案主的人权得到最大化(Czerny，1993)，这超出了在社会工作者的能力范围内简单地提供可能的最好服务，它还要求关注所有人的人权并使其得以实现和保护。因此，医务社会工作者被认为具有维护患者人权的责任，这就要求他们不仅仅要为实现健康服务，而且还要关注教育、适当的住房、就业、社会保障等等。

大多数社会工作者接受这些为他们角色的一部分，同时，关心人的经济、社会和文化权利的各个方面对于社会工作者来说是普遍的、常见的。然而，它通常不被认为在社会工作者的伦理责任内，即使一些社会工作者并未追求他们所看到的每个人的所有这些权利，也很少会受到对其不道德行为的投诉。它可能会被作为一种监督，但是几乎不会向伦理委员会投诉，除非是出现一些案主的紧迫需求被社会工作者忽视的极端情况。

然而，在经济、社会、政治权利之上，“伦理”观念的运用仍然有新的舞台和范畴。当它们直接关系到社会工作者与案主的关系时，案主的公民和政治权利显然是“伦理”一词的核心，例如，禁止社会工作者歧视案主的条款。然而，当我们在更宽泛的意义上看待公民和政治权利时，这种连接就弱得多。举个例子，案主加入工会的权利一般不太可能成为医务社会工作者与案主工作的重点，在传统意义上，对社会工作者而言，未能确保案主加入工会的权利几乎不会被认为是“不道德”的行为。公民权利和政治权利的问题通常是日常社会工作实践的组成部分。例如，当案主在工作场所受到歧视时，社会工作者很可能会将这个问题与案主、雇主或工会一起讨论。如果不这样做，社会工作者不太可能被视为“不道德”的行为，但是从人权的角度来看，它就是不道德的。

权利的集体建构甚至不太可能作为伦理考虑的事项。这部分是因为社会工作（至少在大多数西方国家）在很大程度上仍然聚焦于案主个人和家庭。对集体权利的关注和确保集体权利得以实现和保护的伦理义务，要求社会工作者采取超越面向案主个人的干预。剥夺经济发展权可能会对个别案主的贫困的形式产生影响，但它在社区或社会层面只能被强调为一个集体权利。

同样，许多社会工作者也会做出这方面的连接和尝试，通过投入政策倡导、采取社会或政治行动，以确保集体权利得到满足。其他社会工作者则不会，他们选择专注于个性化的社会服务（个案工作）。这种做法可能会被具有更广泛人权视角的社会工作者谴责为过于保守，但同样的，它并不太可能被归类为不道德并导致向伦理委员会正式投诉。如果我们进一步扩大集体权利的范畴，环境权也包括在内。显而易见，社会工作者有责任也必须关注环境。这是一个重要的论点，它指出了对社会工作核心议题的不同表述方式。但它同时也不受欢迎，没有人会希望对社会工作者在这方面的不道德行为进行投诉，因为社会工作者并不是环保主义者。

那接下来的问题是，将含义过于宽泛的人权概念作为判定“道德的”或“非道德的”实践的框架是否适用？或者更准确地说，因为人权提供了一个如此广泛的参考框架，以至于它剥离了在大多数社会工作论述中占据支配地位的保守的个人主义，从而在根本上挑战和重构社会工作道德。以宽泛的人权概念探讨道德，这将社会工作带入了相对未知的领域，但在国家危机、全球化以及对传统社会工作充满挑战和威胁的这个时期，采取创新的和大胆的步骤是很有必要的。在这个阶段，我们可以尝试性地初步确定可能的实践方法有哪些，但因为还需要借鉴其他章节的讨论，所以直到第十章才能更充分和全面地探讨。




运用人权视角的一个显著的影响是，它改变了社会工作对于实践中道德和不道德的传统看法和意义建构，使其不再只专注于孤立行动的个人，并且要求“伦理问题”与涉及其中的所有人相关。那么，对于社会工作者来说，问题不再是“我应该做什么”，而首先是想“我应该与谁对话”，接下来思考“我们应该做什么”。社会工作者必须与其他行动者联结起来共同承担，这其中一部分反映了社区工作的取向，我认为这对所有社会工作方法来说都是必须的(参见 Ife，1997b)。“我应该与谁对话”这个问题不只是意味着社会工作者需要与主管讨论伦理问题(虽然这是有用的)，它涉及在剧中的所有演员，包括案主、案主的家庭、社区成员、同事和其他专业人士。

接着，从定义第二个问题——“我们应该做什么”中所包含的“我们”一词入手，因为社会工作者不会孤立地采取行动。如果我们真的对人权问题感兴趣，我们应该做出承诺以确保所有那些可能受到决策影响的人能有一些有效的投入。事实上，不遵循这样的规定就是不尊重人权，换言之，这种讨论本身就是不道德的。因为，这一伦理框架纯粹是社会工作者个人做出单独的道德选择(遵守或不遵守正式的伦理守则)，它本身是不道德的实践——这的确是激进的观念。

如上所述，以“人权视角看待伦理”对社会工作另一个显著的影响，是它不可避免地使社会工作者远离纯粹的个体化实践。大致上说，通过单一的个体化实践，人权是不能实现和保障的。因此，单一地集中关注“个案”、“直接实践”、“疗法”，是不能满足基于人权的社会工作实践这一目的的。因此，社会工作者具有明确的责任，即将他们的个人工作与社区工作、政策发展、社会行动和其他“宏观”形式的实践联系起来。

正如第六章中所讨论的，如果人权角度适用的话，“宏观”和“微观”社会工作实务之间的传统分歧根本不成立。事实上，这种分歧是违反社会工作的人权目标的。将人权视角运用于伦理实践，意味着维持宏观和微观实践之间的分裂并仅在其中一个领域工作，也是不道德的实践。大学学习的课程设置延续以往宏观/微观的划分，同样是要予以批评的。同样地，这是一次重大的、激进的冲击，能改变我们对专业伦理的理解。

上述讨论不应该理解为是在提倡将所有使用“宏观”和“微观”术语的专业个案工作者、专业社区工作者、治疗师和学校领导带到委员会面前，指控他们违反伦理规范的行为。这种性质的委员会仅仅适用于那些不道德行为比较极端、明显的特定个人。在人权意义上，伦理实践运用更积极和建设性的方式则更容易实现。这些方式包括鼓励批判性的辩论、为社会工作者提供机会，以使社会工作者之间以及与案主、其他专业人士、社区成员共同讨论人权观点及其在现实实践中的内涵。因此，并不存在快速和简易的处方。现代主义衰落的必然结果之一是整体包装、简单解决方案的逐渐失效，这也同样反映在伦理和社会工作实践的各个方面。

拒绝关于“如何做”的整齐、简洁的说明书一直是持续进行的社会工作议题之一。任何试图制订出如“食谱”般明确的实践方法，从而指引社会工作者的做法是背道而驰的。社会工作实践随着每一个工作者（风格、个性、年龄、性别、文化、种族）的变化而变化，随着每一种情境（文化、组织、政治、社区）的变化而变化，随着每种环境（案主、家庭、社区）的变化而变化，以至于达到这样一种程度：在一定情境下对一个工作者有效的“工作”在另一种情境或对另一个工作者并不能发挥作用。

社会工作实践是不可预测的，它是杂乱的、混沌的和无限变化的。这就是为什么大多数社会工作文章不会做出实践的具体规定，而是依赖理论、实践原则和案例分析的原因，而社工学生们的挫败在很大程度上是由于他们一直处于社会工作课程将“教会他们如何做”的误解之中。这也是为什么那些试图遵循“怎么做”的文章往往被视为无关紧要并忽视了实践的世界，以及为什么每名社会工作者都必须发展他/她自己的实践框架。所以，有趣的是，在伦理领域，如果不是在其他地方，出现了持续不断的尝试，试图强化确定的世界观。也许这需要改变。

然而，实践的杂乱和不可预测性并不意味着我们应该放弃任何指导原则，使社会工作者处于一系列个性化虚无主义的境况中，以个人所能的最好方式处理其所遇到的情形。事实上，这确实会纵容虚无主义、个人主义和不平等、不公正力量的茁壮成长。人权确实提供了普遍性的框架和实践的普遍化议题，这意味着“伦理实践”这一说法仍然有一些相关性，同时，它开辟了更多集体和进步的实践机会。

## 结　论




本章提出了一些社会工作伦理传统框架方面的问题。虽然在后现代时期，提出如传统“伦理”这样现代主义的说法似乎不合时宜，但完全拒绝对伦理和伦理实践的理解，却是错误的。显然，伦理和人权的观念有密切的联系。我们认为，通过追寻这种联系，人权视角可以提供更加强大的“伦理实践”的框架，并将其运用于社会工作实践。

## 进一步的问题

本章所提出的一个重要问题是规则问题。虽然在章节讨论中，我们批评以过于刚性的方法来实现伦理实践的“规则”，但人权也同样需要由“基于规则的”范式来约束。事实上，在前面的章节讨论中，我们不难发现至少在西方传统中，法律的定义和应用，本质上是以现代主义和启蒙运动为基础的。人权如何才能超越这种“基于规则的”限制方式，建立一个更加以关系为基础的方式？在社会工作更加后现代化的模式中，其规则究竟是什么？这个问题将会在之后的章节中进一步阐述。

第八章

# 参与人权话语

对于人权的话语观的强调贯穿本书，这也意味着人权必须被理解为不断变化的关于什么是人以及什么构成全球公民的基本人权话语。如果真是这样，最重要的是去检验这种全球对话的本质：谁在主导这些话语，谁在做贡献？谁没有做贡献？谁在定义人权的过程中更有话语权？正如在第一章讨论的，全球化的一个结果就是地方化，这也导致了将全球和地方都视作重大改变和实现的场所。因此，本章的讨论将会围绕着人权全球对话和地方对话。

## 人权的全球话语



尽管不想或不重视西方声音在定义人权话语中发挥不成比例的作用，但是很明显，这个问题正在被强有力地解决。即使对于人权文献匆匆一瞥，也能发现文化相对主义问题和西方主导话语所得到的大量关注，许多非西方学者现在也在讨论人权（Schmale，1993；Pereira，1997；Aziz，1999；Bauer & Bell，1999；Parekh，1999；Van Ness，1999；Nirmal，2000；Moussalli，2001；Dalacoura，2003）。

这也充分地解释了在人权话语中需要不同文化的声音被倾听，将注意力从一种文化声音向可能更基本进而包括其他文化参与构建人权话语转移。但是，人权话语依然被那些强势群体的声音所占据，那些弱势群体、无权者以及人权滥用的受害者的声音在人权话语中很难被听到。这个人权话语反映的是律师、专家、政治家、外交人员、宗教领袖、哲学家、神学家、记者以及中产阶级活动家的声音（Beetham，1999）。事实上，这个话语已经向非西方文化开放以期去倾听它们的声音，但是这只包括那些文化中处于优势地位的人们的声音——专家和政治家等等——就像来自西方世界的处于优势地位的人们一样，他们主导了这场争论。因此，人权话语仍然是一场关于有权和无权的争论，因而也成为关于统治和“去权”话语的一部分，这应当成为社会工作者关注的基本问题，也为社会工作实践提供了优先方向。

对于文化差异的强调，与之相对的就是对于阶级以及其他造成压迫因素的忽视，这在很多文献中表现为引发了社会变革的严重问题，即只强调一个纬度，如差异或处境不利（在这个例子中是文化）而排斥了其他纬度。因此，马克思主义的批判，强调阶级是造成压迫的主要因素，就饱受因为没有充分考虑性别因素的批评（Hooks，1981），然而女性主义也因为忽视阶级的重要性而饱受非议（Lee，1996）。而这两者都可能有低估种族、文化、性别等因素的趋势，这在人权话语的讨论中经常被忽视。

持有一个需要纳入关于压迫多元因素的观点是很重要的，但是当遇到原教旨主义者声称差异或处境不利的一个因素比其他因素更重要（更“基本”），坚持认为从一个单一的角度去看世界，这就变得很困难。当然，来自不同文化传统的作家已经在努力去拓宽他们的分析，可以说，女性主义在这方面做得最成功，因为某些女性主义强调包容、差异、整体的理解的重要性（Plumwood，1993）。

社会工作者，由于其个人的、政治的、联系起来的专业整体特征，需要包含关于弱势的不同建构。然而，在人权领域，对于文化和文化相对主义的强调已经逐渐遮蔽了一个现实，即尽管文化问题已经正在被解决，但弱势群体的声音仍然被排除在建构人权话语之外。

这并不令人吃惊。弱势群体和边缘群体通常被排除在权力话语之外，在这个意义上讲，人权与经济、政治、文化、法律、商业、高等教育和专业主义没有什么不同，然而，人权是一个特例，将弱势群体排除在人权话语之外本身就是对人权的否定。所以，如果人权话语是由强势群体所控制的，那么它就是自相矛盾的。这种占主流的人权话语对于人权的建构很少有人关注，但是作为一个人权实践者的社会工作者，需要将其视为核心问题。

如果能理解人权的话语特征，那么就很容易理解人权的理念只有在一个真正参与的社会才能实现，不然，弱势群体的声音就会被排除在建构人权之外，这也意味着人权在最初意义上就在被侵犯。因此，某些形式的参与民主是实现人权的先决条件。美国自由主义价值的倡导者认为，人权和民主是紧密相连的，尽管这些主张通常很有限地被理解为民主和自由，受到自由市场资本主义概念的混淆——自由市场资本主义被它的拥趸们视作是自由、民主、人权的同义词——关于人权和民主之间的联系需要进一步的讨论。在这个意义上讲，“民主”和“人权”都需要从以前所假设的相比更广泛意义上去理解。例如，一个美国主流的政治时事评论员所倡导的人权和民主是“美国道路”的两个支柱。关于人权的更广泛的建构，我们在之前的章节中已经概述了，现在很有必要去讨论一下民主的概念，这与人权的概念紧密相连。

## 参与民主

民主，就像人权一样，是一个复杂而充满争议的概念(Held，1987)。虽然关于民主的概念有一个明显的、积极的价值，或“人民统治”，但是很不清楚这种统治如何进行，甚至“人民”是谁也不明晰。在经典的古希腊民主中，民主概念通常被视为起源于那里，妇女、儿童和奴隶则被排除在“人民”的概念之外。这是一种有限的民主，它排除了许许多多所应包括的人们①。同样地，在现代民主中，也不是所有人都被纳入决策过程中——儿童没有投票的权利，外国人和“非公民”也没有这样的权利。事实上，更多的人因为贫穷、性别、社会阶层、教育背景、语言或种族等原因被排除在所谓的“民主政府”做决策的过程中(Martin & Schumann，1997)。事实上，对于许多人来说，“民主”就是隐藏在他们无权现实背后的神话。

现代社会是如此的复杂，需要做出大量的决策，由所有人都参与的直接民主的方式决定所有问题是不可能的(Rayner，1998)。因此，我们创造了某些代议制的民主，人们不是直接去做民主决定，而是通过选举或者指定他们在国会或其他集会中的代表，信任这些他们选举的代表做出他们同意的决定。然而，现代政府运行机制是如此复杂，以至于这种代议制的形式也失效了，许多决策需要被授予行政事务来决策——那些没有被选举但是需要为政府的工作而买单。

因此，民主中公民的决策权力是被二次授权的，首先是向政治家授

① 古希腊的民主排除了大量妇女、儿童、青少年、外邦人的参与，其只包括占希腊人口一小部分的男性成年公民。

权，接着向行政事务授权，事实上公民的参与是有限的。在“民主政体中”，公民就是履行每几年投票的权利，考虑到媒体对公共舆论的影响，甚至在很大程度上仅仅是一种象征性的姿态，特别是对于那些生活在“安全”选区的公民来说更是如此。任何情况下，那些占总人口相当比例的人群（有时是大部分，不同的选举制度下会有所变化）不可能没有为赢得大选的政党投票，他们可以以各种方式向政府表达不满以抗议政府没有代表他们的利益。

因此，代议制民主已经远离那种“民有、民治、民享”的美好理念。公民个人的作用已经最小化了，并由于现代政府的复杂性和神秘化而受到侵蚀。政策不断被定义与采纳，其复杂程度只有受过训练的人才能理解。因此，“公共”政策已经从民主辩论转向专家垄断的领域（Fay，1975；Rayner，1998；Held，1999）。





当然，最重要的例子就是经济政策。经济以及经济政策的导向，对于我们所有人来说都很重要，它们影响我们的生活水准、生活质量以及所有的生活机会。然而经济是以没有多少人有足够“能力”去读懂它的方式建构的，经济政策则被视作是经济学家专属的东西，任何情况下，经济学的语言将外行完全隔绝开。

这也是对于民主控制的一个极大的侵蚀，同样地存在于其他政策领域，留给投票公民的选择很少，因为他/她缺少“专业知识”，所做的贡献极其有限。具体到经济领域的例子，这种对于民主控制的侵蚀更加严重。在大多数西方国家的中央银行，它们做出经济政策的重要决定已经独立存在于政府之外。那些民选的国家领导人甚至无法做出充分和可靠的关键经济决定，公众对于这些令人警惕状态的事务缺乏必要的关注，只会强化在涉及一些最重要的公共政策决策的时候，公民对于这种剥夺公民权的接受①。

因此，许多人尝试去寻找其他方式使民主可以变得更加具有参与性。参与式民主的概念，作为对于代议制民主的竞争者而出现，它最大程度地让“人民”参与到真正的决策过程中来。显然，不可能让所有人参与所有需要做决策的决定中，事实上，谁又想参与到政府所有的决策中呢？许多

① 因为对于公共事务不是由民选领导人决策的情况缺乏了解，公民不会警惕这一现象，理所当然地认为自己已经履行了公民权，然而实际上，正是在这个过程中，他们的公民权被“剥夺了”，如此重复，他们的公民权不断被侵蚀。

决策是没有争议的，需要较高的技术要求，大多数人也不想参与其中。然而，代议制形式自诩其最大的特征是“民主”，这显然是消极的和象征性的，因此，一个更具参与性的民主模式被提出。基于人权的目的，这样的探索具有相当的重要性(Beetham，1999)。四个通常的提议可以归纳为公民提议投票、民主共识、电子化民主和分散式民主。

经常会有因为对于相关问题的关注而呼吁公民提议投票的行动，作为对抗西方民主权利被剥夺感受的反应(Setālā，1999)。公民提议投票的概念，是指如果有充足数量的公民签名请愿书请求这样的公民投票，请愿书就会付之于众，相关的结果也会起到制约政府的效果。公民投票是一种明显的表面诉求，更重要的是，它提升了普通人参与决策过程的能力。这已经在美国许多州所使用，在瑞士更加普遍。





然而，公民投票也有很多问题，引入公民投票系统是应对现代民主问题最简单的方式。为了适应公民投票，一个政策问题必须被表述为简单的，通常是“是/否”的形式。但是许多政策问题远远比这个复杂，将它们简化为简单的公民投票问题，意味着它们可能变成简单的喊口号不是审慎的思考。

然而，一个主要的问题是在参与公民投票之前，大多数人既没有时间也没有意愿去详细了解相关议题。除非他们对这个议题有特殊兴趣，他们的投票是非常重要的，作为对一个竞选口号或 20 秒商业广告的回应——否则很难认真判断。因此，公民投票的结果不怎么可能反映人们的投票智慧，而是反映那些投票敏感和投票偏见的(Roemer，1999；Setālā，1999)。尤其是在那些没有公民投票传统的社会——在瑞士，需要人们在投票之前，习惯去仔细思考相关议题，了解相关议题足够的信息。如果想将公民投票作为一种有效的民主方式，就需要一个巨大的文化转变，特别是在许多西方国家，对政治冷漠和不关心是一种文化传统(Bauman，1993)。

此外，公民投票的结果无法保证推动人权事业，尽管它可能会有助于行使自我决定的权利以及参与决策。一个公民的投票也会产生压迫的结果，“大多数的暴力”将会轻易地侵犯少数群体的人权。一个公民投票可能导致选择了更加种族主义或排斥少数民族族裔或文化群体的政策。例如，1996 年加利福尼亚的案例(Proposition，209)，结果产生了基于种族歧视的项目。这样的结果特别容易在一个威胁和不确定的氛围下产生，当替罪羊很容易确定的时候。这所谓的“人权”实践实际上造成了对于其他人权的否认的案例，基于之前章节所定义的人权，这不应当视作是人权的结果。

如果拥有足够和有效的教育项目，使人们能够投出充分了解的一票，那么，引入公民投票将会成为提升民主参与的有效方式。这远比简单引入公民投票来得复杂，但是这也会改变很多问题上公民投票的结果。一个有效的案例是关于死刑的——一个主要人权问题。在很多国家，民意调查显示，一个主流的公民投票将会导致大部分人赞成死刑，而由死刑支持者所呼吁的公民投票往往发生在那些已经废除死刑的国家。然而，那些与关心死刑问题的社区群体共同工作的人们的经历表明，如果人们真正去倾听双方的论据，拥有一个机会(时间或空间)去审视研究的结果，充分地考虑所有问题，大多数人将决定反对死刑(Roberts & Stalans，1997)。因此，公民投票关于死刑的结果很大程度上将取决于人们接受论据的程度(不仅仅是口号)和是否有机会去了解一个信息充分的观点。




这与第六章关于权利和义务的讨论有关：拥有参与决策的“权利”通常也附带着以一种信息充分而不是阻塞的方式去做的“责任”。拓展人们的民主权利也要求提升他们能够真正履行公民义务的能力，公民能够扮演促进民主决定见多识广的角色。

1999 年，澳大利亚人提请一项旨在改变澳大利亚与英国宗主国的传统联系，建立一个独立的共和国的公民投票。毫无疑问，这个议题远远没那么简单，成为正反双方争论的焦点(特别是对这个提议持反对意见者)，这使这个问题变得扑朔迷离而不是清晰自白。在投票日当天，大多数澳大利亚人投票去保持这种地位(与英国的联系)，这大大出乎世界的意料，他们认为不可能在 21 世纪，澳大利亚还保持与英国宗主国的联系(Li，1999)。

然而，在投票进行的同时，一个有趣的试验也在进行，许多来自各行各业的澳大利亚人聚集起来对这个问题进行密集的研究。他们有机会倾听和询问双方的倡导者，去讨论这些问题，去获得相关信息，等等。在项目开始的时候，这个团队包括一些共和派、一些宗主派以及一些还没有做选择的群体，他们中不同类别所占的比例与整个澳大利亚投票人口的比例相似。然而，经过了解论据和审视议题的过程后，大多数人表示他们将会投票支持共和提议，这是一个与投票日当天完全相反的结果。

这与死刑的经历相似，表明了民主决策过程中信息畅通的重要性。发生在那个澳大利亚群体的经历就是一个充分民主的典型案例，如果人们能够充分接触相关信息，有时间去研究、去围绕相关议题做深刻的辩论，从司法领域拓展到公共政策领域，人们都可以做出明智的决定。

在世界范围内，现在掀起了将充分民主作为一种提升民主参与度、解决与公民投票相关的问题的方式（Saward，1998；Uhr，1998，2000；Roemer，1999）。充分民主关注过程，这意味着只有完整的过程和机会提供给人们，他们才可以真正投入到充分的民主进程中来，也只有这样，有效的民主才能够实现。人们通常有充足的准备去接受与他们观点相违背的决定，只要他们满意他们有机会去真正地投入（就是他们的观点能够被听到），决策的过程是公开公正的。

正如上面所提到的，司法体系，就是一种充分民主；其他形式的充分民主包括广泛的社区咨询（在提出一个特定提议之前，而不是之后），实施共识决议。在这个过程中，人们或许不满意最终的结果，但是对于参与的过程是满意的，已经准备好去接受这个结果。充分民主的一个关键元素就是人们可以参与整个决策过程，可以研究备选方案，研究可能的结果，并提出方案；他们被要求是去促进民主的过程，而不是简单地对一个提案做回应。





电子化民主试图使用互联网的力量提升公民的参与水平。通过互联网，那些可能从未谋面的人们可以讨论问题甚至对问题达成共识。这是目前在很大程度上以无计划和无政府主义的方式发生，但是已经带来许多惊人的结果。更加有组织地使用互联网促进民主参与的策略包括：不断讨论的群体、相关议题的网络投票、通过博客和网站来为人们做出充分决定提供必要的信息——一种重要的充分民主。互联网正在开始改变政治参与，毫无疑问，这个趋势还将继续。

然而，很有必要去铭记以这种方式使用互联网的问题。一个现实就是互联网仍然只是一小部分人所能接触的（他们是那些处于最有利地位的少数），所以，任何完全依赖互联网的民主过程都是排除了大多数人。还有很多人，尽管他们能够接触到互联网，但是他们没有足够的互联网技能去充分、有效地使用互联网。此外，电子化民主毫无疑问会有利于能够使用计算机的人们，特别是那些电脑迷。新技术可能会帮助提升参与民主的计划的实现，但是不能假设它只能带来这种魔幻的结果，也可能会破坏计划。

去中心化民主意味着使人们参与相关问题的决策最有效的方式是让他

们尽可能地决策去中心化，决定在社区结构层面做出，这样使人们更多地直接投入(Rayner，1998；Ife，2002)。这可以通过更容易接触的社区结构来实现。随着地方政府要为一系列问题负越来越多的责任，这可以使用其他的社区结构、地方选举组、居民组等等。这已经是社会发展理论和实践的一个主要推力，将最大化公民参与视作其主要目标之一。

然而，(去中心化民主)即使在这个层面，也比充分民主或电子化民主拥有更多的实践经验，参与的概念本身就是有问题，事实证明，真正持续不断的参与是很难实现的。这是因为民主参与实际上与许多强大的既得利益者相冲突，那些既得利益者试图去保证现存的权力结构和过程，确保民主参与的水平只是象征性的。

社区工作者已经成功地探索出提升有效参与的策略，通常不是通过大动作，而是通过日常的参与应对微观层面的问题。社会工作在社区层面提升参与拥有丰富的专业知识，这对于人权为本的社会工作也很重要，当探讨地方作为参与的领域时，这个问题将会被继续讨论。对于目前的讨论来说，这种形式的实践被视作有助于提升整个国家或全球策略，鼓励当地参与和尽可能地决策去中心化。这特别受到绿色政治理论的支持(Goodin，1992；Dobson，1995)，它特别强调多元和可持续的生态原则。许多绿色政治理论作家(e.g. Bookchin，1990)认为，这些可以通过高度的去中心化体系来获得。这与无政府思想(Marshall，1992)和混乱理论(Kellert，1993)紧密相连，它认为有效的秩序是自发地从下往上，而不需要从上强加给下面。

在一个不断全球化的社会，随着全球经济力量的不断崛起和全球交流可能性的不断提升，现在是否有可能去考虑某种形式的全球民主参与(Holden，2000)？对这个问题作出肯定的回答可能有些仓促，关于这种项目的可能性或它如何运作，不同的人有不同的观点(Falk，2000b；Galtung，2000；Held，2000；Hirst & Thompson，2000；Monbiot，2004)，但是这是一个对于人权未来发展有不可或缺重要性的问题。人权，正如我们已经看到的，是作为某种全球公民概念的产物，这意味着我们每个人都是全球社会中的公民，尽管我们有文化以及其他许多差异，但我们拥有共同的人性。如果人权事实上就是全球公民权利的话，其中最重要的权利之一就是参与实体政治，在这种情况下是在全球层面的参与。

然而很少有机会让公民真正参与到全球决策中来。机会仍然是以非正式的方式存在着，通过使用公民社会的流动结构，这已经为包括许多人权运动群体所使用，当然，这种方式也被运用到其他领域。2010—2011年的“阿拉伯之春”运动，互联网和移动通信工具在报道人权滥用方面发挥了强大的力量，引起了世界的关注，这在以前是毫无可能的。这样的例子是很重要的，通过这样的斗争，全球层面的公民参与才有可能最终得到承认。

目前，处于萌芽期的全球民主结构是联邦制，通过联合国，由人民选举政府，然后这些政府在联合国中代表他们的人民，个人几乎没有可能直接参与联合国事务(除非特别情况，例如，个人向联合国人权委员会行使上诉的权利)。一个真正的全球参与民主应当比联合国更有力量、更有效率，尽管许多人为了建立和维持联合国及其数量众多的机构做出了巨大的努力。然而，很有可能这个目标可以通过全球公民社会的力量来实现，而不是联合国正式的机构(Galtung，2000)。和正式的国家结构相比，公民社会在全球层面更容易复制，正如我们已经看到的种类繁多的全球非政府组织的力量和效率(Fox & Brown，1998)，还有很多应对过度全球资本的自发联盟的出现，例如，许多人抗议世界贸易组织、G20峰会以及其他强力阶层的全球会议。




全球民主运动对于社会工作的意义是什么？上述关于如何在一个全球层面发展更多参与民主策略的讨论是很重要的，从人权视角来看，原因有两点：第一，这样的参与有助于实现民主，例如，作为一个公民全身心的投入以及自我决定的权利。第二，由于人权的话语特征，这样的参与对于充分讨论什么算人权很有必要，以应对前面已经指出的人权话语的精英特质。因此，人权工作者(例如，社会工作者)应当致力于某种形式的全球民主，建立一个比现在更有参与度的全球政治体制。

这又回到“全球化自下而上”的概念(Falk，1993；Brecher & Costello，1994；Rajagopal，2003)，已经在第一章讨论过了，接下来还会讨论，这个概念，事实上并不反对全球化，只是试图去寻找一种真正的民主，希望全球化是符合更多人的利益，而不是一小部分全球资本掌控者的利益。正如我们所看到的，这通常可以通过公民中的公民行动而实现，而不是通过正式的政府结构。

社会工作者在他们日常的工作中有很多机会去建立自下而上的全球化，这也是为什么在任何背景下建立地方与全球的联系对于社会工作者来说都很重要。这样的社会工作既不复杂也不宏伟。例如，通过互联网将一个社区的群体与其他国家的相似群体联系起来；将个人不仅与能够帮助他/她的当地机构联系起来，也要将其与解决相同问题的全球网络和机构联系起来；支持和采取公共行动去追求社会公正和人权；支持全球非政府的工作，与他们一起工作去建立更民主的结构；帮助服务对象和同事意识到他们经历的全球方面；在全球层面运用著名的鼓励社区参与的原则(Keck & Sikkink，1998)。最特别的是，社会工作者可以与那些弱势或边缘群体工作，鼓励他们在全球关于人权的讨论中发声，例如，在国际特赦组织的决策过程中，向联合国人权委员会准备提案，通过媒体来清晰地表述人权对于他们(译者注：指弱势和边缘群体)意味着什么。



## 人权的当地话语

到目前为止的讨论焦点还是在提升弱势群体在全球话语中的话语权。但是，考虑人权话语的地方元素对于社会工作者来说也很重要，这可能是一种更包容的方式。尽管人权通常被建构为通用的，但是它们经常在一种更地方的背景下得到清晰地表述和充分的实现。因此，将弱势群体和人权滥用的受害者纳入建构人权，这对于在地方工作的社会工作者来说具有重要的意义(Mahoney & Mahoney，1993)。

正如第五章所述，通用的人权往往通过定义需要的方式来变得地方情境化。通用的接受教育的权利就可以再定义为需要更多的老师，获得居住权的权利就可以表述为为无家可归者提供住所，个人行动自由的权利就可以表述为需要轮椅。因此，正是通过定义需要的过程，个人可以在社区层面参与和促进人权话语的建立，所以，需要的定义成为建构人权话语的重要基础。此外，正如第五章所指出的，社会工作专业被指控为不恰当地扮演为人们定义需求(也就是人权)的权威。这样看来，围绕着需要定义的相关问题在讨论的过程中需要予以特别关注，因为只有在当地个人或社区层面的斗争才能让人们重新控制他们对于人权的定义。

因此，社会工作者应该很不情愿地扮演那种不加批判的需求定义者，这需要实施、需要研究——所有社区工作者都熟悉的过程——在个案层面，“做一个需求评估”。当一个社会工作者做这样一个评估的时候，带着一种识别什么是“需求”的眼光，他/她已经通过定义什么算是人权来控制人权话语了。尽管社会工作者有经验用专业知识去决定如何最准确地将人权“翻译”为需求，但是，社会工作者没有经验去决定人权如何通过什么样的情境需求的满足来实现。因此，社会工作实践很有必要在个人、家庭、群体或社区围绕权利问题建立一个对话：人们认为，什么是他们的权利，这些权利对于其他权利有什么影响，是否他们真的就符合第一章对于人权的定义，最后(通常不是首先的问题)那些权利如何被“翻译成”需求并得到满足呢？



当然，社会工作者在大多数情况下不会用这种语言去建构关于人权的讨论。专业人员所使用的权利语言对于普通人来说异常难懂，因为它是一种典型的中产阶级知识分子的语言。社会工作者是典型的中产阶级知识分子，所以需要一种通俗易懂的语言。只要关于人权的讨论仍然是中产阶级知识分子专属的领域，它就会使弱势和不平等的话语和结构永久存在，永远无法实现通用人权的目标。因此，社会工作者应该重构人权语言，让其他人都能参与到讨论中来。

重构，简单来说就是寻找另外一套语言去讨论问题的能力，这是社会工作者长久实践的领域。简单举例来说，自由言论的权利就可以重构为“让每个人都能说话”；从经济发展中获益的权利就可以重构为“我知道我们国家很繁荣，我们要去分享这种繁荣的发展”；获得住所和医疗保障的权利就可以转述为“什么样的养老院能够满足我那个身患老年痴呆症、身体虚弱的老年亲戚的需要呢？”；受教育的权利可以重构为“我们怎么确保学生能够得到足够的机会去学习他们应该知道的东西？”。

每个案例中，重构都会带来其他问题：儿童需要知道什么事情？需要为儿童提供什么样的学校？我们如何确保每个人都能说话？我们如何做一个关于养老院的决定？这是社会工作者和他们的服务对象每天都要解决的问题，但是需要铭记于心的是这些问题都是围绕人权的。实际上，社会工作者通过与个人、家庭或社区讨论他们对于基本人权的理解以及这些人权如何被最大化地实现与保护。社会工作者需要意识到的一件重要事情就是，建构讨论的方式，既不促进也不阻碍服务对象，定义什么是人权以及如何实现人权。因此，微观层面的社会工作实践的活动可以被视为人权的宏观社会话语的一部分。社会工作者如果能够促使更多的人参与到人权话语建构中来，将会为人权共识的达成拓宽基础。

不幸的是，许多关于社会工作实践的传统专业建构与这个方式相违背。细心的读者可能已经发现在上述描述工作者与服务对象互动的过程中，我没有使用“访谈”这个词，这是一个精心的选择，因为“访谈”概念本身就假设两个人之间存在着权利关系，这很轻易地就违背了赋权为本的社会工作实践。在专业的访谈中，它假设工作者处于控制地位，制订议程、掌控时间、设置边界等等。事实上这些工作有时候是与服务对象协商完成的，但是很多时候都是工作者所做的。这将会在第十一章继续讨论，其他社会工作者所熟悉的例如“案主”“干预”“督导”和“专业”都被视作可能造成无权。当然，这些可以建构为包含更有助于解放和更容易连接到人权的视角，但是与那些术语保守而无权的联系意味着，无论何时，当社会工作者使用其中任何一种术语的时候，她/他都应该审慎地检验它们被建构的方式，是否通过使用它们，社会工作者就获得了一种非赋权话语权和专业的特权。

或许需要追问一个重要的问题：谁将假设的权利“翻译”为需求的陈述？换句话说，谁的需求定义被认可？如果需要是情境化的人权，那么，这个问题的核心就是谁承担定义需求的责任。然而，不能简单地说服务对象独自承担这些责任，正如第五章所指出的，关于需求的判断不仅涉及价值(人权)因素，也涉及关于如何有效率地提供“需求”因素。

例如，暴力问题和个人安全的权利可以被“翻译”为“需求”对青少年犯罪加大惩罚力度。作为一个社会工作者，或许比服务对象或社区群体更容易判断这样的需求是否能够真正解决问题；在这些领域，社会工作者可以称得上是专家，事实上，在这些情况下，社会工作者应该去指出更严厉的制裁实际上无法提升个人安全。这是一个典型的例子，人权没有问题，但是获得人权的方式是有争议的，社会工作者有专业知识，有助于决定什么真正“需求”去保卫个人安全的权利。因此，定义“需求”的责任只需要“服务对象来承担”，这样的说法太简单了，就好像说只需要具有专业知识的社会工作者来承担相应责任一样简单。事实上，需要两者之间采取对话，两者之间互相承认，珍惜和学习对方身上的知识，共同努力采取有效的共同行动。这将在第十章进一步讨论。

因此，到目前为止的讨论只是关注如何帮助弱势和边缘群体通过以微观、个案或个人层面的社会工作实践提升他们在人权话语中的话语权。然而，社会工作者也在社区层面做工作，正是扮演社区发展的角色，才会让人权话语有更多的机会去采纳那些原先被排斥群体的声音。其中有一些已经在前面部分讨论了，这里需要强调社区工作者在鼓励和支持社区参与方面的作用。因为采取这样的行为，社区工作者就对人权话语的包容性产生重大影响。

这项工作的一个重要方面就是对于传统“参与”的建构(Parker et al.，1999)，包含一系列的活动。通过活动，人们积极地了解他们对于人权的理解以及如何去满足和保证这些权利。前面已经指出“参与”背后所隐含的西方的、父权的、中产阶级的假设，需要去寻找人们参与他们社区事务和做决策的其他方法。因此，重构“参与”对于社会工作者来说是一个重要的任务，特别是对于那些关心社区发展的社会工作者。可以有以下方式去探索重构“参与”：探索组织会议的可替代方式，决策共识的模式，使用剧院、艺术或讲故事的方式，通过每天的非正式互动创造机会。



参与不需要出现在一个正式的会议上。在一个后现代时代，有人声称正式会议越来越不会成为有效参与的平台。在很多方面，“会议”对于社区工作者来说就相当于“访谈”对于个案工作者，都需要从一个更加包容的视角，考虑到传统话语中内在的权利关系来进行解构和重构。这些概念对于社会工作者来说并不新鲜，已经在许多社区工作的文献中有详细的探讨(Craig & Mayo，1995；Ife，2002；McIntyre，1995；Kenny，1999)。社区工作者熟悉公民参与的问题与矛盾，他们的大量工作旨在寻找替代和多元的机制去促进参与，让那些边缘群体的声音能够得到倾听和认可。这很容易被认为是人权工作，也是本书所理解的人权，这样的参与为本的社区工作对于实现人权发挥着重要的作用。

## 结　论

人权的话语特质特别强调谁参与人权话语的讨论，因此，鼓励更加参与的民主，包含边缘群体和人权滥用受害者声音就成为核心问题。这是人权问题必不可少的组成部分，如果社会工作者被理解为人权工作者，那么，他们的实践鼓励民主参与，无论在全球层面还是在地方层面，都是极为重要的。社会工作者在这些领域拥有专业的知识和技巧，既通过社区发展，也通过与服务对象协商定义人权，而后者则是下一章的主题。

## 进一步的问题



本章讨论所衍生的一个重要主题是过程的重要性。在全球的人权话语下应对民主和参与，很显然需要关注民主的过程，良好的参与结果只能从好的参与过程中得来。类似的，在本章的第二部分，也强调了好的过程在更当地化和情景化层面去描述和清晰人权中的重要作用。这是人权的一个关键问题，以前，人权重点关注结果而忽视过程，甚至认为只有结果才是重要的。

这当然是与现代社会结果为本的理念紧密联系的，也是许多社会工作者所工作的背景。管理主义渗透进了许多社会工作者的生活，迫使他们强调结果，如果有必要，就要牺牲好的过程。然而社会工作者长久以来既重视好的过程，也反对极端形式的结果为本的管理主义。社会工作者如何在一个人权框架下，仍然重视好的过程，坚持认为只有好的过程，才能获得好的结果？我们能否在其他领域将“程序正义”（法律领域）拓展到正当程序，例如，健康、教育和民主？

第九章

# 为社会工作实践建构人权

到目前为止，我们还没有怎么探讨如何建构、定义或接受人权。什么权利应该被视作为社会工作实践的人权？我们是不是可以简单地接受世界人权宣言，或者向其中增加点什么，或者我们可以从中提炼出什么，亦或我们可以重构它？在读世界人权宣言的时候，一个令人震惊的感受就是世界上每天都有数以百万计的人们，他们被世界人权宣言所承认的人权侵犯。这样的情况不仅发生在发展中国家或者那些“人权记录”糟糕的国家，也发生在所谓的“发达国家”，世界人权宣言中所概述的人权没有被完全实现。例如，哪个国家可以清楚地证明他们实现了在法律面前人人平等的权利、工作以及自由选择工作的权利？对所有人来说，影响获得高等教育机会的难道仅仅是个人能力和其他权利？

关于人权，有许多其他的陈述——国际条约和公约、区域宣言和国家宪法及权利法案——这些对于社会工作很有帮助。社会工作者作为人权工作者，必须有一个关于人权的清晰认知作为他们实践的基础，因此，需要去涉及或建构一些关于什么是人权的陈述。

然而，建构人权不是简简单单地寻找一些合适的陈述，例如联合国人权宣言，然后再使用它们。人权，正如在前面章节所讨论的那样，是充满争议的，尽管书面正式的陈述是人权语境的重要部分，但是它们远远不是全部。任何论述的一个重要特征就是它是竞争的，是不停地建构、遭受冲击和不断被重构的。因此，我们需要去审视不断变化的人权的建构，自然也需要审阅那些来自联合国或其他机构的固定、正式的陈述。此外，陈述本身也是开放的，可以得到不同的解读和强调：有人在他们的处境下将世界人权宣言的一些文章视作比其他的陈述更重要。社会工作者需要将自身视作这种讨论进程的积极参与者，因此，社会工作的实践本身可以视作不断重构人权的过程。这部分是通过人权被实行和定义人权的社会工作实践来实现的。

对于实践者的社会工作者来说，人权不仅仅是在类似于世界人权宣言中所概述的那样的学术和政治概念，而应该是基于实践的，人权的话语重构和人权的实践之间的关系是很重要的。社会工作者可以有两种方式建立这种联系，即演绎和归纳。

演绎法是从特定权利的陈述或理解开始，然后再追问“这对于实践意味着什么？”例如，一个人权福利工作者，可能从人权权利的陈述开始（例如，世界人权宣言关于儿童权利以及它的可选协议），然后再从中演绎出特定的实践原则。另一方面，归纳法从一个实践处境现实开始，然后再追问什么人权问题需要考虑，作为非正式实践的方式。

因此，儿童福利工作者面对父母的期望与儿童安全之间的冲突的时候，需要做一个如第三章那样的权利分析。总之，演绎的方式从权利开始，然后用权利去指导实践问题；而归纳的方式则从实践问题开始，然后去追问实践时需要考虑什么权利。

这是一个为了更好讨论区分，但它应该不被认为是一个排他性的二分法——换句话说，社会工作者不应该只做其一，不做其二。事实上，社会工作者在工作中既需要演绎又需要归纳。因此，对于社会工作者来说，只使用其中一种方法是不可能的。实践的概念，正如在第十章概述的那样，需要工作者去不断地使用不同模式，互相启发。因此，关于演绎和归纳法的区分，仅仅是为了分析和思考人权实践，而不是要求社会工作者在他们的工作中做一个清晰的区分。接下来的讨论将会从这个视角展开。



## 人权实践的演绎法

演绎法从一个或更多的人权文本出发，从中延伸出实践。这些文本有两种形式：正式的文献和非正式的理解。

### 1. 文献

正如之前所述，存在着大量关于人权的正式陈述。世界人权宣言，其他重要的表达是公民和政治权利国际公约，经济、社会和文化权利国际公约，以及其他一些国际宣言、协议和公约。还有一些重要的关于权利的区域声明和国家宣言，通常表现在国家宪法和权利法案中。所有这些陈述对于社会工作实践来说都很重要，尽管它们都存在着自身的问题。所有这些陈述的文本现在已经可以从互联网上轻松获得，最有效的网址是联合国人权网站(www.unhchr.ch)。

和其他文本相似，这些文献共同的问题就是可能已经过时了。世界人权宣言读起来就像过时了(例如，通过其使用的性别语言，现在看起来就是违背人权原则的)，人权的话语性特征意味着，随着这个宣言的出版和传播，由于随着时间的不断变化，社群价值将会不断遭受冲击。

第二个问题是，这些陈述的起草和通过是由一部分精英所执行，而没有经过一个广泛参与的过程，就被以为了维护全人类的利益的名义发布了。1948年发布的世界人权公约因为主要关注西方利益而饱受批评(Chomsky，1998；Aziz，1999)。此外，尽管其他的宣言和协议由来自更广泛文化背景下的人们所起草，但是第八章的批评仍然很重要，即，尽管多元是世界的主流——政治家、专家、律师和领导人权的活动家——各自承担为世界人民定义人权的责任，因此，人权的话语依然是带有优先次序的色彩。类似地，对于社会工作者来说是“为了那些弱势个人或群体最大化的历史”而行动，毫无疑问是带着善意，但是这个过程可能强化了结构性的弱势和压迫，所以行动本身违背了人权的原则。

第三个问题是，这些公约和协议需要从政治文献的角度来理解，因为那些参与其中的政府可能是因为面子而不是认为这些公约和协议的必要性而参与其中，因此，任何试图遵循的这些原则都必须建基于它们。《世界人权宣言》和其他人权合约的文章，包括那些在国际法中拥有一定地位的公约，经常被政府无视或破坏，在很多情况下，执行的正式机制如果政府选择忽视，那将会被政府毫无顾忌地破坏。毕竟，《世界人权宣言》只是一些原则或目标的宣言，而不是一个坚定的承诺或具有法律约束力的合同。

然而，尽管存在明显的问题，这些公约对于社会工作者而言在某些方面还是很有效的，因此，它们不应该被忽视。第一，它们带有强烈的道德力量，这是不容低估的。世界人权公约是一部强大的鼓舞人心的文献，将其视作一个特定政策倡导的一部分，或是行动斗争的一部分是很有效果的，这可以为一个政府、机构委员会或社会工作经理违反国际人权宣言的行为而做强有力的辩护，撇开法律无力的情况，这样的情况可能在现实中发生。

这对于在服务对象和社区层面去探讨纲领、公约等所涉及的相关问题特别有效。对于案主或社区群体来说，能够意识到他们现在对抗的机构正在违反世界人权宣言，他们或许会有动力去进行持续不断的抗争，而不是认为他们的抗争不值得。关于个人和社区的人权公约的讨论不是社会工作实践的常规部分。例如，世界人权公约应该张贴在社区宣传栏或机构的等候室的醒目位置。

很多情况下，人权协议和公约也带有法律效力，这可以在特殊情况下使用。在那些签署了国际公民和政治人权公约第一选择协议的国家，如果它们的公民觉得自己的权利被侵犯，而且没有得到政府和法律体制的补偿，那么，他们就有权利去联合国人权委员会上诉，国家政府应根据协议所规定的义务去执行委员会的判决。这可以用来解决特定问题，包括存在明显的人权滥用，或者促使国家修正违反人权原则的法律。例如，通过联合国人权的裁定，澳大利亚政府修正了歧视男同性恋和女同性恋的法律（HREOC，1996）。对于社会工作者来说，了解这种机制的存在是很重要的，当然，国与国之间存在差别——对于那些没有签署第一选择协议的国家来说，不需要去履行上述义务。



一些地区性的协议和公约更具有法律效力，特别是欧盟国家签订的那些协议和公约，国家与欧盟人权标准相抵触的法律已经被修正（Neuwahl & Rosas，1995）。世界其他地区可以学习欧盟的例子，游说他们的政府去建立和欧盟相似的人权标准。然而，通过国家层面的人权陈述，例如，权利法案和宪法，为立法的法律冲击以及个案倡导创造了大量空间。这仅仅是因为国家法律体系比国际法律体系存在时间更长、更有效力。当然，国与国之间的差异较大，但这是社会工作者需要清晰了解的领域，对于基础社会工作教育项目和继续社会工作教育项目来说，包括那些在政府层面正式保证公民权利的材料，这是很重要的，无论是个人还是群体，如果他们觉得这些权利受到侵害，他们就可以采取行动。

权利和需要的联系，正如在第五章讨论的那样，是一个从权利定义到实践的很重要的演绎行动。例如，将居住权演绎成可以实践，需要在特定的背景下靠权利来确定居住“需求”。一个需求的表达需要使用语言，它规定了如果需求得到满足，需要做什么，所以这是需求的定义，最典型的社会工作活动就是将原则演绎成实践的过程。这可以通过使用与人权原则不断对话的过程来实现，这种方式将在下一章探讨。

## 2. 定义权利

当然，正式文献只是人权表达的一部分。如果认真思考对于人权的定义还掌握在强势群体手里的批判，我们就知道在实践中应该找到合适的方式，在定义人权的过程中有更大的参与，这很重要。这也意味着，尽管仍使用演绎，社会工作者还是需要将社区、群体和个案案主纳入关于人权的对话中来。这意味着社会工作应该帮助这些群体从他们的视角来定义人权（就是指人为什么成为人和所有人与生俱来的权利是什么）。

为了做到这些，社会工作者需要知道我们在第一章整理的人权定义的五个元素，这对于为了防止有些人利用自身关于人权的定义来侵犯其他的权利很有必要（例如，这意味着社会工作者不可以接受一个群体以独断或种族主义的方式来定义人权）。然而，社会工作者可以通过将人权构建为人们自身就可以参与定义的东西，而不是他们只能静静等待和接受的东西，这样就可以为解放行动创造更大的可能性。当然，这样的对话需要使用正式的文献，例如世界人权公约，但是从一个赋权的意义上来看，人们被鼓励思考它说了什么、什么没说，以及从他们的视角来看，还有什么需要补充、删减或修正的。



如果人权定义采纳这样的对话途径，演绎过程的下一步就水到渠成了，即从权利到需要，再到行动，和社区、群体或案主进行对话。这使案主作为已经在第五章所描述的需要在定义过程中扮演积极伙伴的角色，通过反思人权视角所涉及的社会工作实践的全部选择。

# 人权实践的归纳法

尽管演绎法从建构人权开始，然后思考如何将人权运用到社会工作实践，归纳法则正好相反，从基础的、“现实”世界发生的实践开始，识别问题、需要，然后再考虑这些问题和需要背后所隐藏的人权问题。尽管社会工作者无可避免地都使用这两种方法，但是在现实中，当实践者将实践与人权联系起来的时候，归纳法更经常被使用。学者，从一个学院派的背景而不是实务派的背景，更可能以归纳的模式去思考。因此，在实践者和学者之间需要一个对话，以期在这两种方法之间达成某种程度的平衡，确保学者不过分沉湎于原则而忽视了现实世界的实践。实务派沉浸在与现实世界冲突的"需要"的实践中，认为学术原则是一个"奢侈品"而不是必需品。

归纳法的本质是从直接的实践问题出发，这通常被视作个人问题而不是公共议题(Mills，1970)。以一种人权的方式去清晰地描述它需要纳入一个关于问题的政治视角(见第十章)，将个人问题放在一个机构性框架去考量。因此，如果一个人因为失业，而去寻求社会工作者的帮助，这需要被纳入人权框架，显然是指获得有意义、有回报的工作的权利。



但是这可能也涉及其他权利：对于一个少数民族的失业者来说，还涉及免受歧视的权利；如果是一个残疾人，这涉及另外一系列歧视的权利；同时也可能涉及一个接受教育的权利被否认的情况，而这可能是造成他/她失业的原因之一。从另外一个层面来讲，一个人没有工作的原因可能部分是因为当地企业为了在全球市场追求最大利益而进行的产业转移，因此，个人和社区在涉及较大经济和商业决定中拥有发言权是一个重要的议题。关于权利的竞争性要求可能是另外一个问题，这可以作为理解为什么一个特定的服务对象或社区问题是矛盾的分析框架。有关儿童福利的例子，因为父母权利和儿童"最大化利益"的权利的竞争，已经在之前的章节中详细探讨了。

同样的方法也适用于社区层面的工作。人们在获得和使用服务过程中的困难引发了公共交通的问题，这涉及一系列权利的问题：不仅仅是迁徙的权利，也涉及这种迁移所准许的行动，例如，教育的权利、健康服务的权利、通过参与社区会议使用言论自由和集会自由的权利。举个例子，如果一个人因为缺乏充分、难以负担和接触到安全的交通而无法参与聚会，更无法充分行使集会自由的权利，因此，会影响一个社区中许多人权的实现。例如，一个社区工作过程会将糟糕的公交服务归于人权的问题，这将增强和强化当地的行动，并为行动提供一个焦点和目标，而不仅仅是为了改善公交服务。

归纳法意味着人权问题不会被问得很抽象(例如，什么是重要的人权？)，而是具体而实质的(例如，这个特定情况所涉及的人权问题是什么？），这使得对话策略很容易包括社会工作者和案主，也使得在特定情境下的对话更容易进行。这是弗莱雷批判性教学法的本质(1996)，这将在后面的章节继续探讨。这样的背景使人权问题变得生活化，也使得人权的定义方式直接与案主的经验有关，它打开了行动和改变的可能性(Fay，1975，1987)。将对话与行动联系起来是实践观点的核心，涉及学习/推理和行动/变化主动的过程。

归纳法意味着，不仅仅依赖以前已经决定的人权观点，人权定义的本身源自实践。因此，社会工作实践的过程也是人权讨论的一部分，从基本层面上来说，社会工作帮助人们清晰地表达和定义人权。社会工作者以及与他们工作的人们，是人权定义者，在这个过程中，人权被实现。归纳法的一个特别价值就是，它意味着人权的话语是通过实践而不是通过观念和辩论产生的，这种话语更是基于人们反抗压迫和处于不利的处境而斗争得到不断强化的。



## 结　论

本章识别了为社会工作实践建构人权的一些关键问题，并将人权的定义和实践结合起来。这通常可以通过演绎法和归纳法的联合来实现，前者依赖于建构人权(无论是正式的还是非正式的)引发实践，而后者需要识别和分析在现实世界中的实践背后的人权问题。这样的过程，对于发展人权为本的实践是不可或缺的前奏，这将在接下来的章节进行探讨。

## 进一步的问题

本章的核心问题是社会工作者，事实上，其他人权工作者超越以往垄断定义和争论人权的人们，给那些最容易受到人权否定和滥用的问题去定义和建构人权的权利。社会工作者需要什么技能或者知识来“脚踏两只船”？如果人权真的需要追问行动者的问题，这些问题不仅仅可以通过社会工作者解决，而且是不是也可以通过与社会工作者一起工作的人们来解决？

# 第十章

# 通过社会工作实践实现人权

在前面的章节中，我们已经探讨了人权的许多方面，并且将社会工作视作一个人权专业，这已经触碰到社会工作的许多重要实践问题，这些问题不是新的。伦理、社会控制、政策和倡导的地位、专业主义、专家的角色，将个人的和政治的联系起来，文化相对主义、需求定义、赋权等等，这些都是社会工作熟悉的并且不断争论的问题。然而，在接下来的章节中，这些问题本质上不是因为考虑社会工作而引发的，而是关于人权讨论以及一种人权的实践方式可能产生的影响。大量的社会工作原则由这些讨论所引发，本章的目的在于将这些聚合起来以推演出一个人权为本的社会工作的全景。这将围绕三个已经组织好的主题——理论基础、赋权和情景/通用问题。



## 理论基础

在正式进入实践为本的社会工作部分之前，去审视那些在之前章节所提出的更“理论”的问题是很重要的，这些代表了人权实践的重要基础。

### 1. 实践

“实践”的观点(Freire，1996)认为，理论和实践、学习和操作不能分割。我们通过理论/反思来促发实践/行动，与此同时，我们也通过实践/行动促发理论/反思。我们通过学习而行动，也通过行动来学习。因此，实践既关于知识，又关乎行动：知识如果不被实践，就会僵化、不接地气和无效；行动如果没有知识，就会是反智的、无知的，通常也是危险的。然而，社会工作通常将理论和实践分开看(Pease & Fook，1999)，这可以见诸于如何长久而曲折地将两者联系起来的讨论；从实践为本的角度来看社会工作，这本不应该是个问题。

在前面章节中，关于人权的讨论表明需要在理论和实践之间建立一个清晰而必要的联系：探讨人权意味着要同时考虑理论和实践，也需要不停地将两者相互印照。这是社会工作所能做的贡献之一，因为它构成日常实践世界的基础，不能像植根于现实一样提供理论性的论述。一个人权的视角提供，事实上也需要一个类似的实践的规划。因此，本书不会试图将理论的探索和实践的探讨分离开；只有通过将两者联合起来探讨，才能真正实现一个实践的视角。

实践为本，也意味着在社会工作教育和社会工作实践之间没有一条清晰的分界线。如果学生能够将她/他的学习建立在实践基础上，同时发展"实践技能"和"理论理解"，社会工作教育才能在这个过程中一样有效。类似地，社会工作实践只有发生在不断学习而不是毕业以后立即停止学习的环境中。社会工作者需要不断学习，重构他们关于实践的世界观和方式，作为他们日常工作的直接结果。他们不断建构理论（"扎根理论"在研究中的作用，见 Strauss & Corbin，1990）作为研究者/实践者，而不是在社会工程师意义上使用这个术语，但可以在协同探究意义上使用。这一切如何实现，将在本章接下来部分进行探讨。





## 2. 道德

社会工作本质上是一个道德实践，建立在价值和是非观念的基础上（尽管社会工作者通常不使用这些术语）。社会工作者做艰难的道德判断时，通常使用"伦理"或"价值"这样的术语，同时也需要一定形式的道德推理。因此，对于社会工作者来说，需要一定的能力去处理艰难的伦理困境，做某种形式的道德辩护，或者做基本的道德决定是很有必要的。

一个人权的视角为这样的道德推理和决定提供了框架。人权广泛的特征使社会工作者可以远离道德绝对主义的陷阱，"对"与"错"在一个不变的道德守则中被清晰地割裂开，在一个缺少确定性的后现代世界感觉更舒适些。然而，这并不意味着社会工作者这样的决定是不强硬、不坚决的。人权话语的一个特征就是人权的价值能够强烈而激情地被感受，将价值以人权的术语去建构，为行动提供一个更强有力的基础而不是一个仅仅抽象的"脱离实际"的道德推理。

一个人权的视角也需要社会工作者做决定，不能仅仅基于"当时什么似乎是正确的”——这只是鲍曼后现代伦理的存在主义的决定(Bauman, 1993)。而事实上应该通盘考虑所有道德问题，更重要的是能够与社会工作者所接触的人们一起通力合作。社会工作者是一个道德主体，但是由于社会工作的特征决定了社会工作者不是一个孤立的、隔绝的道德主体。社会工作者能够鼓励其他行动者共同参与做决定，社会工作者作为人权工作者的效能显而易见。

## 3. 激情

如上所述，人权为本的社会工作不只是以一种价值中立的学术方式去做一个仔细和无效的“通盘考虑”的道德问题。人权是需要激情的，事实上，它也值得投入激情。社会工作不仅需要为仔细的分析所驱动(这很重要也很有必要)，也需要拥有让这个世界变得更好的激情、对于不公正和压迫的愤怒、致力于改变的决心。人权很重要，重要到历史上许多人愿意为它殉道；它们不能简单地被归纳为一个学术或哲学问题。人权为本的社会工作需要为人权观念所附带的无可避免的激情寻找一个位置。

因此，社会工作者作为一个公平的专业“干预系统”的概念，它从研究中所获得知识是不够的。社会工作者不需要因为它是由于共同的人性崇高的理想所驱动而感到歉意，事实上，它应该以此为荣。社会工作者不需要因为人权事业富有激情而愧疚，也不必为日常实践中所见到的持续不断的人权侵害而愤怒。社会工作者的任务不是去否定激情和愤怒，而是如何将这些演变成有效的行动来促成改变。通过维持他们的愤怒，心怀他们对于更美好世界的愿景的激情，社会工作者可以不断地与压迫的、非人道的结构对抗。

因此，保持激情是人权为本的社会工作者的重要部分。但是激情特别容易蜕化，因为任务显得太难了，机构对于社会工作实践的需要占据了社会工作者大量的精力。因此，对于社会工作者来说，提醒他/她自身选择社会工作作为职业的理由，寻找保证愿景、目标和激情的感觉的方法尤为重要。

不同的人可以以不同的方式去实现这个目标，通常通过学习其他人的例子所给予的激情来实现。那些抗争的人们，如昂山素季、尼尔森 · 曼德拉、夏纳纳·古斯芒、瓦茨拉夫·哈维尔、马丁·路德·金[①]。为那些致力于社会变革的人们提供激励，包括社会工作者。这样的例子带有引人注目和强有力的激励因素，就像诗人、艺术家、作家、作曲家和电影制作人的工作那样。对于任何关注人权的人们来说，还有许多这样的资源有待发掘。

此外，对于社会工作者来说，还有许多在他们的日常工作中接触人们的例子：那些父母为了对抗不利环境中的各种因素，努力为他们的孩子营造关爱、分享和社会公正的价值；对于残疾人的关爱——从带有智障的幼儿到患有不断恶化老年痴呆症的老人——牺牲了太多。那些社区积极分子，他们将所有空闲时间都奉献给了营造一个安全、友好而互相关爱的环境；在一个国家，与迫害斗争的难民家庭在另外一个地方仍在反抗种族主义；那些忍受长期低工资工作的人们仅仅是为了给他们的孩子提供良好的教育。作为一名社会工作者的一个优势就在于这项工作可以将他与那些致力于通过决心、自我牺牲提供了关于人权以及其重要性的日常经验的人们联系起来，从他们身上，我们可以了解到人权以及人权的日常经验，而不是仅仅从阅读或学术讨论中获得。





## 4. 意识形态

前面章节所概述的人权视角显然带有意识形态意味。公民义务，与公民权利相关，意味着某种形式的集体主义：我们不仅仅拥有我们所声称和行使的权利，我们也应该有义务去行使这些权利以确保他人权利的充分实现（Stapleton，1995）。因此，我们不能将个人视作孤立的、追求个人收益最

① 昂山素季是缅甸民主运动的领袖，她被缅甸军政府拘禁15年，在2010年11月13日终于获释，1990年获得萨哈罗夫奖，翌年获得诺贝尔和平奖。尼尔森·曼德拉是南非著名的政治家和反抗种族隔离的斗士，因为反抗种族隔离入狱27年，后就任南非第一任黑人总统，1993年获诺贝尔和平奖。夏纳纳·古斯芒领导东帝汶独立斗争长达20余年，遭印尼政府拘禁十年，东帝汶独立后成为第一任总统。哈维尔是捷克独立斗争的领导人，曾入狱5年，领导了捷克的“天鹅绒革命”，称之为“天鹅绒式的”，是因为这场革命从头至尾没有打碎一块玻璃窗，没有点燃一辆小汽车，没有任何冲击政府机关部门的激烈行为，作为一国之领袖，他因出色的思想和高尚的实践被誉为现代“哲学王”。马丁·路德·金，著名的美国民权运动领袖，1963年8月28日，在林肯纪念堂前发表了《我有一个梦想》的演说。1964年度诺贝尔和平奖的获得者。1968年4月，马丁·路德·金前往孟菲斯市领导工人罢工后，被人刺杀，年仅39岁。

大化的个体，甚至在必要的情况下靠牺牲他人来成就自己，而应该将自己视作是与其他人互相依赖的人，通过我们作为世界公民的权利所带来的一系列的相互义务。一个冷血而自私的个人主义，其一贯的基础是正统的经济理论和新自由主义政策，因此是与人权不相契合的。一个人权视角意味着至少是民主社会主义，或者是某种形式的社会主义。

因此，人权至少在本书中所描述的不是政治中立的。对于公民和政治权利，狭隘的解读可以被视作与个人主义和自由放任经济学所持有的（尽管最低限度实现人权需要一定的政府干预）与纯粹的自由市场自由主义理想相冲突的（Holmes & Sunstein，1999）。然而，一旦经济、文化、社会权利被包含在这个定义里，就需要一股强有力的力量去提供公共服务。事实证明，自由市场是无法以一个全面而公平的方式去提供这些公共服务的。

因此，接受一个人权视角（至少是本书所描述的那种）需要考虑意识形态的因素。人权为本的社会工作不可避免地成为政治社会工作，要求社会工作者致力于一个要求一定程度的集体主义和要求公共部门承担更多责任的意识形态。作为全球化的结果，公共部门无论以什么形式都要承担保障人权的责任。这似乎意味着，以往国家承担的功能将迟早转移到全球或地方层面，无论是哪种情况，如果要充分实现人权，一个强有力的集体主义趋势是必须的。

许多关于社会工作的层面仍然是在政治话语下建构的，一个假设认为，社会工作者要么承担所有意识形态的责任，要么没有一点清晰的政治地位。然而，一个人权的视角特别反对这个观点，它视社会工作是强化人权的，因此，关于权力关系，无可避免的就是政治的。此外，在一定程度上，它还决定了与社会工作相契合的政治地位，它还确定了个人主义和完全依赖自由市场是与人权为本的社会工作实践不相契合的。人权工作者是政治工作者，人权，从更广泛意义上讲，需要一个政治承诺。因此，政治的和意识形态的批判，是社会工作实践的重要组成部分。

## 5. 历史

因为人权是不断被话语建构的，所以是不断变化的，了解一些人权斗争历史是很重要的——不仅是在西方，这是应当被强调的——将他们的人权工作放置在一个历史的背景下考虑。在这个意义上讲，从实证主义的建构到一个话语的理解的转变，使人权更加有力量；权利不仅仅是等待着被发现和测量的“东西”，而且是每一个社会工作者不断进行历史斗争的结果，他/她的角色是一个人权工作者。因此，对于人权的理解不应该仅仅从静止的、历史意义上来理解。这意味着对于社会工作者来说，学习历史是很重要的。从前面章节的讨论，历数重视历史的价值，可以有四个原因：

第一，一个历史的视角对于强调事情可以改变来说很重要。如果没有历史意识，就会很容易地认为现存的秩序是“自然的”和不可改变的，很容易让那些关心社会进步和改变的人们对于那些看起来不能轻易改变的系统的不平等和处境不利而心灰意冷，去被迫接受事情就是“自然的”秩序、不能更改的保守观点。因此，认为人们在现代社会的行为是“人的本性”而不可改变。



历史的视角也展示着另外一种可能，它指出了许多我们习以为常的事情的历史根源，过去，有不同的方式去组织社会，人们以不同的方式对待其他人。历史还指出现在看起来似乎不可能的事情，未来会变得更便捷。那些著名人物，例如，尼尔森·曼德拉和瓦茨拉夫·哈维尔，他们就敢于畅想一个完全不同的未来，即使在当时还没有任何关于这样的未来的“现实”可能性，就是一个超越当时的局限去思考的典型例子。事实上，不断清晰的认识就是现存的国际社会、经济、政治和心态秩序是不可持续的，我们可以确定未来将不是现在的简单延伸。与将我们视作陷入历史的存在的陷阱中相比，将我们视作不断发展的历史过程更有力量，对于历史的研究将会在这个方面有所帮助。

第二，对于历史的研究也可以视作对于人权斗争的研究，这对于现在的人权问题的提供额外动力。正如第六章所指出的那样，由于缺乏对于历史的理解，现在的人们没有动力去行使前辈们通过斗争、牺牲才获得的人权；投票权、自由建立工会的权利和接受教育的权利作为三个案例，人们因为不尊重或者不了解前辈争取这些权利的斗争历史而放弃行使这些权利。人权运动的历史，包括为获得投票权、成立工会权利、女性权利、政治自我决定的权利、接受教育的权利、经济发展的权利以及生活在一个干净环境的权利的斗争，无论什么国家或文化背景，这都是我们宝贵的财富。对于所有将自己视为人权工作者的社会工作者来说，这都是一段非常重要的历史，因此也应当是社会工作教育的核心部分。

第三，学习历史的重要性是与重构西方启蒙运动的传统相联系的，正如第一章和第四章所指出的，人权话语在西方启蒙运动中建构，这也限制了对于人权的理解，招致对于人权话语是西方主导的批判。启蒙运动的主要元素就是视历史为必然进步的，朝向一个更加“光明”的方向前进，任何领域都比之前更好、更先进。其假设是，通过西方的科学、艺术、哲学、工业、技术和军事冒险，西方想证明他们比其他文化或传统更优秀或更“先进”，这也为西方将自身的文化价值和实践强加给世界其他部分提供了借口(Said，1993，1995)。

这种观点不仅被西方有意识地强化，也得到其他国家的强化，人们被灌输以更加“先进”的西方能够提供的教育、科学、艺术、音乐、哲学和技术。这样的观点已经被讨论过，会限制对于人权的理解(Touraine，1995)，也应当为仅仅强调公民、政治权利，人权仅仅由西方主导的殖民主义的话语的人权批判而负责。通过历史的学习，可以克服这样的文化盲点，通过学习“思想史”超越西方知识传统的边界，包括西方压迫和殖民的历史以及反抗压迫和殖民的历史。





第四，正如第一章所讨论的那样，历史在人权问题上延伸出不同代际之间的不公正。如果当代人要为解决发生在过去的人权侵犯而负责(例如，原住民中“被偷走的一代”)，防止对于后来人的人权滥用(例如，通过保护环境、保护资源)，将一个历史视角纳入人权工作是很有必要的。涉及个人、家庭或社区的社会工作必须理解它们的历史，尽可能回溯到(特别是涉及原住民时，这很有必要)之前的好多代，这有助于人权问题放在他们的历史背景下解决。

因此，对于历史的学习可以被视作对于理解人权具有核心重要性。人权必须被历史性地理解和情景化，如果不承认人权侵犯的历史结构的重要性，那么，历史的实践将会被视作人权滥用的延续。

## 6. 结构性劣势

对于许多人来说，理解人权为什么不被定义，实现或保证需要一个对于结构压迫或劣势的分析。这必须构成所有人权为本社会工作的基础。个人层面的劣势，尽管是社会工作者理解特定人群和他们问题的重要部分，但是不足以充分解释。例如，为什么许多人还忍受着贫困的折磨，为什么女性无论在公共领域还是在私人领域仍处于不利地位，为什么妇女和儿童仍然是暴力的主要受害者，为什么原住民还在忍受大量的歧视，为什么还存在富国和穷国(这极大地影响了他们公民的生活机会)，为什么人们的肤色还可以决定他们如何被对待，为什么全球化影响每一个人(给予某些人以优势而给予另一些人以劣势)，等等。

很有必要去分析这些压迫是基于阶级、种族、性别、国籍、残疾、文化还是年龄。那些社会工作者所服务的对象是这些压迫的受害者，无论他们是否意识到这些因素，如果我们不期望理解这些，还谈什么帮助那些不能完全理解压迫和不利的结构的自然性和普遍性特征的人们(Mullaly，1997)。



正是这些压迫的结构否认许多人的基本人权，如果社会工作者是人权工作者，那么他就应当解决结构性劣势的问题。事实上，如果一个不专门进行结构性分析压迫的实践很有可能无意识地强化了压迫的结构。许多早期的马克思主义者就强化了压迫女性的结构，因为他们无视一个女性主义的分析，与此相对应的是自由女性主义，由于忽视阶级分析，对于解决许多工薪阶层的女性问题收效甚微。因此，社会工作实践如果不能充分考虑结构性压迫的所有方面，将会一方面解决某些问题而另一方面强化另外一些问题。一个当代的重要例子就是一个趋势，许多富裕国家的社会活动家要求在他们国家要有更高的经济发展(通常是反对全球化)，以至于他们的生活标准可以得到提高，人权能够得到保证，而这些活动家活动的结果是对穷国人们的更大掠夺，因为这样的经济发展是靠牺牲世界其他地方的人权实现的，并且加剧了全球的不平等。

因此，所有的社会工作者必须考虑一个多维的结构性劣势的分析，这必须是社会工作思想的前沿部分，而无论社会工作在什么程度上实践。结构性不平等和压迫是社会工作实践的背景，如果他们不是试图去成为解决问题的一部分，那么，他们的实践将无可避免地成为问题的一部分。

## 7. 整体主义

对于西方人权观点的重构，需要排除那种狭隘的线性思维，这是西方启蒙运动关于进步观点的一个特征，而需要一个更加全面的理解。这反映在人权观念方面就意味着，公民义务，通过对于需要的定义来对人权做情景化的清晰描述①，只有在一个生态和全面的框架下才能恰当地理解这些。整体主义对于社会工作者来说并不新鲜，对于许多社会工作实践建构的框架具有重要意义(例如，1991 年杰曼提出的生态模型)。

然而，超越线性的思维模式对于接受西方传统教育的社会工作者来说是困难的，因为这种传统强调线性的因果关系，沿循着一条线性的探索，通过研究整体的一小部分来实现“发现越少，知晓越多”的研究(以部分来研究整体)，而不是通过各个不同部分如何相互影响以及其对整体的作用来实现“整体大于部分的简单相加”。社会工作实际上为实现这个目标提供了机会，例如，当社会工作者去理解一个家庭、社区或组织时，应该视其为一个整体，而不应该将它们分裂成各个部分，然后对部分做一个详细的研究。

另外一个更全面、更系统范例的重要来源是西方背景下的绿色运动(Goodin，1992；Dobson，1995；Carter，1999；Torgerson，1999)。它强调了所有事情之间的本质联系作为一个生态行动的部分，也指出了一个追求线性思考模式是如何导致生态灾难的。绿色运动有一个坚实的自然科学基础，这一事实是整体主义更高的科学威望，关于过去 20 年绿色运动文献代表着对于西方传统思维模式的巨大挑战(Shiva，2005；Macy，2007)。对于社会工作者来说绿色运动也很重要：环保运动在很多方面追求相似的结果(例如，建立可持续发展的社会)，将环境权利纳入人权领域，因此，环境也成为社会工作者一个真正而非常重要的关注的领域。

另外一个更全面、更系统世界观的来源是非西方思想传统，例如，佛教或儒家传统(De Bary & Weiming，1998；Hershock，2000)，强调和谐与平衡(自然系统)，而不是增长与进步(自然线性)。原住民强调与自然环境的一体性和整体性及互联的重要性(Sveiby & Skuthorpe，2006)。事实上一个很好的例子是，西方传统的线性思维是一种离经叛道的传统，是不符合其他文化传统知识的规范。对于一个西方社会工作者来说，接受这样一个观点需要有一个现代的、人道的理念，而不是西方启蒙运动的无知与傲慢。然而，这样的传统对于批判社会工作来说是很重要的，特别是原住民的许

① 人权是普遍的，需要是情境化的，通过需要的定义将人权的普遍转换为情境化需要表达。

多传统对于社会工作发展做出了贡献，而这代表着社会工作这个专业某种最令人激动的发展。

## 8. 后现代主义和后结构主义

在之前的章节中，一个主题是缺乏一个纯粹的对于人权和人权为本社会工作的现代考量。因此，一个后现代主义的理解对于社会工作者来说就显得非常重要，我在其他地方已经讨论过(Ife，1997b，1999)，它是批判社会工作必不可少的组成部分。后现代主义帮助社会工作者摆脱简单、狭隘的一个问题只有一个"正确的"答案，而转到一个重视多元价值、准许建构不同意义和多元的现实的观点。





正如第七章所讨论的那样，极端后现代主义存在一个危险，事实上无可避免地会存在不同的关于后现代主义对于社会工作意味着什么的观点(Pease & Fook，1999)。然而，后现代主义对于社会工作的重要性是显而易见的。后现代主义接受模糊，赞扬多样性，而不是试图将所有事情纳入一个"共同的框架"。它试图去打碎显而易见清晰的边界，去追求一个关于模糊和不确定的更加混乱的世界观。这种不确定在社会工作者现实的实践中是明显的，而不能以实证主义类别的方式去对他们的工作做简洁的管理定义。社会工作者生活和工作在一个混乱的、冲突的世界，面对的是混乱、不确定和模糊，而不是一个整齐、有秩序和可以预测的世界。因此，后现代主义为社会工作提供了一个充满希望的领域去构建理论，去对抗那种确定不可或缺的基于实证主义的实践理论世界。

贯穿本书的对于人权话语建构的坚持，以及强调不断变化的人权话语的力量，代表着一个后现代视角，借鉴福柯的贡献(1970，1972，1986，1991)，构成了本书采纳策略的基础(Parton & O'Byrne，2000)。福柯的贡献是关于权力的讨论、哈贝马斯的理性观(Habermas，1984)，因此，这些对于任何致力于构建一个强有力的人权为本的社会工作实践来说都是重要的参考文献。然而，与此相对的后现代主义者的分析、关于建构和重构、关于边界的歧义和模糊、对于明显确定性的持续冲击和重构，这在将社会工作与后现代情况联系起来扮演重要角色。

这些对于构建概念强有力的社会工作理论和政治理论具有重要意义，

一直都没有被社会工作教育所承认，无论是在职业准入阶段的教育还是作为职业继续教育项目。这，部分是因为社会工作者觉得接触这些作者存在困难，也因为这些文献存在矛盾冲突的地方，尽管它们关注解放和改革，但是对于许多本应该从中获益的人们来说，仍然很难接触到。

社会工作者一个重要的角色就是要吸收这些文献中的许多思想，通过接下来所描述的赋权为本的实践，使这些思想更容易为更大范围的公众所了解。赋权不仅仅是使人们能够采取行动去满足他们的需要；也包括以理论为基础关于权利、话语、叙述的分析更容易了解，使社会理论成为一种有用的方式，帮助人们去概念化他们的处境和发展策略并带来改变(Clegg，1989)。因此，社会工作需要智力与努力。这不仅是学习如何去做，然后机械地使用这些原则；不是简单地拒绝理论"不是真实世界的"，因而选择一种反理论(反智)的立场，而是需要不停地考虑知识和实践两方面，在一个连续的行动/反思的过程中互相印证。





## 赋 权

接下来考虑基础和理论的问题，现在需要去考虑实践问题，需要围绕赋权概念进行讨论。到目前为止，这已经在本章和之前章节讨论过许多了。尽管现在没有足够的空间去详细讨论这个概念，但是有必要指出，赋权早已成为社会工作者所关心的核心概念(Benn，1981；Rees，1991)。这也是一个被过度使用的词汇，而陷入没有实质内容的风险。尽管这样，赋权概念对于社会工作者来说仍然很有吸引力，因为有充分的理由使弱者变得更有力量。对于许多社会工作者来说，这个简单的想法，正是他们实践的目的所在。此外，到目前为止所描述的来看，人权为本的实践代表着一种强烈的赋权元素，使人们有能力去定义他们的权利并行使这些权利，以促使这些权利能够得到实现和保护，这些理念正是赋权的本质。

如果不了解权力的本质以及关于权力的不同理论和政治视角(包括多元的、精英的、结构主义和后结构主义视角)，讨论赋权是没有意义的

(Clegg，1989)。在接近这里描述的社会工作的过程中，后结构主义的视角、权力的关系在一个不断演变的话语中不停地建构和重构，具有很重要的意义。然而，结构主义关于权力的观点，社会处境不利是因为阶级、种族、性别等等，也同样重要，社会工作者对于权力(赋权实践由于权力而产生)的理解，需要融合结构主义和后现代主义的视角(Healy，2000)。赋权为本的实践中有许多部分都是关乎人权方法，这些将在接下来部分详细探讨。

## 1. 对话实践





对话实践的观点特别借鉴费雷泽的观点(1972，1985，1996)，其他人也在尝试去将他的工作付诸实践(McLaren & Leonard，1993；McLaren & Lankshear，1994)。现实对话的一个关键元素就是“启蒙”，这可以通过对话来唤醒相关的意识，以这样的方式将个人和政治联系起来，随着人们意识到那些定义和遭致压迫的结构和话语时，人们就可能采取行动。这与布赖恩·法伊所描述的批判社会科学范例是一致的(1975，1987)。

然而，社会科学使用意识启蒙这个概念，本身可能就带有不平等和压迫。如果一个社会工作者傲慢地认为他/她更有智慧，那么，他/她就会将这些意识强加给他/她所服务的对象，这很容易成立。因此，对话的理念特别重要，这需要社会工作者和他/她所服务的案主应当被视为拥有同样的智慧和专业知识，而不是社会工作专业的知识优于其他人的专业知识，这是更传统的做法。事实上，尽管社会工作者拥有服务对象所没有的专业知识和技能，就像服务对象拥有大量社会工作者所没有的知识、技能和专业知识一样，即专业知识来源于生活的经历，生存技能源自对于生存必需的追求。

对话实践的理念需要社会工作者与案主共同参与到实践(包括知识理论的构建和行动)过程中，彼此之间要相互学习对方身上的知识和专业知识，不存在一方的知识和专业知识凌驾于另一方的情况。作为一种共享专业知识的结果，他们采取共同行动去完成实现人权的目标。这是一种旨在实现人权的实践，它也尊重和肯定人权的实现需要使用实际的方法(Narayan，2000)。

参与到对话实践中来，社会工作者可以避免诸多专业主义可能带来的陷阱，包括专业“地位”的概念可能隐含着某种特权，通过专业教育所获得的知识就优于通过生活经历所获得知识(Freire，1996)。这不是否认通过专业方式所获得知识的价值——这在对话实践中扮演着至关重要的作用——但是必须去反对这样一种观点，即专业知识优于其他形式的人类知识和理解，而在这些知识方面，服务对象可能比社会工作者更“专业”。这种放手是很难的，考虑到社会工作者和其他专业工作者一样，都已经被专业知识话语“诱骗”，只有通过保持一个专业“地位”才能确保安全。然而，只有放开这种安全和地位，社会工作者才能真正地与他们希望服务的人一起参与到对话实践中。

基于这些讨论，“工作者”和“案主”需要建立一个旨在互相学习、互相交流彼此经验的对话机制。为了做到这点，社会工作者要做到移情关系——这是传统“社会工作访谈”的重要组成部分(Kadushin & Kadushin，1997)——但是撇开这些，“对话”与“访谈”的概念还是很不同的。访谈是一种有意设计的基于不平等力量的互动，一个人“做”访谈，另一个人被“访谈”。然而，一个对话的目标是平等交换、互相学习。因此，社会工作者需要去放弃(或被视为应当)控制互动，相应地要让互动的进程由双方共同决定。

显然，社会工作者因为雇佣和组织的限制，在对话中会带有某种利益取向，希望取得某种结果。然而，这并不意味着社会工作者需要去统治或控制；显然，服务对象也可以基于某种利益取向，要求对话产生某种结果，而服务对象的利益比社会工作者的利益更重要，因为服务对象的需要在社会工作是第一位的。和对话关系中的平等关系(这可以被视为尊重彼此的人权)一样，需要达成某种共识，使对话的关系真正成为教育社会工作者与服务对象的关系。这意味着强调交流和社会工作者个人的技巧，对于促进对话实践将会发挥至关重要的作用。

但是仅仅达成共识是不够的，需要为共同的行动而努力。因为人权的一个重要特征就是它不仅仅需要被理解和定义，更需要被实现。社会工作实践关乎行动和改变，因此，如果一个社会科学只能引发交流和理解，尽管是必要的，但是不充分的。尽管许多社会理论在分析方面很有力，但是在行动方面却很无力，会不断限制社会工作者，因此，不仅要强调对话，而且要强调对话实践。最终，社会工作要由社会工作者和服务对象以伙伴关系采取行动，他们将从对方的经历和智慧中获益。诚然，社会工作者和服务对象在行动中会扮演不同的角色——有许多事情服务对象可以做，而社会工作者不可以做，反之亦然——但是，由于共同的智慧和对话，他们是一个共同事业的组成部分，作为共同行动的结果，他/她的人性被强化。共同行动的目标最终将是强化和保证人权。

上述的讨论使用了传统的词汇——“社会工作者”和“案主”，在一个直接服务的“个案工作”的框架下去论证对话实践的本质，这同样适用于家庭、群体、组织和社区的工作。共同的专业知识、互相学习不能凌驾于生活经历之上，通过对话，共同学习、共同行动获得人权。这些理念适用于所有社会工作背景，除非社会工作者基于“为了那些不具独立行动能力的人利益最大化”而采取行动去保护他/她的人权(见第三章)。然而，人权视角提醒那些“为了某人利益最大化”工作的社会工作者，他们本身的行动可能会造成人权侵犯，这些工作只能由那些拥有强烈审慎的道德反思的人去执行。




在另一种情况下，对话实践貌似也是不可能的，那就是在机构背景下不准许服务对象可以自由地与社会工作者结成伙伴关系。例如，当服务对象是一名囚犯或者是在接受调查的人，社会工作者代表的就是“社会权威”(Barber，1991；Rooney，1992)。然而，在这些情况下，社会工作者有义务去追问是否真的没有可能去建立一种对话实践的伙伴关系吗？至少可以达到什么程度呢？如果真的没有可能，那就可以认为服务对象的人权正在被否认或侵犯。

在这样的情况下，人权为本的社会工作的任务是清晰的：不与压迫的结构和实践合作，而应该将其视作人权问题进行改革的对象。因此，在囚犯的案例中，一个人权为本的社会工作者的角色将不仅仅与囚犯工作，而且应该加入、支持或激发旨在进行监狱改革和保护囚犯人权的行动。因此，从个案到政策/项目倡导的转变，是人权为本的实践的正常结果。仅仅帮助某个人在压迫的系统下生存是不够的，社会工作者有义务去解决系统的问题。

## • • • 2. 参与式民主

一个尊重和实现人权的社会应该是一个参与的社会，这是贯穿之前章节不断重复的一个主题。这部分是因为人权的话语性质意味着所有人的声音在塑造人权话语的过程中都应当被倾听，而不仅仅只有专家、律师、政治家和活动家的声音。然而，这也因为公民权利的概念同时意味着公民义务，第六章在这个意义上描述为：在一个强大、积极的社会，人们有义务去行使他们作为公民的权利，有义务去创造条件让其他人也能同样行使自己的权利。

因此，人权为本的社会工作必须努力让公民最大化地参与生活的所有方面，这可以在一定程度上由个人的工作来实现：通过重视人们所做的贡献来鼓励社区参与，最大化机会让他们去做这些，用整套社区工作者所熟悉的技能去促进参与。但是，这并不意味着只有在传统社区工作中，社会工作者才有机会去鼓励参与。与个案案主工作的社会工作者也有许多机会去这么做，例如，通过使人们与行动群体联系，仅仅将有相似问题的人们集合起来，通过与人们讨论他们如何才能真正改变，或者鼓励他们去参与到一些项目、行动或组织中。





然而，这只是鼓励参与的一部分。将缺乏公民参与视作是人们不愿意参与，将这个问题个人化和责备受害者是不全面的。将缺乏参与理解为压制参与的结构和过程的结果是很有必要的，这种结构和过程导致一个消极的个人主义消费的社会(Beck，1997；Bauman，1999)。因此，这种结构和过程可以被视作阻碍建立和实现人权的，因为它们阻碍形成一个健康的参与社会。因而人权为本的社会工作要面对这些结构障碍并改变或改革它们，通过关于社会工作关注机构的改变和改革、政策倡导和社会行动，这成为社会工作的经常议题。

参与概念和参与式民主的概念当然是冲突的，这也一直是社会工作者实践的艰难和矛盾的领域(Clark，2000)。这里无意去探讨参与和民主概念之间的全部两难处境与冲突；在目前的情况下，识别参与作为社会工作实践的重要领域，是社会工作者要以实现这些荣耀理念进行不断斗争的重要领域，以此来不断推动人权事业。

## • • • 3. 反殖民主义实践

对于西方主导的人权话语以及它与启蒙主义思想的联系的主要批判之

一，就是人权的建构是为了强化殖民主义，继续由西方经济、政治和文化的规范对非西方国家的殖民（Pereira，1997）。这已经在第四章探讨过了，一个人权的重构、理解人权的话语特征，在一定程度上会解决某些问题。

然而，重构本身不足以克服社会工作领域西方殖民主义的问题，殖民主义者的实践仍然是一个严重的问题。在这样的背景下，殖民主义者的实践意味着任何实践都存在这样一个假设，即实践者拥有更优势的地位，因此，实践者自身的世界观可以强加给别人，实践的目的是为了满足实践者的利益和需要，而不是他们服务对象的利益和需要（Ife，2002）。社会工作领域的殖民主义是微妙而潜藏的，许多实践者都无法意识到他们的实践背后可能隐藏的殖民主义色彩。然而，其他群体可以意识到这种殖民主义，特别在与原住民实践中，他们明确指出，在许多传统专业的实践，例如社会工作，都会造成对于原住民和社区的殖民压迫，使他们失去自信心。





类似地，残疾人、少数族裔人群，甚至几乎所有“案主群体”发现他们真实的生活“经验”被主流专业实践（无论是社会工作还是其他专业）所“殖民”和低估。主流社会工作实践的“殖民”影响主要表现在历史上美国和英国经常将不合适的人权框架强加给其他文化和国家，否认当地经验的生动性（Healy et al.，1986）。

从这一点来看，社会工作者缺乏他们工作的过程和行动可能带来“殖民”的意识，这是大多数社会工作教育的一个主要问题。因此，那些持人权视角的社会工作者需要在工作中有意识地避免殖民主义的影响，而不是以一个殖民主义者的立场采取行动。

一个反抗殖民主义实践的关键元素就是倾听那些受殖民主义压迫最严重的受害者，即原住民。正是因为他们所遭遇的殖民压迫，原住民在批评殖民主义方面发挥着特别重要的作用，清晰地表达了那些西方殖民主义所低估和压制的智慧及知识（Knudtson & Suzuki，1992）。因此，原住民的声音是任何社会工作者教育（无论是基础教育还是继续教育）的重要组成部分，因为只有认真倾听原住民的故事和智慧，非原住民的社会工作者才能知道殖民主义实践给原住民带来了（可能还会带来）多大的伤害，以及微妙的殖民主义实践策略是如何影响绝大部分善意的社会工作者的。

此外，社会工作实践的一个重要部分是确保原住民的声音能够被倾听，不仅仅是在人权领域和社会工作话语中，更应该在更大范围的社会领域。所以，殖民主义的问题仍然是最亟待解决的公共议题（Hazlehurst，

1995)。这个问题在所有社会都很重要，不仅仅是拥有大量原住民人口的社会，因为对于原住民的殖民压迫随着全球化已经超越了国家的界限，在一些影响最恶劣的人权侵犯案例中，使全球经济和政治系统不断复杂化。

## 4. 女性主义

正如在第四章所讨论的，人权为本的社会工作实践的另一个元素是女性主义。结构主义女性主义和后结构主义女性主义是对统治压迫的父权结构和话语否认人权的批判的必要组成部分，也是许多社会工作实践所发生的组织和社会的重要组成部分。父权代表着人权清单中主要的人权滥用，因此，挑战父权结构和过程是社会工作实践的重要组成部分。女性主义所指引的社会工作不仅是自我宣言女性者或涉及女性的社会工作的替代选择，而且应该成为所有社会工作的核心组成部分。这些女性主义有助于挑战一些社会政策和实践背后的假设，指出社会工作实践可以基于更加包容、整体、非暴力和共识的原则。

如果社会工作要建立在视角上的话，女性主义是社会工作教育和实践不可或缺的组成部分。因而社会工作者要确保女性主义分析是评估和分析（评估和分析是由社会工作者与案主以合作伙伴关系去采取的行动，是对话实践的一部分）过程的一部分，这种女性主义实践，挑战父权的结构和过程，可以适用于所有社会工作的背景。社会工作者对此应当习以为常；社会工作和女性主义有将个人的和政治的联系起来的共同目标——使个人问题政治化，政治问题个人化。因此，社会工作容纳女性主义既自然又理所应当（Van Den Bergh & Cooper，1986；Dominelli & McLeod，1989；Lee，1994）。

上述段落已经大概描述了如何将女性主义作为社会工作的必要组成部分，除了承认性别，以及女性工作和男性工作所可能涉及的性别问题的重要性。性别这一明显的原因，是社会工作纳入女性主义的另一个重要的支撑观点，也强化了人权为本的社会工作需要女性主义的观点。然而，正如本章稍早之前所指出的，包括女性主义的同时不应该削弱对于其他压迫的因素的重视程度，例如，阶级和种族。试图探讨这些结构性压迫因素中谁更“根本”是复杂而没有成效的，这也会带来危险的原旨教主义。一个更有效和整体的思考方式就是要将它们视作都非常重要，实现其中任何一个，都有助于强化和复合其他的因素。

## 5. 非暴力

之前的许多讨论也可以在非暴力原则层面进行。非暴力不强调手段与结果之间的严格区分，拒绝暴力的手段就是为了获得非暴力的结果。非暴力原则认为，手段和结果不可分割，使用暴力的手段去获得非暴力的结果就会使非暴力的结果“黯然失色”，也不会真正得到所期望的非暴力结果。在这种背景下，暴力概念超越简单的物理暴力而拓展到结构暴力，事实上，它将对于人权的滥用视作一种暴力。例如，教育体制尽管没有物理暴力被使用，如果它否认每个人都能平等地接受教育的权利，将那些非人性的因素包含在体制内，去限制而不是开放所有的机会，或去强化竞争和侵略性，它就可以被视作暴力的体制。



甘地，最著名的非暴力运动的倡导者和实践者，经常呼吁人们去尊重反对他的人的人性的价值，让那些反对者在冲突的环境下仍能保持尊严不受侵犯，去宽容而不是排斥，最广泛意义上使用非暴力的手段(Gandhi，1964)。这包括反对观点而不针对人、尊重反对者的人权、拒绝以暴制暴。他主张以这种方式去打破以暴制暴的恶性循环，最终形成一个包容的非暴力的解决方式。非暴力理论认为，包容非暴力的解决方式是可持续的，但是这种方式不可能通过暴力获得。

在这个意义上去理解，非暴力，可能会被视作另一种构建人权视角的倡导而贯穿本书。它要求必须尊重其他人的人权，也包括那些正与他们发生冲突的人们。它包括，内在对于他人的尊重，这是植根于人权的一种实践。非暴力对于社会工作具有重要的影响，许多著名的社区发展都是由印度社区工作者所完成，他们深受甘地传统的影响(Gaikwad，1981)。然而，从一个人权视角来看，非暴力适用于社会工作的所有方面，这是既可取又必要的。

为了实践非暴力，社会工作者需要意识到那些被描述为暴力的结果和过程，必须去防止他们的行动受到它们的影响，还必须要寻找非暴力的结构和过程去替代那些暴力的结构和过程。这涉及社会工作的所有领域，无论是处理个人的暴力、家庭的暴力、组织的暴力、社区的暴力，或重视应对以暴力“方式”去解决社会问题。挑战这些暴力是社会工作和人权的重要组成部分。

## 6. 需求

在定义“需求”的方法中，人权经常被视为情境化的，这在第五章已经比较详细地讨论了，社会工作者行使为其他人定义“需求”的权利，而这通常被视为是违反人权原则的。人权为本的社会工作实践不仅认可，而且要实质促进。人们在对话实践的基础上定义他们自己的需要，这往往需要社会工作者以专业知识和人们直接的经验真正地对话。人权隐含在需求的定义中，一个人类需求的话语的问题就是隐藏在需求背后的人权。



因此，需求的定义是人权为本社会工作的核心组成部分。社会工作者，特别是当他们承担“需求评估”任务的时候，应该能够识别在需求背后所隐藏的人权，也应该尝试将这些人权明晰化，能够得到公开承认，如果有需要，还可以围绕人权进行争辩。无论谁（服务对象，同时包括同事、督导、管理者或社区成员）使用“需求”这个词的时候，社会工作者都要严肃、认真地审视其背后所隐藏的权利。但是最重要的，社会工作者要找到能够让人们在定义他们自己需求的时候发挥真正的作用的方式，通过理解需求背后的权利，决定采用什么行动最大化地满足这些需求。定义需求的权利是人权为本社会工作实践最重要的组成部分之一，因为任何实践如果不准许人们行使这种权利，不可避免地是否认他们的人权。既有文献中将定义需求视作一个技术实践，需要有自身的方法（McKillip，1987），但是从人权视角来看，这也是一个道德实践，也需要这样去做。

## 7. 研究

研究一直是社会工作重要的组成部分，社会工作研究涉及大量的设计和方法：需要评估，评估实践，通过文献研究福利国家的不足，收集关于社会问题的数据，试图去理解社会工作服务对象的经历，探索实践的两难处境和冲突，等等(Fook，1996)。从一个人权视角来看，社会工作研究需要解决的人权任务，可以包括许多不同的研究方法：

- 识别哪些个人或群体，他们的权利已经被侵犯和否认。
- 描述人权滥用的特征和程度。
- 为人们提供信息，能够清晰地表述大量人权需要得到满足。
- 为那些处境不利的人(例如，那些权利被否认的人)提供机制，使他们的声音能够被听到和认可。
- 评估政策和项目是否充分足够满足人权。

以上表明，研究过程在人权方面是赋权取向的。因此，它不可能是自然的、实证的、价值无涉的研究，而是有鲜明的价值取向的。它旨在实现某种形式的赋权，在于实现和保护人权(Fisher & Karger，1997)。然而，从全面的视角看，不同的设计和方法都是合适的，例如，有时定量研究通过文献的方式告诉大家，包括三代人权在内所有的人权滥用的情况很重要。更定性的方法，旨在告诉大家相关问题，在推进人权事业方面也很重要。



人权为本研究的一个重要方面就是，只要可能，它应当，就应该包括那些“被研究”的人参与研究的设计、实施、解释和展示。社会研究通过使其由那些“研究者”实施对于“被研究者”的活动而简单进行权利不平等划分，研究者可以获得新的知识(信誉、声望、职业发展)，然而被研究者的获利却几乎可以忽略不计(Kirby & McKenna，1989)。被研究者被视作被动的信息提供者，而研究者垄断着从研究过程中获得的“知识”的收集、分析和展示的权利。

这样的研究，不必说其本身就是违反人权的原则，自然也无法推动人权事业。因此，从人权视角开展研究的社会工作者要注意研究模式中挑战研究方法中的正统。有许多这样的方法：合作探究、参与式行动研究，以及扎根理论的研究，等等，这也包含在女性主义的方法中(Smithet et al.，1997)。近些年，这些方法已经引起社会工作者特别的兴趣，他们可能在推进人权事业方面的贡献也是巨大的。至于手段-结果的问题，在涉及非暴力的时候已经讨论过了，同样也适用于研究：旨在推动人权事业的研究本身在它的研究方法中必须尊重人权原则。

## 情境/普遍议题

另一组实践原则可以归纳在情境/普遍议题之下，因为他们解决情境/通用二元的各种形式。需要打破、超越或这些划分，这已经在前面章节频繁出现，这些问题现在必须综合考虑作为社会工作实践的原则。人权通常被建构为普遍的，然而后现代则视重构和当地作为多元叙述，不断强调情境和相对主义。面对这样一种普遍/情境划分，应该探索社会工作理论和实践如何将人权视作既是普遍的又是情境的，这已经在第四章讨论了，这也因此是人权为本的社会工作实践的主要挑战。



### 1. 个人的和政治的

个人的和政治的联系对于社会工作而言至关重要：将个人问题放在政治层面考虑，将政治问题放到个人层面去思考，然后采取行动，在个人和政治两个层面都带来改变（Van Den Bergh & Cooper，1986；Dominelli & McLeod，1989；Fook，1993）。这在人权框架下特别重要，因为人权也需要在个人和政治两个层面去理解。它们是个人的，因为它们影响了个人的福祉、安全、生存和自我实现，意味着它们是一系列关于人之所以为人的声明。它们是政治的，因为人权关于权力以及权力的分配，关于权力如何被建构以及施加，关于谁有权利去行使权力，以及在什么情况下行使权力。因此，人权究其本质而言，既是政治的，也是个人的，它们必须在两个层面被理解，只有在个人和政治两个层面共同行动，才是一个合格的人权工作者。

因为这种联系对于社会工作至关重要，所以，社会工作者也应当与人权工作者一样准备充分。然而，如果他们要履行那个责任，那么，他们的实践就要不断地关注个人的和政治的两个层面。更重要的是，社会工作者要将这两者联系起来，坚持认为一方只有在与另一方结合起来，才能得到充分理解。人权为这样的联结提供了坚实的基础，这种联系对于一个进入后现代的社会而言是最大的问题之一，因此，社会工作者将要扮演一个非常重要的角色(Bauman，1999)。

事实上，这就意味着社会工作者必须能够清晰地了解个人问题的政治因素和政治问题个人因素。例如，理解一个失业的人必须既要在个人层面(自尊受挫和经济不安全)，也要在政治层面(高失业率、劳动力市场的结构、全球化的影响、教育和培训的机会、工作关系、劳动力待遇，等等)。这个案例涉及的人权包括个人获得有意义工作的权利，赚得薪水的权利，自尊、社会安全、参与经济的权利。特别是在失业的例子中，还包括其他免于遭受由于年龄、性别、种族、残疾、宗教的歧视。

所有这些个人权利都隐含着政治因素，即国家和其他行动主体有义务去满足这些权利的实现：提供工作的机会、保障最低工资标准、防止歧视，等等。为人权而工作，要求社会工作者既要参与个人工作去确保他/她的权利能够得到充分满足和保证，也要参与国家机构和劳动力市场去确保人权要求的政治义务得到充分的履行。为了达成这样的目标，社会工作者无可避免地要帮助个人将他/她的权利放在政治背景下去考量，帮助国家机构和私人部门将他们的行动放到人权的影响和他们应当履行满足和提升那些权力的义务背景下去认知。



将个人和政治联结起来本身就是一个激进的行动，这走向了统治的社会和政治秩序，它们将个人和政治严格区分开，将个人生活和问题看作是“与国家无关”，将政治视作只是一小部分人积极参与的事情，因此不需要大多数人的关注。女性主义长久地使用“个人即政治”的概念去挑战占主流的意识形态，通过它不断拷问父权结构，将父权结构视作是造成个人和政治分割的“罪魁祸首”。因此，这个激进甚至有人说是危险的，将个人和政治相联系的行为不会轻易被实施。这不是一个简单的问题，因为这将要求社会工作者去反对许多既得利益和许多结构和话语的权力。但是，这是社会工作斗争的重要领域，无论是通过单个社会工作者个人的行动，还是通过社会工作者集体以有组织群体、团体或专业协会来行动。

## • • • 2. 私域和公域

正如第三章指出的那样，传统西方对于人权的理解集中于公共领域的公民和政治权利，而忽视了大量的人权滥用，特别是妇女和儿童的权利，是发生在私人或家庭领域。与此相对，社会工作通常将其基础的工作定义在私人或家庭领域，它通常关注的是家庭暴力、儿童虐待和相似的问题，而不是以公民和政治权利的面目出现。

这或许也是为什么社会工作没有认为自己是一个人权专业的原因，也可以解释社会工作者之所以关注人权问题，是因为他们是“关心政治的公民”，而不是因为他们是专业的社会工作者。然而，前面章节讨论的人权方法需要拓宽到私人家庭领域。类似地，上面讨论的社会工作应该同时关注个人和政治将人权和社会工作话语联合起来，强调了社会工作在人权工作中的作用，就像人权在社会工作中的地位一样。

实践要求将私域和公域联系起来，就像将个人的和政治的联系起来。社会工作者坚持认为，对于人权的理解应该拓展到同时包括私域和公域，这很重要，同时他们应该寻找方法去打破私域/公域的传统划分，这种划分已经严重影响追求在私域的人权，因为它被视作“和政府无关的事情”。事实上，关于公域和私域的建构，在将许多社会政策的领域和公共讨论的领域分离的过程中发挥了重要作用，同时也忽视了儿童和妇女的问题，认为他们的问题在那些“非常重要的”讨论的时候是“不需要考虑”的。因此，打破这种划分，与那些受影响最大的人建立对话的关系，这是那些关心人权的社会工作者的重要任务。





## • • • 3. 文化相对主义

关于文化相对主义和人权已经在第四章有了详细的讨论了，所以本章不再详细讨论。但是，对于实践有许多要求，对那些面对违反人权的文化实践的社会工作者来说，这是一个非常现实而紧急的实践问题。围绕文化群体的规范有如下问题：妇女角色、男性的权利和权威、抚养儿童、身体损伤、关爱老人、男同和女同的问题、女童教育、童工、体罚、家务劳动的分配①等等，这些都是在另外不同文化的背景下，一个社会工作者的人

① 这可能与女性主义的观点相联系，如果家庭劳动分配涉及家庭权力关系的体现，如果所有家庭劳动都是由妇女完成，那么，女性主义视这是对于女性的压迫。

权价值所遭遇的挑战，然而自我决定的权利和文化尊严的权利似乎能够解决这些问题。

正如第四章所描述的，很有必要避免一种认为文化是静止和单一的世界观。文化的特征是不断变化和多元的，一个广泛意义的人权的框架让社会工作者理解压迫和人权滥用的发生超越了文化边界，因此，人权和社会公正的斗争应该超越文化差异。与此同时，滥用发生在一定文化背景下，但是，反抗人权的斗争需要超越文化的边界。例如，解放妇女的斗争发生在不同的文化中，这需要为社会工作者所理解。

这样背景下的实践通常是复杂的，需要社会工作者做出艰难的道德选择。但是，正如之前章节所讨论的，应该避免个人主义的社会工作者独立做出道德选择，采取单独行动，应该采纳一种对话实践模式，在这一模式下，道德决定需要所有相关者以合作对话的方式做出，对话是社会工作者和服务对象获得共同认知和共同行动的方式。根据鲍曼后现代主义对于道德的批判(1993，1995)，对于这样一个实践的困境，没有一个权威的“答案”，答案的获得必须通过对话的互相教育。



## 4. 宏观和微观的实践

贯穿本章的讨论都在强烈地暗示，传统的关于社会工作实践的“宏观”和“微观”的划分是人为的，也无利于人权为本的实践。从本书的视角来看，社会工作必须同时关注个人的和政治的，也无可避免地要在宏观和微观两个层面进行。一个社会工作个案工作者不能仅仅只看到“个案”，无论是个人还是家庭，而应将其与更大的社会背景分开，他/她需要把他们的实践超越简单的咨询策略。事实上，大多数社会工作者帮助个人或家庭的能力极大地受到他们在组织系统中工作能力和在团队会议中表现的影响，倡导一系列社区服务，建立强有力的社区支持，这远远超越他/她单独的咨询服务。如果社会工作者想要避免这种保守非赋权的个人主义建构(它通常是造成问题而不是带来解决问题的方法)，他/她需要寻求更集体的行动，与消费群体、同事、行动者和其他专业工作者共同行动。

类似地，一个“宏观的”社会工作者，做社区和政策工作，也不能忽视关于“个案”实践的理解和技能。例如，社区工作者在不同的背景下经常使用交流的技巧，尽管在传统意义上，这并不被认为是访谈。如果一个政策工作或行动者不能与他/她想影响的人进行有效沟通，这个工作者的效率就会遭受极大的影响。

这是显而易见的，事实上这些年许多社会工作作家都重申这一点(Compton & Galaway，1999)。然而社会工作者、学生或教育者都很不情愿去放弃这种宏观/微观的传统划分，与此相对，他们坚持认为其中一个是更基础的。一个人权的视角增加了打破这种二分的动力。为了达成目标，社会工作者需要停止使用“宏观”“微观”“个案工作”和“社区工作”这些术语，拒绝被如此类别化。同时，也需要社会工作教育采取有力的措施去解决这种二分法，无论在什么实践领域，鼓励学生将他们自身的需要在宏观和微观两个层面共同行动。因此，主导社会工作话语的这一基本的转向，是社会工作者面临的一项主要任务。一个人权的框架，强调将不同层次的实践联系起来，应该有助于这个过程的推进。



## 5. 全球和地方

上述的划分是社会工作者长久面临的问题，有许多重要的文献已经在探讨如何超越这些划分。但是近些年，出现了一个新的划分，随着全球化的出现，需要社会工作在全球化背景下去实践。正如第一章所讨论的那样，全球化更急切地要求人权事业，目前所经历的全球化被视作是对人权原则的违背和弱化人权的表现。对应全球化的一个重要的方面就是地方主义，这与国家“空心化”紧密相关(Jessop，1994)。地区层面不断出现新的服务，随着人们发现全球经济逐渐不能满足他们的需要时，他们尝试去建立他们自己的社区为本的替代服务(Ife，2000)。因为这个变化，反对全球化和社会工作实践的重要场景就是地区和全球，因为只有在地方实践，才更有可能带来变化。

地方层面的实践对于社会工作而言并不陌生，但是，全球/地方问题也会给社会工作带来两个重要的新的领域：在全球范围内采取行动，将全球与地方联结起来。如果社会工作要在全球背景下仍将发挥重要作用，特别是如果它视自己为一个人权专业，它就应当在全球范围内采取行动，并且在日常的实践中将全球与地方联合起来，这是未来社会工作发展的优先方向。

在全球范围内采取行动，要求社会工作者参与新的(也不是那么新)社会结构，无论是联合国机构、区域组织，例如欧盟和东盟；还是经济组织，例如世界银行、国际货币基金组织和世界贸易组织；抑或是非政府组织，例如国际特赦组织、绿色和平组织和乐施会。总体来说，社会工作的声音没有在这些机构中得到很好的表达，很明显，社会工作者拥有大量丰富的专业知识去做出自身的贡献，这些重要组织决定着未来人权的发展。此外，全球实践需要社会工作者将哪些处境不利和被边缘化的人们的声音纳入这些组织中。这些声音是很缺乏的，如果人权的目标能够实现，这些声音就必须被听到和承认。

全球化背景下，社会工作实践另外一部分要求社会工作实践不仅仅要在全球和地方两个层面工作，而且要以一种创造性的实践将两者联系起来超越当地/全球的区分。这需要具备将地方问题看作全球问题的能力，认为地方问题只能通过地方和全球两个层面的行动才能得到充分解决，并且需要具有两者联系起来的能力。这当然不可能仅仅由工作者独立行动来完成，这需要他/她在两个层面进行合作：首先，要与那些最受影响的人进行对话(案主、社区等等)；第二，与其他工作者、服务对象或世界上其他地方遭遇相同问题的社区建立伙伴关系。在第三章，儿童福利的例子——将儿童福利和“儿童的权利”问题联系起来超越国家边界，是一个探寻共同解决问题的行动。

在一个不断全球化的世界，如果不这样做，且只关注地方，那么社会工作实践将会越来越脱节和没效率。社会工作者参与对话，与相关人群建立伙伴关系，采取共同行动加入卡斯特尔“网络社会”(1996，1997，1998)，建立和使用他们自己权力的网络来进一步推进人权事业。社会工作的一个人权基础，从其本质上来说是通用的，需要这样富有创造性的全球/地方实践(Lawson，2000)。



# 结　论

本章将许多在之前章节确认的实践原则综合起来，提供一个全面的图景去考虑如何通过社会工作实践来获得人权。

许多这样的原则不是新的，已经在其他的背景下为社会工作者讨论很多了，例如，女性主义社会工作、激进社会工作、批判社会工作、后现代社会工作、反压迫实践(Fook，1993；Fisher & Karger，1997；Ife，1997b；Mullaly，1997；Gil，1998；Pease & Fook，1999；Healy，2000)。类似地，这样实践中的大部分社会工作技能都不是新的，尽管它强调特定的活动、大量实践方式的目标、全面建构的社会工作任务或许是不同的，但是，人权为本的社会工作并不需要社会工作者付出比他们已经做得更多。

当然，技能随着情境不断变化，因此像本书特别将"如何做"人权为本的社会工作单独分割开，既不合适又有误导的嫌疑。正如本章所探讨的，实践原则代表着一个约定俗成的范围，真正使用的实践和过程将会因为不同工作者、不同的组织位置和不同的文化和政治背景而变化。



本章的原则可以轻而易举地在特定的实践背景下使用。例如，一个人在考虑一个涉及原住民家庭、一个农村社区的儿童保护案例，需要考虑他们的经济基础已经被更大范围的农业公司所侵蚀，一个患有老年痴呆症的老人需要居家照料服务，一个工人因为经济危机而失业，发生在不同文化背景下的对立持枪团伙的街头暴力、家庭暴力。在每一个案例中，人们都可以追问人权问题，这些权利如何被清晰地表达？这些权利如何能够以一种真正对话的方式获得？这些实践原则如何被使用？都存在特定的困难与挑战。

还存在另外一个层面的问题：人权原则如何引发社会工作实践？本章强调社会工作作为一种实现人权的方式，但是正如我们已经讨论过的，方法和结果不可分割，因此，去检验人权原则，对于社会工作实践本身的影响是很重要的。这是下一章所探讨的主题。

## 进一步的问题

本章探讨的主题所能引发的主要问题是怎么去做联结：个人的和政治

的之间、宏观和微观之间、个人和公共之间、地方和全球之间、需要和权利之间，等等。本章所探讨的原则需要一个整体思维而不是线性视角，这需要同时解决很多问题，不可能每次只解决一个问题，而是要将所有问题“按顺序排列”好等待解决，需要不停地从一个问题转向另一个问题，不断地追问不同的问题，不停地建立联系，需要社会工作者拥有一定水平的心理激情。这是一个不断追问的过程。人权不会提供简单答案，而是引发艰难的问题。一个社会工作者如何时刻铭记这些？这个问题的答案，至少在这部分，在于人权实践的探讨，这将是下一章的主题。

# 第十一章

# 尊重人权的社会工作实践

前一章讨论了如何通过社会工作实践来实现对人权的保护。而在这一章，重点关注的是社会工作实践本身，即社会工作实践这一过程，而非结果。如果社会工作是一种关于人权的专业，并旨在通过实践实现人权，那么，靠其职业本身的运作方式来观察人权原则和不违反他人的人权是至关重要的。

在前面的章节中，许多原则的确立已经讨论过了。例如在第七章，就伦理和人权而言，并没有从人权的角度来考察社会工作实践本身。本章的重要原则是我们尊重他人的人权，允许其最大程度的自决和在充分了解自己的基础上自我控制。案主自决这一原则被运用于社会工作实践中，但该原则更多的是运用于案主生活，并非社会工作实践本身以及社工的实践方式。为了符合人权视角，该原则必须运用于社工与之互动的所有人群——案主、社区成员、同事、管理者、督导、学生和其他专业人员。





## 社会工作的语言

为了符合人权体现为话语的理念，审查社会工作的语言是十分重要的。通过使用特定的语言词汇，例如，“督导”“专业”“案主”等等，社会工作者在某些方面共同构建他们的工作，而这些方面常常带有对人权的影响。

### 1. 标签案主

到目前为止，在我们的讨论中，“案主”一词的使用已经没有批判性，尽管这个词是有问题和富有争议的。该词被广泛应用于社会工作，意味着处于特殊地位，是在一定范围内和社会工作者互动的个人或群体。“谁是案主？”这个问题成为社会工作教育机构案例讨论的核心。为什么案主的身份如此特殊？为什么这些人要被单独讨论？为什么对

"案主"的界定会成为如此重要的问题？在它最初的含义里，"案主"意味着自愿雇用专业服务来满足其需求，控制着服务的性质与范围的人。在多数的社会工作实践中，现实与理想的定位还有很大差距。在许多情况下，案主没有对工作者、服务的性质、限制服务的规定和评估的选择。事实上，在社会工作中，这个词的含义已经发生了很大变化——"无意识的案主"这一术语被经常使用，而"案主"不再具有原始的意义，该术语成了一个矛盾体。相反，"案主"一词意味着依赖或处于相对无能地位的人，在某些情况下，建议用"消费者""顾客"来代替"案主"，因为这些词意味着更多的自主权和做相关选择的自由。但是"顾客"这个词也有其他内涵，并且与市场意识形态太相关而不能使许多社会工作者安心，而"消费者"这个词作为一个预包装"产品"，只强化了相对无能的人的处境。





在当前西方社会实践背景下，我们可以认识到四种相互竞争的服务人类的资源——管理、市场、专业和社会(Ife，1996b)。它们都有自己特有的术语来形容那些正在接受或受益于人类服务的人，分别为"消费者""顾客""案主"和"市民"。"案主"这一术语作为专业话语的一部分，在人类价值观的指引下，意味着获取智慧和专业知识的方法在本质上是自上而下的，但有一个假设前提，即专业是拥有卓越的知识和技能，且都用于服务案主。这样的做法在某一层面是符合人权的，因为专业实践的价值基础是基于人权的重要性而建立起来的，但在另一方面它其实违背了人权，因为它低估了案主的智慧，因此这种"禁用"的做法被描述为伊里奇(Illich et al.，1977)，这在第十章已讨论过。

在其他地方我一直提倡，社会工作应采取社会话语并以这样一个视角开展实践为目标，因为这与社会工作的价值基础更一致，并从长远来看更可能有效。这将需要放弃"案主"一词的使用，因为它在很多社会工作情况下都过分标签了案主。这样的重新规划，将与人权的做法更一致，在专业话语上构建"案主"的含义。相反，社会工作者可以谈论"人民"或"公民"，事实上，后者是特别符合人权为基础的做法，因为它意味着公民权利需要得到保证，尽管有些只发挥了有限的作用。例如，当和寻求避难者一起工作时，他们并不是"公民"，也没有所谓的公民权利。因此，在社会工作实践中，体现人权的工作方式是放弃或至少限制"案主"一词的使用和摒弃所有随之而来的关联。

## 2. 干预

从人权角度来看，另一个常见的带有令人担忧的含义的社会工作术语是“干预”。这个词在20世纪70年代被广泛使用于社会工作，当时系统理论盛行(Pincus & Minahan，1976)，个人、家庭、机关、团体等都作为“系统”被分析，而社会工作者的角色是介入这些系统进行干预，从而带来改变。虽然系统理论的影响有所下降(而较少宏伟的“系统视角”仍然是流行的)，但是“干预”一词一直被保留着。一个社会工作者“介入”的想法有两个方面的问题。首先，它将社会工作者定位于相互作用发生的外部系统。你不能真的“介入”内部，这个词意味着外部代理人采取行动来解决的事情，然后结束离开。这削弱了社会工作者对于她/他的工作对象的认同，并没有将社会工作者视为整体的一部分。这使得对话的实践变得困难，因为社会工作者并没有被看作是操作过程中的合作伙伴，而更多的是外部专家。其次，所有的行动都被视为是属于社会工作者的，是社工做的干预。这使得行动成为社会工作者的单独行动，通过“干预”，负责带来变化，而他人产生影响的作用减到最小。因此，这强化了个人主义实践者的角色(我能怎么办？而不是我们能一起做什么？)。因此，反映到“干预”的服务理念，就变成将那些弱势群体看作是社会工作者的专业介入的被动接受者。这反射了“干预”是一个自大的想法，表明它与人权角度的不兼容和并没有将案主真正的人权价值作为积极的一部分参与到变化的过程中。

因此，作为人类维权的社会工作者，如“案主”一词，“干预”也应该被重新审视。事实上，当一名社会工作者发现他/她使用某一个词时，有必要严重质疑它的含义，以及它的使用在实际上是否是符合人权的实践方法。

## 3. 军事隐喻

军事隐喻在社会工作方面的运用是广泛的，尤其在社区工作方面，并在很大程度上被忽视和不被承认。这不难想象社会工作者经常使用的词汇清单实质上是起源于或与军事活动有关联的：

- 战略
- 战略性
- 战术
- 战术性
- 战役
- 目标
- 加入战斗
- 赢得这次战斗，但输掉战争
- 打后卫行动
- 撤军
- 包抄
- 操纵
- 参与
- 脱离
- 联盟
- 游击战术
- 联手
- 志愿者
- 作战计划

这样的清单必须提出这样一个问题：为什么一个明显是致力于社会正义和人权的职业，竟然乐于借用暴力机构的词汇？这本被看作是与许多社会工作者的价值观相对立的。它确实不符合社会工作建立在非暴力基础上的想法。虽然我们可以认为上述诸多术语随着时间的推移和专业话语的重复使用而失去了原有的军事内涵(例如，它们广泛应用于管理术语，可能是因为它们容易与效率的概念、竞争、“赢”的重要性相混淆交叉使用)，但这种说法忽略了有一定内涵的语言的重复使用，会使特定的世界观无意识地强化。

我们需要记住，性别歧视语言的影响没有得到关注，直到女权主义批评家们吸引了公众的注意，在此之前，性别语言似乎是无害的和良性的，而这现在被认为是排斥的和受压迫的。也许需要同样对付军国主义的语言，这种语言使我们构建实践(实际生活)，就好像它是一场战争，充满暴力、冲突、对抗、赢家、输家和伤亡，这些都视为给定的，它似乎与本书的基于人权角度的描述很难兼容。

因此，人权的社会工作方法建议，我们不是故意不使用军国主义的隐喻，而是有必要更加意识到我们使用的语言正在影响社会工作实践的构建。这尤其适用于社区工作领域，诸如“战略”“策略”“活动”等词都是很常用的，而《阿林斯基》(1971)写的军事隐喻所产生的影响可能比任何其他社区工作的作家产生的更强烈——到现在，这种影响仍然可以感觉到。





## 4. 督导

督导在社会工作中是非常重要的，它是专业发展和能力实践的一个重要组成部分，并得到特别关注。专业督导的方式将在本章后面讨论，在这里讨论的是这个词本身的使用问题。

毫无疑问，许多督导的目标是重要并且富有价值的。社会工作者是(或应该是)一直学习的，并反思同经验丰富的同事的实践是有显著价值的。然而，“督导”这个词的内涵远比自身更广。从词的表面意思来看，督导是一个监工，是指拥有优越的地位和权力的人，他比被督导者更知道如何完成工作，并且应该告诉被督导者要怎么做。这里面有强大的控制和监测的成分：工作者的工作被严密监测，如果督导纠正出错误，那督导的正确性是不被质疑的。

隐含的近距离观察和监测表明了权力的行使、控制和纪律，这本身符合福柯式分析(Foucault，1991)。鉴于此，有趣的是，“社会工作者”本应该附加到这个词中，虽然它可能被理解成更良性的意义。我们需要思考该词在专业中的使用是否表明更多对于进程的控制，以及它是否真的只是一个显然更受人尊敬的版本的福柯描述的“圆形监狱”。更“高级”、更有经验的社会工作者和教育工作者行使权力并控制经验较少的工作者或学生，从而使他们不断受到监视。福柯描述的监测还强调维护个人隔离下的监视，这与传统方法所说的监督相似。通常，个体的监督，即一个工作者和一个主管之间至少是一个私密的交流，而不是集体分享的经验的概念。

它必须重申，这不是谴责一切“督导”名义下的社会工作，这样做将是荒谬和幼稚的。相反，它是关于单词本身的使用问题——识别潜在的人权使用和创建问题，并因此寻求可能更适合的其他词来形容“专业督导”这一过程。这个过程本身与这个词的表面含义不同，下面将进一步讨论。

## • • • 5. 专业

在社会工作的专业主义中，已经有相当多的文献，而社会工作将自己定义为一个专业是否合适(例如，Ife，1997 b；Pease & Fook，1999；Healy，2000)。目前讨论的重点是这个词本身的意义。“专业”一词的使用，即社会工作的自我界定对社会工作者的人权是否有影响？专业已经被许多作家批评，因为不恰当的专业力量的运用会成为某种控制(Foucault，1970；Illich et al.，1977)。如果是这种情况，专业主义会有重要的人权意义，而事实上，“人权专业”这个词将会是一个矛盾。如果很“专业”的想法带有消极的做法，那么它在本书中是不符合人权的角度的。在这种情况下，社会工作者越早停止认为自己是专业人士就越好。



反对的观点则认为，社会工作专业主义带来了巨大利益，并且使社会工作者更有效地在其专业地位下完成工作，促使其改变。这也能使他们更加独立，给他们一个强有力的理由相信他们不应该总是盲目遵循管理者、官僚和政客的命令。从这个角度看，社会工作者放弃他们的专业地位意味着将自己放在一个弱势的地位来实现社会正义的目标。同时，遵守这个专业需要一定标准的实践能力和道德行为，这显然也是重要的。

使用“专业”这个词来描述社会工作和社会工作者是有争议的，既有优势又有问题的。从人权的角度看，意识到在权利关系和专业主义下，拥有社会工作者暗示着优越的专业知识的假设是重要的。社会工作者比案主有特权并在与案主的关系中剥夺其权利，这与人权的原则是背道而驰的。如果“专业”这个词是用来描述社会工作或社会工作者，那么，确保它是伴随着一个适当的权利分析来保护弱势群体的人权是必要的。同样重要的是，我们要问在什么特定情况以及为什么的情况下，“专业”或“专业主义”这词会被使用。很可能是有恰当原因地使用这些词语，但也可能是盲目和过度使用，从而站在人权的角度看，是明显侵蚀了人权的。

这里只有在少数情况下社会工作的语言是可能反人权，读者无疑能识别这一点。简单一点，语言是强大的，语言有助于定义和加强权力关系，如果社会工作者要在人权实践上达成一致，就需要对社会工作学科语言进行批判性的分析。

## 社会工作的过程

社会工作有广泛的实践方法。在这里，没有足够的空间对其一一列举，但一些常见的社会工作实践的测评能够保障人们的人权原则得以实现。





### 1. 面谈

面谈一直被视为社会工作的中心方法，尽管大多数社会工作者在正式与案主的见面接触中只花费了一小部分时间。在社会工作教育课程中，人际交往关系技巧往往等同于面谈技巧，尽管社会工作者的人际交往技巧不仅仅用在面谈中，也用在其他互动中。的确，社会工作中的面谈在整个社会工作方法的范围中有着特殊地位。

社会工作面谈通常是在不平等的权利构建条件下进行的，人们普遍认为社会工作者在面谈中往往控制着整个局面。如果社会工作者没有控制局面，就被认为是缺乏能力的表现。如果案主失去控制，则是对工作者的又一挑战，工作往往通过对案主的面谈时间等进行限制来达到控制的目的。

面谈被认为是一种不平等的关系，在这种关系中，讨论和行动的焦点都是为了满足案主的需求。尽管在交流中社会工作者是交互控制着，但这样的目的是为了迎合案主的利益。如在第三章所讨论的，当社会工作者声称自己的工作是“为他人的利益而战”时，人权警钟应被敲响。传统的社会工作面谈是以这样一种方式构建的：它是一个由他人设计，为维护他人利益的一个过程。

尽管有着自决和赋权的言辞，然而社会工作面谈常常起相反作用，它强化了案主与工作者之间不平等的权利关系。这已影响到维护人权的社会工作者，面谈作为一种社会工作方法，常被看作是侵犯案主的人权，在社会工作者相反的语言表达中，带有更多的欺骗元素。

这并不是说，所有的社会工作面谈都是压迫和侵犯了案主的人权。这显然是夸张，侮辱了许多在面谈中持不同观点与行为的社会工作者。当然，它也表明社会工作者在传统的框架内“面谈”不利于追求以人权为基础的实践，这种结构会增强那些不进行思考的社会工作者的压力，并且还会涉及对重要人权问题进行“面谈”的方式。

为了解决这些问题，需要在案主与工作者之间建立一个相互交流的机制，而不是单纯地使用面谈。这样，社会工作者就可以很容易地与有关人员进行“对话”与“谈论”，这将会消除在面谈中经常遇到的特殊社会地位所带来的影响；社会工作者与同事、督导、其他机构的工作者、专业人员和学生等聊天对话，虽然面谈通常是指与案主进行的对话，但在其范围内，这个词暗示了更多——与案主互动的定义、其分配的珍贵的“面谈”名称、其他对话中社会工作者在工作的过程中除去不必要的个人特权，这也有助于使用其他语言来描述它。

在面谈(或对话、讨论、聊天，或者无论我们选择其中的任何一种)中，如果要使人权得以维护，就必须按照一些原则进行操作。最重要的是，案主的权利在任何时候都应该得到尊重。这包括自由表达意见的权利、沉默的权利、被尊重的权利和尊严，还包括交流中的一些权利：它的持续时间、谈话结构、使用语气、所处地位等等。

鉴于时常会有案主(通常这不太可能是第一次接受采访的人)初步的感知就是社会工作者是有优越地位和知识权力的，有必要让社会工作者努力地将与案主的讨论方式进行交流，或至少将它开始——例如，问案主在对话中他/她希望得到什么(然后寻求对话中的共同目标)，问他/她有多少时间，问他/她是否愿意到楼下咖啡厅见面，核对案主想要如何解决问题，等等。这样的评论代表了不同的方式，社会工作者可以尝试脱离传统的面谈来寻求更多的平等对话的关系。

当然，这并不是什么新鲜事，这样的事情一直是很多社会工作者的实践的一部分，同样，一些社会工作者强烈维护面谈中“专业距离”的重要性。

但从人权的角度看，为了尊重人权和进一步发展专业关系，社会工作者采取这样的行为(尽管不一定完全是这里描述的形式，这取决于情景)是必要的。

## 2. 小组

所有的社会工作者都是在团队中进行工作，通常被称为“小组社会工作”，是指一种团体，包括那些潜在案主或社区成员在社会工作者领导或促进的作用下形成的。但社会工作者也有许多在其他组工作的情况，例如，团队会议、案例会议、行动小组、管理委员会。“小组工作”一词的构建暗示着一种团体类似于“面谈”所构建的一种形式的人际互动，都倾向于限制社会工作技能的适用性；正如人际交往能力往往仅在面谈时使用，小组工作技能往往是在社会工作者领导或协助的小组下使用。

从人权的角度来看，在小组工作中，最重要的是要努力做到民主和参与，而不是从事或支持、限制实践，以及通过一个或几个成员增加对小组的控制。就像社会工作者被期待在面谈中控制局面一样，小组工作者也经常被期待控制小组。当然，这鼓励了控制功能，也违反了人权理念和在小组内的言论自由、自主等权利。就像在更大的社会，他们有言论自由的权利，也意味着他人的言论是自由的；同样，在一个小组，对于自我表达民主是不认同的，那么也会忽略小组里所有其他成员相同的权利。

有很多方式可以促进小组参与和民主进程(Gastil，1993)。社会工作者，特别是小组和社区工作中有经验的工作者，对于尊重他人的原则十分熟悉，允许所有成员说话，主张共识决策。不幸的是，通常，社会工作者似乎能够应用这些原则在处理案主而不是处理同事或其他专业人员上。这样的做法十分普遍。然而，这是维护人类社会工作权利的一个重要组成部分，因为它有效地保护和确认了小组成员应有的权利。如果在社会工作小组中不能充分保障和实现这些权利，在社会中就不太可能实现社会工作者的人权目标。

## 3. 社区过程

社会工作与社区过程还需要确保其实践尊重人权，包括给予他们充分实现人权的机会和尊重他人的权利。这是社区工作所特别关注的，尤其是在文献中，旨在寻求非暴力方法，共识决策和赋权。在这里，无法一一细说这些方法如何在社区工作文献中被淋漓尽致地使用（Shields，1991；Nozick，1992；Craig & mayo，1995；Ife，2002；Kenny，1999）。

然而，社区工作的某些方面并不符合人权框架，其中包括起源于“战争”的社区工作方法作家，他们受《阿林斯基》（1971）作品的影响。正如我们所看到的，这些方法用军国主义的隐喻来定义“赢家”和“输家”，为了实现这一目标，任何手段的暴力等可以被认为是相对合理的。这样的社区工作可以很容易地欺凌人权和做出不符合维护人权的社会工作。

不过，还有一种更微妙的标准可以判定在社区工作违反了人权，通常意味着可以被视为服从于极端的或明显的形式，而不是阿林斯基的社区组织。频繁呼吁社区组织在某些情况下要“自律”，为了好的“战略性”的理由（注意，再次使用了军国主义语言）。尽管这种方法通常主张，因为一些常识（例如，需要媒体和公众方面的意见），他们也可以轻易否认一些参与者的人权，例如，不允许每个人或一个代表团在会议上发言，因为“战略”需要保持行动的专注，或阻止人们采取极端行动，因为它可能会随之带来负面宣传。





成功实践的关键是确保决定，例如，限制人民参与某次会议的决定，不是一个孤立的、由一个工作者或社区领袖所做的，而是通过这样一个决策民主，即通过充分协商和共同决策所做出的。从维护人权的角度看，这样做出决定而后整个小组进行裁决，人权便可以得到保障与增强。

## • • • 4. 规划

在许多西方社会盛行的对于人类的服务提供的管理方法之一，是对于规划的痴迷（Lawler，2000）。社会工作者花费很多时间来规划，如：战略规划、指示性计划、运营规划、业务规划、企业规划、定义目标、指定目标、定义结果、准备工作计划等等。

在一个后现代的世界，追问为什么花那么多时间在规划这样一个典型的现代主义活动上是很重要的，这假设了一个理性、有序和可预测的世界，所以，后现代主义者会认为这是现代主义的臆想。不可预见的事件可以即刻呈现最好的计划是多余的，从而浪费了数不清的准备计划的时间。然而，管理的回应，通常是实施更多的规划方法、规划课程和理性主义的解决方案，这与非理性的世界是无关的。

在某种意义上，它是唯一的自然试图施加某种形式的秩序并且预测混乱和混乱的社会工作者实践的世界，它代表了一种使一个不可能完成的任务似乎更易于被社会工作者和其他组织管理和控制的方法。但西方启蒙，它是一个典型的父权和现代主义的解决方案，寻求实施控制和秩序，从开发的角度来看，这本书不太可能获得巨大的成功。事实上，许多社会工作者是高度怀疑此类规划流程的价值的，并且在一些组织中，有经验的社会工作者是如此忙于参与规划过程，甚至几乎停止了他们实际上应该做的事。关于案主或同事的经验无法联系到工作者，因为在规划会议上这都太相似了。




从人权的角度来看，对于规划，最重要的事情是它可以削弱变革人权的可能性。事实上，规划范式需要清晰定义目标或结果，这常常是因为项目需要资助。问题是，这通常发生在社会工作者甚至案主或社区这些需要与之工作的对象上。这并不有利于对话的实践，事实上它直接否认案主或社区自决的权利，会导致一个社会工作实践服务的设计和实践没有服务对象的参与。

但这个不应该作为一个总规划遭受谴责的理由。对社会工作者来说，那些与他们合作的人、他们的工作方向、他们希望实现的目标，以及他们如何能够到达目的地都是有价值的。但是这个不需要进行刚性约束的“商业计划”或文档的细枝末节去指定目标在哪里。最重要的是，需要体现规划过程中最有可能受到影响的人，换句话说就是案主。人们可能会问有多少社会工作机构在规划的日子涉及客户（不只是流于形式的方式），并真诚地确保在他们的拟订资金计划及其结果中完全听到案主的声音。这无疑是真正基于人权原则的社会工作的要求，否则就是违反了案主的自决权利（Fattore et al.，2000）。

旅行的隐喻可以用来描述社会工作的两种方法：一种是已知旅行的目的地，后定义路线，使用地图，并保持预定的时间表；另一种是发现的旅程，我们不知道我们要去哪里，或者最多只有一个模糊的想法，路线在很大程度上是未知的，我们不知道旅程需要多长时间。第一旅程，一个意想不到的小插曲便会是一个麻烦，扰乱我们的计划；而对于第二种，它是一个机会，让我们去新的地方学习或体验不同的东西。第一旅程，目标是到达，旅行本身就是一种分心。而第二旅程，到达几乎是次要的：其目的是探索、体验、学习，旅途本身就是享受和珍惜。有时候我们需要第一种旅程，有时候我们需要第二种。

可以说，社会工作，像许多其他的活动，集中了太多关于旅行的第一目标导向型而忽视了发现之旅的重要性。然而，正是后者，只有非常有限的规划，才是以授权的本质为基础的社会工作，我们寻求创新的选择替代压迫和非人性化，从而影响工作者和案主是必要的。这是对话的实践历程，社会工作者和案主可以同行。这是一个更难、更少预测性和更危险的旅途，但最终我们没有逃避，除非我们想被困在僵化的、范式的理性主义的做法，而这已然明显无法满足社会正义和人权的目的。只有开始这样的旅程，社会工作者可以真正尊重案主，即他们的工作对象的自决权和人权，从而在整个范围流动。



## 5. 管理

很多社会工作者发现自己扮演管理的角色，因此，必须追问是否可以实行管理等方式来促进人权的尊重。在某种程度上，这可能会遭受质疑——管理的想法似乎象征着控制、监测和控制，并不是前面所讨论的“督导”。管理话语似乎体现着管理者的地位优势，意味着一个不平等的权力关系，至少是有压迫实践和否认人权的可能。事实上，管理主义的话语一直在批评这些理由(Rees & Rodley，1995；Ife，1997 b)。然而，社会工作的现实是管理的职位将继续存在，一些社会工作者将填补这些岗位，所以，有必要思考一种管理方式能尊重和进一步促进人权。

当然，管理不是只有单一的方式。它有许多不同的方法，以及对什么是“好的管理”是有争议的(Jones & May，1992；Harlow & Lawler，2000)。代替简单的否定和批评话语(尽管这种批判管理需要强化)，去考察社会工作者在管理岗位的实践，从而发现自己所从事的促进人权事业是很重要的。

这种做法的关键是要确保它是建立真正地参与和对话的结构及过程，所以，它不是合法管理者的话语权，或者管理者行使他的权利来压抑或否认其他参与者参与的一种方式。管理者可以参与和对话，只要管理者采取步骤来创建所涉及的他人的参与空间，不寻求使用潜在的不平等权力关系来支配或控制。实现这一点的方法之一是管理者要非常清楚，他/她也处于学习和成长的过程中，智慧在于她/他管理的人民中，这个过程不会是一个单向的知识转移。因此，对话的关系可以开始建立，虽然是社会工作案主的关系，但有必要采取具体步骤来重新定义初步建构力量失衡的传统形式的权力关系。

当然，有时管理者觉得有必要施加权威。例如，在故意违反机构政策的情况下，失职渎职、犯罪或有不道德行为。这类似于一个社会工作者认为，他/她必须“为他人最大利益”而采取的行动，这也意味着只有工作者最清楚什么才是最好的利益。有时它是合理和必要的，但也应该承担部分管理者的谨慎和深刻的道德痛苦，因为掌权的诱惑本身满足了管理者的需要，并且在过去的很多场合，这种知识的权力被广泛滥用。这些问题对于社会工作来说具有重要意义：这样的决定是否能够保障或提升人权？这是基于防止更广泛和更重要的否定人权或滥用人权的正当理由吗？这样的问题是不容易作答的，管理者的作用在这个意义上更是作为直接服务工作者的角色而进行一种持续的道德斗争。另一个重要的原则是，这个决定是更好地共享，并采取对话和与人合作。

其他管理实践也能支持或阻碍人权发展。引进和组织实践，最大限度地提高工作者和案主参与决策支持是一个重要的举措，需要通过人权进行导向管理。在组织背景下，这可以用不同的方式来实现，此处不作详细描述。良好的工作制度、职业健康和安全措施、儿童保健的提供、残疾人的访问和灵活的以个人和家庭原因请假的规定、产假和父母的离世、工会的关注和支持，以及消除歧视性政策和做法等都是重要的方面，管理者可以在这些工作场所支持人权。

以上讨论都集中在管理者尊重工作者的人权的责任。然而，社会工作的管理者也有明确的责任来制定政策和程序，以尊重并深入服务对象的人权。这包括，确保所有服务对象的尊重和尊严，让他们有最大的机会来控制和指导他们所接受的服务，同时也反馈给组织，以提高服务的质量。本书提出后，它还涉及确保代理程序要符合人权标准的。例如，它可能对于人权为本的管理者努力重新谈判资助协议是重要的，以至于结果不在程序开始之前就被严格地指定，而是要确保参与者能在获得确定的结果时有真实的部分，还能同工作者和案主自由地进行对话性的工作。

## 6. 边界

专业界限的想法已在社会工作建设中占有一席之地(Ragg，1977)。一个人个人的和职业的生活之间的界限通常被视为需要被强烈地吸引和保持的，这仅仅是两个理由。首先，这个职业的尊严和自己的专业实践，是需要清晰的边界的。如果个人问题被允许进入职业生活的话，那么，一个人的职业判断将会是乌云密布，将自己的需求而不是服务对象的需要作为考虑的结果。专业的和个人的行为是不同的；在一个特定的情况，可能会非常不同，作为一个专业的社会工作者定会胜过一个普通的人。如果边界不能清晰地展示和维持，一个社会工作者的行为在工作场所很可能“不专业”，或者在家扮演社会工作者，让朋友和家人恼怒。





专业界限的另一个理由是在工作者的心理健康和利益下的，以防从事压力大的工作时的倦怠心理。一个清晰的边界可以使社会工作者有一种平衡的生活，可以有权利过社会工作之外的生活，这也是人权视角的重要组成部分。世界人权宣言第 24 条规定：“人人有权享有休息和闲暇，包括工作时间的合理限制等等。”

然而，现实并非如此明确。根据工作的性质和特定的工作对象，不同的工作者会以不同的方式定义他们的边界。因此，一些社会工作者不会同意允许案主到他们家里，而对另一些人来说，这将被视为很自然的和可接受的。社会工作者可能达成边界的重要性，但他们不会同意这些边界应该在那里，事实上大多数社会工作者可能会认为世界上关于练习这些事情，不能严格地做出规定。

对于一些社会工作岗位，边界必然是在非常不同的地方。例如，在一个孤立的农村社区，社会工作者不可避免地会在当地的商店、周末在足球场，或者其他任何地方遇见她/他的案主，而无论她/他想怎样避免这种联系；社会工作者被迫划出边界，而不同于一个工作者在一座大都市。社会工作者在社区发展不可避免地更模糊了界限，特别是生活在社区的职工。一些社会工作设置不适于描绘刚性的个人或专业界限，除非工作者向往一个隐士的个人生活。但在其他设置方面，建立清晰的界限在利益保护案主和工作者的权利下可能是必要的。

在某些情况下，清晰的界限可能被视为工作者和他/她一起工作的有效距离，并因此失去权利的。一些社区发展的方法，例如，印度的甘地的模型作为练习(Gaikwad，1981)，要求工作者完全参与和融入社区。据称，只有这样，才可以实现其真实身份；一个社会工作者不应该允许“逃脱”去换取更为舒适的生活方式，而应当要求和他试图要帮助的她/他一起生活。

不同的文化背景也会参与的不同定义边界。事实上它声称严格分离的专业和个人是典型的西方化，对于更全面的世界观下的其他文化传统是没有任何意义的。本土社会工作者、一些非本土工作者与当地社区合作，很可能有这样一个实践观点：怀疑严格的个人和专业之间的界限的有效性。

也有证据表明，社会工作者认为他们的边界是透性而不是刚性的(Zubrzycki，1999)。工作者将愿意承认他们利用他们的个人见解经验(如，作为父母、伙伴、兄弟姐妹)来丰富他们的社会工作的理解和实践，同样，他们将承认实践可以丰富他们的私人生活。因此，不是一方阻塞另一方，而是相互渗透的：工作者需要控制的是允许在哪个方向可以越过边界，哪些是保持在另一边的。

然而，边界之间个人的和专业的想法，是有争论的，在不同的情景下是非常不同的。目前的问题是如何从人权的角度界定边界的问题。人们的一个担忧是，通过清晰的界限之间的个人和专业社会工作者是禁止从事一个真正与案主对话的关系。事实上，允许、鼓励或要求案主在关系中让她/他成为自己，但是，社会工作者需要以专业的形象，将她/他的一些人生经验界定为“界外”。

这不仅可以影响真正对话的发展，它还可以防止移情的关系的建立，并可能防止社会工作者做一些允许对案主做的事(如，在文化中是可以接受的行为，关于身体接触、使用缩写的名字或昵称、家庭访问，或交换礼物)。如果社会工作者认为无法全心全意投入其中的话，案主最佳标准服务的权利可能因此无法实现，并且，进一步发展人权议程的能力可能会被严重削弱。

更重要的是，也许社会工作者建立的专业边界可能被视为将工作者和案主定义为不同类型的人(暗示社会工作者的一部分优势)，以及社会工作关系不平等性。这一点，正如我们已经看到的，从人权的角度来看，它可能会导致案主的权利关系(如隐私权)是明显不同于工作者的权利关系。

## • • • 7. 督导

“督导”一词的使用，之前已经在语言上讨论过了，这里我们关心更多的是督导的实行。在之前的讨论中，督导有许多重要的好处，然而问题本身可能是：对于社会工作者来说，与经验丰富的同事一起实践的批判性反思是重要的。良好的“督导”，如果它能克服关于这个词的内涵本身的严重问题，对于参与其中的人来说，例如督导者和被督导者是可以对话的。有以下两种可能，是为了自由的限制和监督控制，使其潜在的人权成为对话式的和支持性的。

一种可能是将督导摆脱传统个体构建，往往赋予个人问题，在个案社会工作中导致“怪罪案主”是常有的事。团体督导(Hawkins & Shoher, 1989)允许更多的互动、更多的观点表达和更多的智慧共享，不过，团体动力学的负面影响可能会导致额外的问题。这可能并不是一个理想的解决方案，但有时它可能是值得考虑的。

另一种可能性是社会工作者让她/他有更多的选择来决定希望谁成为他们的督导。个人兼容性、意识形态或理论共识、业余爱好和年龄或性别等因素都将进入督导的关系。一个成熟假设是，任何高级社会工作者都能够成功督导初级的社会工作者。对于一个被尊重其人权的社会工作者而言，分配一个导师的选择不应该单独出于管理的决定，也应包括有关工作者和主管们的潜力，这样的组合会比其他人更好地进行工作。

同样，可能承认的是，并不是所有的社会工作者的督导需求可以由一个主管得到满足，使用不同的督导能满足不同的目的。或者可能由其他方式的督导带来的好处得到更好的满足，例如，通过对等组、邮件、导师系统或撤离。这些都代表了潜在的方法对于一些督导的人权问题可能得到解决。但是，他们没有将普遍适用的事项进行协商，也没有与特定情境下的有关特定行动者协商。当然，最关键的要素是构建督导，“督导”至少等于控制，而“主管”可以从他/她学习和发展方面的对话过程中成为一个积极的贡献者，从而解决控制和督导的人权问题。

# 社会工作结构

本部分讨论社会工作者所工作的结构。社会工作者不仅仅是传递服务，他们也在机构中工作，作为专业的一部分。社会工作的一部分角色是确保这些社会工作机构和专业结构是基于人权原则的。

## 1. 服务对象的角色





如果社会工作者要实践本章开始所提出的原则，即人权的实现需要最大化的自决，这需要社会机构采取行动。服务对象通常不会得到充分的询问影响他们的决定的因素，这个问题由于不断强调管理主义而变得更加严重，案主自决的理念只适用于服务对象决定他们的生活的选择，而不适用于他们在机构中的角色。这样的赋权可以在不同的地点、以不同的方式实现——什么是合适的，什么是可能的，随着不同的机构背景的变化而变化——但是接下来的这些概念值得我们去考虑。

一个服务对象选择他/她的社会工作者的能力是有限的或者说是没有的。社会工作者也是分配给服务对象的，在此之前，他们通常也没有与服务对象交流。决定通常是基于什么样的社会工作者能够“最大化”地满足特定个人需要的评估，但是在多大程度上由他/她自己参与这个评估呢？在很多情况下，他/她不知道是否存在特定的社会工作者，但是，他们仍有可能会去表达他们对于一个社会工作者特定特征的偏好——性别、年龄、种族等等，或者特定的经验或实践的取向。一些情况下，服务对象如果了解社会机构中的一些社会工作者，他们就可以表达他们需要或反对什么样的社会工作者参与到他们的服务中。服务对象选择案主的方式会受到不同机构因素的影响，最大化这样的选择是作为通往实践人权的路径。

督导的问题已经在本章有所探讨，但是，关于案主在督导社会工作者的过程中所扮演的角色问题还需要继续讨论。我们只认为督导只是发生在两个专业人员之间，但是如果我们真的考虑社会工作的人权视角，努力最大化服务对象的权利，那么，服务对象对于社会工作者的督导就是自然的结果。毕竟，服务对象比所有人都了解社会工作者有效的“专业”服务是如何发挥作用的，与社会工作者一起反思工作实践，帮助服务对象探索职业发展路径。许多机构都通过询问和访谈来获取“服务对象反馈信息”，但这是一种消极的反馈，机构或社会工作者基于他们的考虑可以接受或忽视这些反馈。“督导”过程中，服务对象应该持续不断地与社会工作者通过反思性活动来扮演更加积极的角色。

这样的服务对象参与不仅仅需要，事实上也不应该仅仅局限于督导的过程。在任何机构背景下，都需要考虑服务对象在选择社会工作者的过程中的作用，包括选择发展指标、招聘过程、实际访谈和选择小组。虽然有时有充分的理由去限制这种参与，但基于服务对象群体的特征和机构的使命，从一个人权视角来看，案主充分而积极地参与选择的过程应该是常态，机构管理的责任不是要去解释为什么在特定的情境下这样的实践没有被遵守，而是应该去促使这样的实践发生。

这个原则不仅仅适用于一开始的选聘与招募社会工作者，也适用于对绩效考核、晋升、管理岗位分配和其他涉及社会工作雇佣的过程。实际上，这就让社会工作者的选择，正式取决于服务对象的需要，因此，服务对象成为机构的经理。这就是社会工作人权赋权为本实践方式的自然结果。这会带来重大的结果(Liffman，1978；Benn，1981；Rees，1991)，尽管这种理念与目前大多数社会工作机构的现实相去甚远，但是，不能简单地认为这种理念就是幼稚不现实的，而应该视其为社会工作者努力奋斗的目标。尽管在目前的情况下，只能通过微小增量变化或偶尔的示范项目才有些可能实现这样的目标。

服务对象参与制定机构的政策、过程和全部的发展方针，这是人权实践方式的另一重要元素。这已经成为许多机构长久面临的议题，围绕着这个议题，产生了许多值得考量的问题，很容易使服务对象的参与变得仅仅只是象征性的，或将“服务对象代表”纳入机构现存的权力结构中，他们(指服务对象参与)没有发挥什么作用。真正的服务对象参与能够带来改变，很难达成这样的目标，很大一部分是因为默认(经理、社会工作者、服务对象)现存的权力结构是自然生产，不能改变的。在工作中，社会工作者需要不断地“挑战”这样的假设，作为人权为本和寻求最大化案主自决实践的重要组成部分。

## 2. 组织结构和实践

组织结构的问题已经在之前的部分探讨过了。这里，很有必要再次去强调组织结构的重要性，通常，组织结构是限制人权为本实践的组织因素。社会工作者在机构中的实践方式，以及他们试图去改变这样的结构（无论是正式结构，还是非正式结构），都会有助于发展和拓展人权。社会工作者通常通过非正式途径而不是正式途径实现这一目标（Jones & May，1992）。尽管许多经理已经做出大量的努力去减少社会工作者的判断力，规范化和标准化所有活动，但是，社会工作机构还存在着不可避免的不确定性、判断力和努力的空间；社会工作和它所应对的人类问题的混乱不会因为一系列规则和操作步骤而被全部解决。事实上，实践的标准在很大程度上是由正式规则所决定的"办公室文化"以非正式的过程建立。

正是通过非正式的渠道，社会工作者知道什么样的价值需要在书面上去遵守，什么样的规则在实践中可以有更多的考虑。自从社会工作产生以来，规则限制就是其重要的组成部分，且将仍然存在。政策、规章和规则是现代理性主义解决问题的方式在后现代、偶发性和混乱世界的体现，因此，如果没有那些实践它们的社会工作者的"富有创造性的解读"，是很难发挥作用的。正是创造性的解读（Lipsky，1980），这种解读通常是由"办公室文化"的话语所集体建构，社会工作者才有机会去通向一个更加或更少赋权的实践，这种实践加强或限制了人权。

在一个更组织的层面，如果对于既定问题执着于管理主义的解决方式，那么，组织结构的重组就是成为许多社会工作者的一种生活方式。从管理主义的角度来看，任何组织的问题都可以通过组织的变革来实现，通常是以一种结构重组的方式实现。由于社会工作自身的问题和矛盾的本质，社会工作机构通常会面对许多问题，无可避免地需要不断地进行组织变革，去解决在其他地方也存在的矛盾冲突。

组织变革也得到政府（不断地得到非政府）权威的支持，使机构变革看起来像是在解决社会问题一样。例如，药物滥用的问题，社会工作者充分了解这是社会结构不平等的结果，对于许多年轻人来说缺乏对于毒品危害的认知、非法毒品贸易的潜在利润等等。期待社会工作者为药物滥用者提供服务，能够解决这些结构问题并带来巨大的变化，这是相当不现实的。然而，政府出于选举的需要，会做这些事情，组织变革是一种很好的方式使其看起来好像是“反抗毒品斗争”中的“新举措”。

社会工作者已经习惯了生活在一个不断组织变革的状态，虽然这可以发展出好的实践，也会提供机会。但如果社会工作的组织背景是不断定义的，对于人权为本的社会工作者来说，积极参与重新定义和重新组织的过程是很重要的，促进更有利于人权实现的结构出现。

## 3. 专业结构和过程



社会工作在很大程度上是由它的专业协会所定义。几乎所有有社会工作实践的国家，都有一个甚至更多的社会工作协会。国际社会工作者联合会就是社会工作的国际协会，事实上它是各个国家协会的联合体。这些协会因为它们国家的背景和社会工作的特征而产生巨大的差异（Mayadas et al.，1997；Tan & Envall，2000）。有些积极行动主义者，他们视自身代表社会工作者，在社会问题和政策问题上发声；有些更侧重于保持专业标准、专业独立性、专业资格鉴定、专业伦理和边界；有些专注于满足社会工作者对于继续教育和支持的需要；有些注重为社会工作者提供专业保护。大多数社会工作者协会事实上认为自身做了以上所有的工作，只不过各个国家的侧重点不同罢了。有些国家，审定社会工作课程的角色是由另外一个独立协会所承担，而在另外一些国家，则由专业协会承担这个角色。

从人权视角出发，一个专业协会可以扮演重要的角色。通过资格审定和继续教育的结构，专业协会可以促进在本章和第十章所讨论的人权为本的社会工作实践的发展。专业协会在特定国家定义社会工作实践的角色，赋予它将人权作为社会工作的巨大的话语权。这可以由专业协会通过以下方式来强化：建立资格审查的指导、建立会员准入门槛、建立伦理守则、在政府中具有代表权、影响政策、建立良好的社会工作学校等等。

专业协会要在它自身的结构和实践方面反映人权原则，这也很重要，这需要它注意包容性的问题，去防止那些阻止某些人成为社会工作者的行为。例如，它应该确保原住民实践和智力活动的传统应该包括在标准的定义中，准许和鼓励社会工作专业的多样性。在考虑其他国家的社会工作者是否称职的问题上，也应该持一个宽容的态度(特别需要注意的是社会工作应该扎根于本土文化)。此外，专业协会本身的结构也需要体现人权原则，在协会中要实现最大化参与民主，确保一些社会工作者不会因为他们的背景或者不受欢迎的观点而被边缘化，确保参与的过程透明而富有参与性。

另一个专业协会在人权为本的社会工作中可以扮演重要角色的方式是提升人权意识，以及培训在人类服务领域工作的社会工作者和其他工作人员。这样的工作坊帮助社会工作者去关注人权问题，从他们自身的视角定义人权的优先，在人权为本的工作者中建立网络，发展合适的行动策略。

专业协会在政府涉及人权问题时具有代表性作用，特别是社会工作者所关注的问题。一个国家政府对于人权(在一个广泛的意义上去理解)的承诺应该是一个国家社会工作协会所关注的焦点，对于专业协会来说，很重要的一件事就是代表他们国家的社会工作者发声，让他们的声音出现在政府圈子里和公共辩论中。人权问题通常是公共关注和媒体关注的问题，社会工作，通过专业协会，有责任在这些辩论中发挥“富有活力”的作用。这将会通过它们的结构和过程，将注意力(如果需要，可能是公共的)集中到政府和非政府组织侵犯人权的实践中来。

专业协会最后也是最重要的角色是支持就人权问题发声的社会工作者，支持那些因为从事社会工作实践而遭受人权滥用的受害者(或许侵犯的危险)。社会工作者因为他们的工作而受到威胁、监禁、殴打、折磨和杀害，专业协会有一个明确的责任是代表这些社会工作者，通过为行动者提供充分的支持来阻止这样的滥用发生。对于社会工作者的威胁，即使不是那样的极端，仍然是一个严重的问题。社会工作者或失去工作，或得不到晋升，或被排斥在工作场所之外，或被告知不会再得到就业的机会，等等，这一切仅仅是因为他们敢于表达他们对于不公正的不满或反对不公正。社会工作者忍受了太多的人权滥用，正如在工作场所对于社会工作者的歧视(例如，基于种族、性别、年龄或性取向)，他们需要专业协会采取强有力的行动致力于支持它们成员的人权。

## 4. 社会工作者教育

一个人权的视角显然对于社会工作教育有一些启示，最重要的启示就是在社会工作的课程中应该包括人权的材料、人权实践的路径。这需要对本章和第十章所描述的人权为本的实践进行理论探索，鼓励学生去思考什么是人权以及人权对于社会工作意味着什么，关注本章和第十章所讨论的这种实践。本章将讨论人权的社会工作实践的结构和过程内涵，我们将重点关注社会工作教育的实际过程和它对于人权的意义。

## • • • 5. 填鸭教育或批判教育

弗莱雷的描述批判教育学(1996)与传统的“银行教育概念”相对，已经对社会工作理论和实践产生了巨大的影响。简单来说，填鸭的概念视教育是学生获得一些叫“知识”的东西，这就像钱“存在”银行一样存储于学生的大脑中。这就是目标——交易知识，老师“出口”知识而学生吸收知识，没有一定程度的批判或反思，然后学生参加测验去检查他/她所理解、吸收、记住的内容的程度。对于老师技能的评判，则完全取决于他/她多么有效地将知识“出口”给学生，评判学生的技能水平则取决于他/她“学习”的程度。在这个过程中，知识没有发生改变，知识以一种自然而客观的方式从老师向学生传递。

与此相对的是，批判教育需要老师和学生的积极参与，围绕主题共同学习。知识不是客观的，而是情景化的，老师和学生都在通过彼此的对话来建构和重构知识，这与第十章所描述的对话实践过程相类似。从这个视角看，知识只有通过批判、反思的过程，才能真正有效地被掌握，学生在这个过程中，将知识与他/她们直接的环境和经历相联系，使用这些知识去做进一步的反思和行动。知识不是价值中立的，它是处于一种剧烈的解构和重构的过程。对于老师技能的评判，是根据他/她让学生进入一种批判对话的能力高低，对于学生技能的评判是根据他/她将这种对话的经历转化为相关的行动和发挥效能的能力。当然，这只是对于弗莱雷的教育哲学的简单化描述，读者如果想要获得全面的解释，请阅读他的《被压迫者的教育学》(1996)。①



---

① 《被压迫的教育学》介绍发展中国家的著名教育家弗莱雷的解放教育理论与实践。该理论以培养批判意识为目的，从文化人类学的角度阐明了教育与觉悟的关系，指导了发展中国家的成人扫盲教育，提出了情景对话式的教学方法，注重教育与现实的结合。弗莱雷的教育理论和实践在世界上产生了很大的影响，尤其对发展中国家教育的改革和发展影响更大。

鉴于弗莱雷的批判教育和之前描述的社会工作对话实践模式的相似之处，很显然，社会工作教育的批判教育学模式将会强化社会工作人权模式。如果方法和结果都被重视，那么，这种教育形式对于人权为本的社会工作来说就是必不可少的。也正是这种教育形式最尊重学生的人权，它视学生在学习过程中是积极有意义的参与者，而不是知识被动的接受者。此外，这种教育的一个重要方面就是模式，如果对话实践模式能够在学校社会工作中得到复制，这将极大地强化学生的人权视角。如果一个人教授对话实践却忽略了将这种模式引入教育过程中，这是很难想象的。

将批判教育学纳入社会工作教育中是很难的。教育者和学生的教育社会化(这已经成为一种社会制度化的产物了)表明这样的模式不容易进入，因此会受到相应的阻止。对于老师和学生来说，还需要承担风险。此外，教育项目所依存的大学结构也不利于这种模式的生存。大学不再是——事实上它们曾经是——老师和学生一起探寻智慧的自由学术环境，但是已经逐渐为银行教育的概念所束缚，强调特定的学习目标、结果为本的学习，对于学生工作的结果评估，以一种线性的尺度去打分数。当然也有例外，特别是在研究生阶段，零星的抵抗仍然存在于压迫的大学结构中。或许最强大的制度压迫是时间。批判教育模式需要花费时间，和银行教育模式相比，需要教育者花费更多的时间。考虑到人员限制，以及许多社会工作学院的时间紧迫，所以很难去遵循这样的实践。



这样的机构限制在很多情况下都会对社会工作批判教育模式产生强有力的阻碍，但是还有许多对话模式的内容可以纳入社会工作教育，尽管是在一个更适度的方面，但富有创造力的教育者总能找到方式去获得这些。然而，制度限制也意味着需要寻求大学制度实践的改变成为社会工作教育者需要解决的问题。学生也应该意识到制度因素会影响学生和工作人员，他们应当与教育者建立合作关系为进步的变革而努力。

## 6. 学生选择

社会工作教育的人权为本模式，通过使学生拥有最大化的选择而尊重他们的人权，例如，单位学习、实习，分类领域的专家评估，研究主管等等。它将学生定义为积极的参与者，能够为他/她们自己的学习承担相应的责任，与将学生视为被动接受者，不知道什么是他/她们最需要的观点相比，这更符合人权的需要。

然而，学生的选择必须建立在享受充分信息的基础上。期待一个学生在不知道相关信息的基础上做出他/她教育的选择，这不是提升他/她的人权，而是否定他/她的人权。学生应该知道他们选择的结果，例如，因为选择一个特定的实习或选修项目，或特定主观做出了特定的贡献，都可能造成工作机会的获得或失去。还有一些客观因素造成为什么不能实现所有学生的选择，例如，所有学生都选择相同的实习或同一个研究主管。

不应该要求学生的选择在真空中做出，而应该是通过教育者与学生之间进行持续不断的对话的组成部分，对话应该符合学生的最大化利益，同时也要符合其他学生和大学工作人员的最大化利益。但是无论在什么情况下，都需要学生做出最有效的选择，而不是教育者用他/她的权力和经验"说服"学生做选择。遵循学生选择的原则不是所有情况下学生可以不受限制地选择，而应当是最灵活、最有效、信息最充足地选择。



## 7. 合作学习

合作学习的概念意味着学生之间、学生和老师之间的合作，两种合作都可以提升教育中的人权，主要可以通过以下几种方式：重视彼此在参与过程中的价值，增强学生的权利，将个人主义和集体主义相结合，在教育过程中的自我决定。合作学习是批判教育的重要组成部分，它需要通过教育者和学生之间的对话来设立学习目标，双方都需要为学习过程做出重要的贡献，双方都是积极的参与者。它不简单推崇书本中、杂志上和教授大脑的"知识"，它注重植根于学生现实世界经验的"知识"。此外，它认为两者(指前面的两类知识)都很重要，试图将两者结合起来，相互启发、相互促进，学生和教育者彼此相互学习。因此，任何人都有义务去促进教育过程，这将提升和支撑在教育经历中的人权。

学生之间以小组的形式进行合作学习，这不仅仅是最大化地利用教育资源的方式，也是为了挑战社会工作教育和实践的个人主义假设。在小组情境中，可能出现的赋权本身将会成为学生宝贵的学习经历，因为小组是社会工作意识觉醒最容易发生的平台，那种个人埋怨受害者的视角就会遭遇挑战。

## 8. 服务对象和工作者

到目前为止，教育经历被描述为只是发生在教育者和学生之间的互动。然而，在社会工作者的教育中，有另外两种人扮演着重要的角色。考虑到服务对象对于社会工作教育而言具有重要意义，如果不包括服务对象的声音，服务对象的价值都会被低估，教育的过程就会被建构为排除了那些应该从教育项目中最终受益的人群；如果要实现人权视角，保证所有声音都能够被听到，那么，服务对象可以且应当扮演重要的角色。

在之前讨论的专业督导中，建议服务对象在督导和评估一线社会工作者中发挥了重要作用，它同样也适用于学生。将实习建构为只有社会工作者被视为有能力去提供督导或判断一个学生的实践效果，社会工作教育让服务对象噤声，而正是他们，在服务过程中承担着最大的风险，他们为评估效果或学生的学习提供了重要而独到的观点。将它们纳入督导和对于学生实习工作的评估中来，这是社会工作教育者所面临的一个重要人权挑战。显然，有效率地实施这样的策略不是一项简单的任务，但是没有理由不去这么做。当然，这也不仅仅是说，只有在实习教育中，服务对象在培养未来社会工作者中发挥重要作用，他们在课堂学习的投入、积极参与方面所描述的合作学习的过程，都会为社会工作教育增添人权的元素。

一线社会工作者也可以为社会工作教育带来诸多智慧，许多社会工作学院已经比较好地利用一线社会工作者作为课程导师。然而，他们参与合作学习项目仅仅局限于“来上次课”，然后走人，在他们积极参与合作学习的过程中，也可以添加重要的人权社会工作教育元素。

这样，由社会工作者和服务对象参与对于他们也有好处，同样，对于学生和教育者而言也大有裨益，因为他们成为合作学习过程的组成部分，合作学习正好与第十章所描述的对话实践模型相符合。从这里，我们可以看到，将社会工作教育与社会工作实践以一种更基本的方式结合起来的可能性，而不仅仅只是实习教育项目时，社会工作实践和社会工作教育才结合在一起。目前，只有在实习教育项目的过程中，社会工作者、学生、服务对象和教育者，这些重要的行动主体才一起参与到这个教育—实践—研究的活动中来。这样的教育实践如果重视这四个行动主体的贡献，将会极大地促进人权计划，为未来的实践者建构一个进步的人权为本的社会工作模型。

## 9. 评估

从人权视角看，对于学生的评估可能是社会工作教育存在问题的一个方面，因为评估过程中，教育者和学生之间的权利差别能够被清晰地感受到。评估被建构为教育者对于学生工作价值的评判，而没有要求评价的过程中纳入了必要的学生自我评价；此外，教育者可以评价学生，却没有相应的机制让学生去评价教育者。因此，评估的过程就通过建构一种不平等甚至可能压迫的关系，弱化了学生的声音而强化了教育者的声音。这很容易削弱在社会工作学院实践批判教育的努力。对于学生的评估，现在可能是实现人权实践为本的社会工作教育的最大障碍。



尽管大学在学生评估中存在不平等关系从一定程度上讲是不可避免的，但是仍然可以采取一些策略去减少这种不利的影响，建立一个更加尊重学生权利对话的关系。其中之一就是让学生参与决定最适合的评估形式的过程，有时，这可以通过学生个人独立决定他们的评估形式；有时，需要学生和教育者以小组的形式讨论决定；有时，学生应当有权利选择谁作为评估小组的成员去评估他/她的工作。学生也可以参与到评估中来，通过反思自己的工作并与教育者探讨，这样看来，评估也可以成为对话过程的一部分。

教育者也可以通过提供高质量的反馈给学生来改变评估过程的特征，这将改变以往与评估社会工作实践不相适应的线性评分模式。重要的、高质量的反馈，让书面评价或得分对于有些学生来说至少不再那么重要了，这可以通过教育者-学生的关系不断地由教育者提供非正式的反馈来进一步强化。这不仅仅可以通过正式的书面作业评价发生，也可以通过与学生小组课后咖啡时间的非正式交流发生。

通过建立一个合适的学生评估教育者的机制，可以解决评估关系中的不平等问题，这比偶尔的反馈问卷有效得多。因此，评估可以成为互相反思的评估，会为双方带来积极的结果，尽管事实上这不可能带来真正的平等关系，这是由社会工作教育所处的权力结构所决定的。然而，互相评估是一种减少不平等的方式，这与社会工作教育与实践的人权模式紧密相连。

当然，不是所有的措施在所有的教育背景下都是可以的。例如，在一个为社会工作学生提供远程教育的项目中，就很难(实际上几乎不可能)去建立一个对话关系或让他们参与到评估的过程中来，尽管互联网让某些对话关系产生，其他制度限制将会阻碍这些措施的实行。但是，问题的关键是评估应当把学生和教育纳入进来，只要有可能，在任何社会工作者学院，都应该在学生和教育者之间建立一个关于评估过程的对话体系。这将会极大地有助于学生掌握他/她们教育和评估的权利。

## 10. 实习教育



实习教育是社会工作教育的主要组成部分。在实习的背景下，有许多机会去实践人权视角，其中有些已经讨论过了，例如，让学生最大化地了解他们将要选择的机构，督导大学的联络人员以及他们要做的工作。这些选择将有助于学生掌控他们学习的方向和内容的权利。

社会工作督导的问题已经被探讨了，同样的问题也适用于在实习工作中对于社会工作学生的督导。如果督导的过程是对话式的，通过互相学习、互相反馈，学生能够成为督导过程中积极的学习者和贡献者，能够承担督导关系发展方向和学习任务的责任，那么，学习的效果将会最大化，学生的权利也会得到尊重。

在教育过程和社会工作者评估中纳入服务对象，已经在前面部分讨论过了，学生的实习教育也需要纳入服务对象，需要探索服务对象如何在督导和评估社会工作学生扮演积极角色的方式，因为这将强化服务对象在这个过程中的话语权，通过刚毕业的社会工作者的实践，最终对他们产生重要的影响。在之前讨论服务对象在课堂教育方面的作用时，认为将会用一种包括学生、教育者、服务对象和社会工作以合作的方式，带来教育、实践和研究的融合。和课堂相比，这样的合作更容易发生在实习背景下，这为实习教育提供了一个与传统的学徒模式完全不同的框架，传统学徒模式不断地衍生不平等的教育关系，学生处于相对弱势地位，服务对象则完全被无视。

类似地，上述关于评估的评价也适用于实习领域。评估机制为学生在实习教育中提供了一个比课堂学习更加主动的角色，也为在实习中提供了大量的机会去进一步发展合作评估，以作为上面提到的督导的对话模式的组成部分。

最后，通过使用一整套的社会工作技巧，实习教育为学生以实践的方式参与人权问题提供了许多机会。事实上，社会工作实习教育项目可以围绕人权问题建构，包含所有的人权和诸多社会工作模式，特别是使用人权术语去定义社会工作的角色和任务，审视诸如种族、文化、需要、文化多样性等等问题。事实上，人权视角为实习教育提供了远远超过传统社会工作背景的可能领域，包括行动机构、环保组织、全球援助和发展组织。许多这样的组织已经为社会工作学院所使用，但是它们只是处于边缘部分，并不被视为“真正的”社会工作；只是为那些有特殊兴趣的学生而准备的，他们并不认为自己毕业以后会做社工，或者只是那些已经在“主流”社会工作证明有竞争力的好学生额外的备选。一个人权的视角通过视这些工作领域对于创造性活动具有核心意义，来帮助它们走出被边缘化的处境。



## 11. 课程设计

社会工作的课程设计是社会工作话语建构的重要领域。通过决定什么应该、什么不应该被纳入社会工作课程，以及如何被整合、如何被教授，那些设计课程的人们决定了未来社会工作者如何理解和实践社会工作。传统的观点认为，这些决定主要由三个群体所决定：社会工作教育者、雇佣者、专业协会或资格认定机构。也正是在这些群体之间相互作用——资格认定机构建立框架，社会工作教育者提供思想，雇佣者和专业提供需要——课程被设计。课程设计是一个动态和变化的过程，撇开那些固定不变的课程陈述，每一门社会工作学院的社会工作课程每年都在发生变化以适应不同的要求，这些要求来自实践领域、教育者不断变化的观点、工作人员的变化和学生的需要。在社会工作变化如此迅速的背景下，如果社会工作学院在课程上不能做出快速的变化（无论是正式的还是非正式的），那都是危险的。

课程设计如何满足社会工作人权模式的需要呢？显然，必须包括人权的资料以及人权视角在实践中的发展。然而，在本章，我们更关注的是过程而不是内容，这需要去考虑谁以及怎么设计了课程。正如以上所述，传统课程设计的主要是参与者是教育者、雇佣者和专家。两个重要的群体——服务对象和学生再一次被排除在这个过程之外。如果课程设计的过程符合人权原则，那么确保这些声音能够被倾听是很重要的。课程设计的过程应该确保他们只是象征性地参与其中，应该让他们在设计课程中扮演重要角色，决定什么应该被教授，应该怎么去教授。这样，这两个关键群体才能行使自我决定的权利，能够控制直接影响他们的过程，否则，课程设计的过程还是掌握在那些更有权力、更有优势的群体手中，这个过程本身就会强化权力不平等的关系，这种不平等的关系被视作是对相对弱势的服务对象和学生的冲击。



当然，做比说难。服务对象和学生共同参与课程设计的过程既不容易也不直接，就像其他的尝试那样，容易演变成装门面和变形。但是，如果能够克服参与的困难，课程设计过程本身可以成为一次合作，最终结果将会更可能地反映所有参与者的需要。此外，仅仅将服务对象和学生纳入课程设计中来，教育权力的不平衡问题就在一定程度上得到解决。

同样，这样的做法不仅适用于课程回顾和设计的过程，也适用于不断变化的组织。两大重要的结构是①社会工作学院委员会或指导委员会和专业协会的资格认证小组或资格认证机构。如果它们要反映社会工作人权视角，这些组织就都要解决服务对象和学生的参与以及成员资格问题。

## 12. 专业委任和评估

如果社会工作教育要考虑人权的视角，那么，学生和服务对象参与招聘、委任、评估和晋升专业人员的过程就很重要了。传统的做法是，只有其他大学工作人员参与这些过程，既不包括学生，也不包括由学生毕业以后提供专业服务的接受者。相对弱势群体的声音再一次被强势群体所淹

① 在本书的翻译过程中，译者认为，结构和组织是否在一定程度上可以做同义理解，结构是由组织组成，并最终发挥效能。

没，人权视角要求寻找一些方法让这些声音能够被倾听。这就要求服务对象和学生能够在招聘与选择小组、授职委员会、晋升委员会中拥有代表。然而，这些正式组织会很容易影响那些在大学结构中缺乏经验的人，所以，仅仅拥有代表权可能不仅无助于解决学生和服务对象声音被淹没的问题，反而强化了这一点。所以，真正有效的参与可能需要通过一个非正式的过程：例如，通过小组讨论和咨询，其结果可以被反馈到正式结构中去。

就像在本部分讨论的其他情况一样，相对弱势群体"真正参与"的问题需要被解决，而不应该仅仅视其是个过程。然而，社会工作者长久地解决参与的两难困境和冲突，和大多数其他专业相比，能更有效地解决这些问题。人权视角的关键是要求相对弱势群体的声音能被听到，这需要社会工作机构、大学社会工作部门和社会工作服务对象共同努力。如果社会工作者在他们自己的实践中都无法遵循人权原则，他们不能假定将人权原则强加给其他人。



## 结　论

人权的原则同样适用于社会工作者怎么做他们的工作，以及他们做什么工作。因此，他们必须像关注结果那样关注社会工作实践和教育过程。如果社会工作实践或教育不能在它们自身的结构和过程中反映人权原则，即使最后它寻求人权的目标，考虑到手段和结果之间的必要联系，这样的社会工作也是充满矛盾的，很难达到预期的目标。通过考虑社会工作专业过程和结构，本章识别了一系列由人权视角引发的问题，揭示了传统的社会工作语言、结构、过程和教育实践都是违背人权原则的。

因此，对于那些致力于人权的社会工作者来说，保持对于自身实践的审慎反思是很重要的，要从人权的视角去分析服务对象的问题。仅仅成为一个专注的人权行动者还是不够的，他/他还应该将他/她的分析运用到他/她每天的行动中去。

和本书的其他部分相比，本章的有些观点可能显得更激进些。这是因为，对于社会工作者来说，批判社会工作本身可能“更接近于大本营”的分析，视社会工作是问题的一部分而不是解决问题的方式(批评别人容易，自我批评很难)。运用人权视角去审视服务对象结构是一回事，运用人权视角去审视社会工作又是另外一回事。批判其他的事情，这是很容易也很轻松的事情(例如，压迫的结构或制度)，批判自身的实践时则会感到困难而不适。这意味着，就像采取行动去改变社会不平等的结构那样，对于那些希望通过社会工作带来激进变革的人们来说，他们的一项重要任务就是要用人权视角去分析社会工作本身。



## 进一步的问题

本章提出的问题主要围绕着不断重复的主题合作、对话和权力。贯穿本章，合作被认为是人权为本实践的关键，使所有主体——社会工作者、服务对象、经理、学生和教育者——能够为最终结果做出积极贡献。这通常是通过对话来实现的，需要所有相关主体的声音都应该在一个必要的对话过程中得到倾听和认可。这些都要求承认权力的差异，需要做一个权力分析，否则，这样的努力就会变成象征性的。

但是这些问题——合作、对话和权力本身就是有问题，它们与很多占主导地位塑造社会工作的话语相冲突，例如，对于“权威”的尊重，专业知识更有优势等等。特别是“对话”现在处境不利，更常用的概念是“辩论”，暗含着对抗的意味以及追求“胜利”的冲动。社会工作者如何才能有效地挑战这些占统治地位的话语呢？如何去倡导一个实践的人权视角而不是仅仅停留在口头上的人权？还有其他人支持这样的倡导吗？正如本章所述，社会工作者批判别人的实践是相对容易的，但是用批判的眼光审视他们自身的实践是很难的。一个人权为本的社会工作者如何去克服他们同事的防御，视人权为本的实践是一个机会而不是一个威胁？

# 第十二章

# 结论：人权实践的展望

从时间性来看，人们对人权的看法可分为两种：一种观点认为，人权时代已经到来。在晚近全球化的世界中，人权是对经济全球化的必要回应。基于人权观念的全球公民权的重要性不亚于民族国家兴起时公民权的重要性。此种观点认为，对人权话语明显增加的兴趣将导向一个充满希望的未来，它奠基于对共享的人类价值的集体理解之上，而非个人贪婪和消费之上。简言之，人权能成就人性光明的未来，而这迄今仍是不可能实现的梦想。

另一种观点认为，人权观念已然过时。它认为，人权是正在消逝的现代主义确定性和西方帝国主义的残留物。在晚近新兴的后现代世界中，相对主义、多元声音、碎片化的现实加上宏大叙事的消亡，使得人权之类的普遍性话语既无容身之所，也无存在意义。由于人权思想和现代主义事业的联系太过紧密，太具有西方建构的色彩，使得它不但与构建人性的未来不相干，而且还可能造成负面影响。



本书认为，两种观点都不能推至极端。后现代主义的批判提醒我们，普遍性的人权不能视为静态的、自然的、某种上帝给定的内在人性。如果人权要在未来发挥作用，它就必须摆脱启蒙现代性的局限。将人权视为话语的建构有助于这一突破局限的进程。但是，将人权视为不断变化和不断进步的话语并未否定其普遍性，因为，它仍然是关乎我们如何建构共享的价值，关乎何为人性，关乎我们共享的人性观念如何应用，关乎我们如何对待他人。这样一种共享的人性观念不可避免地充满争议，因此，在建构人权的过程中，谁的声音能被听到就显得至关重要。

社会科学话语的共性就是分类，它们基于权力、性别、阶级、种族、民族、性取向、地域或国籍，将人们分成两个或更多的群体。例如，社会科学分析压迫时，基于某种维度，将人性区分为压迫者和被压迫者两类。这种分析过程是本质的，即如果我们要改变压迫及其导致的不平等和不公正时，我们需要理解其结构基础。

然而，此种分类话语的风险在于，它继承了现代性的二元思维。这种思维认为，世界是由两个或更多的相互竞争的群体构成的，而任何试图超越二分法或打破边界的努力不是被排斥就是被贬抑。其实，分化的话语仍然存在联合的空间。

联合的话语是就人性的共性而言的，而非针对造成分化的具体因素而言的。归根结底，无论两个人存在何种差异（我们可以想象他们存在种族、阶级、性别、能力、性取向、年龄等差别），他们之间仍然存在共性，这体现在他们共享的人性中，而且比差异更强大、更重要。正是基于对共享的人性的理解，我们才会谴责种族主义、性别歧视、殖民主义，以及其他任何形式的歧视。此处，我们关注的是人的本质属性，具体被歧视的原因无关宏旨。因此，当我们谴责歧视或是其他认识形式的压迫时，我们居于人权的立场，即基于我们共同的人权，任何人都不能被这样对待。

讨论分化的话语和联合的话语当然构建了另一种二元论。如前所述，人权必须致力于整合共性和差异。因此，联合的话语需要伴随（而非替代）分化的话语。只有认识到人类的共性和差异，我们才能奠定社会和政治实践的坚实基础。传统的社会科学提供了社会工作者对分化和差异的精致理解，而人权视角则通过对人类共性的强调，补充了这些理解。社会科学，尤其是后现代的社会科学，帮助我们确认并拥抱人性的差异。人权则通过确认和拥护人类共性，增加而非否定我们对人性的理解。共性和差异同样重要，这不仅适用于社会工作实践，也适用于所有关注人类未来的人们。

尽管相对主义者批判人权的普遍性，但人权实际上并不否定差异，也致力于分析差异。我们一旦讨论人权问题，就会马上提出“为什么某些人的人权被否定而其他人认为理所当然”的问题。这不可避免地导致对不平等和结构压迫的分析。人权视角尊重差异的价值，与众不同的权利、以不同的方式定义自身生活的权利、采取不同的生活方式的权利、主张和拥护差异的权利，实际上都可视为人权。差异本身就是人类共性的组成部分，基于此，人类才能在差异的基础上联合起来。

人权还代表了对驱动全球化的经济教条主义的最强烈的反对立场。在这个意义上，人权视角不仅是一个好想法，而且提供了批判并替代全球体制的基础。由于压迫结构和弱势的不断强化，加之公然的不民主过程，导致现有全球体制让少数人而非多数人受益。这引起了很多人愈加关注这一体制的弊病。考虑到全球化对社会工作的冲击，尤其考虑到社会工作者服务并代表人们的宣示，我们认为，要害在于，社工既要能理解一些有关人权的观念，还要能思考将人权作为实践基础的方式。作为话语的人权，使得社工能够参与“何为正确和公正”等普遍性议题的讨论，而非仅仅基于Bauman（1999）和Beck（1997）所描述的碎片化的个人政治来定义道德。社会工作者关注社会正义、公正和平等议题，而这正是人权视角所关注的。

因此，人权视角对社工具有相当大的价值。

由于人权的话语特性，加之人权需要在不同的地域脉络化，本书很难就如何践行权利为本的社工提出“确定答案”或指引。本书只能提出某些建议，确定进一步探索的可能方向，并就社工将自身定义为人权为本的专业提出若干应当关注的方面。如何在差异化的、杂乱的和持续变化的社会工作实践中，在不同的文化和政治情境中，通过正式或非正式的结构找到“答案”，既是社工个体也是社工集体面临的挑战。

在未来数十年中，全球-地方辩证法不仅是影响社会工作者的主要因素，而且贯穿于新兴的全球社会中。这一过程如何展开，地方和全球如何关联，人们如何联络彼此，他们如何（是否）自觉联结，人们如何从他者来理解自身，这些都会深刻影响地球上每一个人的生活。正是这样的全球-地方的脉络，使得人权话语变得特别重要。作为全球话语的人权，基于对共享的人性和全球公民权的关注，其本质是普适性。但是，权利主张仍然需要适用于地方情境，通常情况下，如我们所见，它被转化成需求清单。于是，人权话语易于在全球和地方之间往复，并能以一种赋权的方式将两者联结起来，从而提供创造性实践的基础。这对于在新环境中开展实践的社会工作者而言，具有特别的价值。这种新环境既包括全球化，也包括国家结构的持续弱化，而社工传统上是在国家范围内开展工作的。在创造性实践中，社工将地方与全球联结起来的能力是社会工作专业未来的关键。

人权的实现和保护不可能没有斗争。尽管表面上人们就人权的重要性达成了共识（谁会反对人权呢？），但是人权的实现仍然面临着强大的力量和利益的阻碍。实际上，相当多的利益的实现都基于对众多人权的否认和侵犯，特别是在贫穷国家。这不单单是一个道德告诫。人权的历史就是斗争的历史。坚定而勇敢地拥抱人性的人们、敢于抵抗压迫和统治力量的人们，经常需要排除万难。正如 Raj Patel（2009）所言，人权很少是赐予的，他们需要争取得来。获取人权的斗争将不可避免地继续下去，人权不是简单定义就产生了，它必须经历斗争，并且来之不易。而且，即使斗争取得了成果，仍然需要持续的斗争来捍卫获得的人权。因此，围绕人权的斗争永远不会结束，人权始终处在前进的过程中。尽管如此，将社会工作界定为人权的专业，有助于将社工实践坚定地置于为共享的人性价值而斗争的持续过程中。

# 后启蒙的社会工作

启蒙遗产是贯穿本书的持续议题。本书认为，启蒙遗产决定了人权的主流叙事。毫无疑问，启蒙诞生了一系列进步而重大的思想和实践，同时也不可避免地忽视了某些东西。启蒙的特点是强调个人、世俗、理性、科学、客观、线性、进步、父权制、人与自然界分离的机械世界观。这些观念现在面临越来越大的挑战，如果人权要继续在未来发挥作用，它就必须摆脱启蒙传统的限制，从而使得自身适应更加弹性、多元和相互联结，更少人类中心主义的世界。



作为启蒙的产物，社会工作同样如此。早期的慈善组织会社非常关注科学、客观的“助人”研究(de Schweinitz，1943)。社会行政传统则强调对社会问题的统计分析和“理性”解决。社会工作典籍奠定了社会工作的经典框架。此框架影响了整整一代社工，它假定，知识与价值的分离是好的社工实践的必要前提，这一分离有助于在实证主义的氛围中展现成效。Pincus 和 Minahan 在其广受欢迎的著作中(Pincus & Minahan，1976)曾讨论过有关此框架的极端情形。

社会工作已经采用准客观的评估，并采用研究引导的理性科学模式。证据为本的实践就是基于启蒙的假定，而“最佳实践”的观念则是现代性、确定性的产物。对于后启蒙的社会工作者而言，“最佳实践”的观念是无意义的，可能存在好的实践、存在好实践的不同形式，但是，考虑到实践的不同情境，谁能确定地声称是“最佳”的呢?

从启蒙现代性的另一个表征来看，社会工作本质上是世俗的，难以基于其对理论与实践的理解来处理神性与灵性(精神性)议题。而且，社会工作专业主义沿袭了启蒙现代性有序的、层级化的世界观。社会工作经常将自己与医学(易于使用诊断、治疗、疗法和临床工作等词汇)和法律(倡导、资格、契约、正义)专业类比，并以它们为典范。所有这些专业在其自身定义与实践中都强烈体现了启蒙现代性。

当然，相当多的社会工作学者质疑或批判这些趋势对定性方法论的强调，有关精神性与社会工作文献的增多，对实证主义影响和证据为本实践的批判，对后现代主义的突出兴趣，对医学和法律模式的批评等等，都指向对社会工作启蒙传统的质疑。尽管这些讨论开始仅被视为社会工作的边缘话语，并与社会工作实践的“真实世界”无甚关联，但最近 20 年，它们的影响显著增强。对社会工作而言，挣脱启蒙的桎梏是一个反讽的隐喻。因为，从贝多芬的《费德里奥》到雨果的《悲惨世界》，摆脱枷锁是启蒙的流行主题，但同时也是启蒙本身的问题。它对打破桎梏获得自由的强调，有效地遮蔽了启蒙世界观自身构建的限制。

基于这一观点，我们值得追问，何为后启蒙的社会工作？如果社会工作要成为人权专业，如果人权要超越启蒙传统并继续发挥作用，社会工作也要随之改变。但是，就后启蒙社会工作给出明确而具体的定义本身就是矛盾的，这又会回到启蒙时代对于秩序、确定性和清晰的痴迷中。尽管如此，我们还是可以就社会工作的未来方向提出建议或可能性。总体而言，虽然很多实务工作者依然被现代性与管理主义的叙述所左右，但后启蒙的观念已经汇入社会工作的思想中。





后启蒙社会工作不关注模式，对模式的痴迷是追求秩序和确定性的组成部分，而这恰是后启蒙社会工作所拒斥的。实践模式过于指令化和秩序化，无法满足后启蒙社会工作的要求。最实际的解决方式是松散框架，它为实践设定某些宽泛的参数(如伦理或人权原则)，并向实践者提出特定的问题。启蒙和后启蒙实践的关键差异在于：启蒙为本的社会工作理论致力于提供答案或至少是实践指引，而后启蒙社会工作理论则提出问题，它认识到在不同情境中的不同社工会得出不同答案。只有问题而非答案才具有概化的潜能。本书一以贯之的主题是，人权并不提供答案，而是提出问题，提出任何社会工作者需要解决的重要问题。

情境是后启蒙社会工作的关键。情境决定了任何社会工作者理解问题并采取行动的方式。情境不可概化，这意味着地方性知识与智慧而非概化的理论抽象的重要性。因此，扎根理论是后启蒙社会工作的重要层面，它使得地方性知识得以确认并发挥作用，而且，扎根理论的方法论在社会工作研究中发挥重要作用已有时日。这并不意味着更概化的理论在后启蒙社会工作中失去了立足之地，性别、阶级、种族等议题仍然重要，而且与这些议题相关的更宏观理论亦有明显作用，前提是这些理论能够用于提出额外的洞察并激发进一步的问题，而非仅仅提供“答案”，因为答案总是情境化的。

作为社会工作的重要层面，研究受到启蒙实证主义的强力约束，这尤其体现在证据为本实践的运动中。后启蒙社会工作研究强调，最受研究发现影响的人们应当积极参与研究。与传统研究仅将人们视为研究对象不同，这种参与意味着他们作为研究协作者，在研究设计、执行和结果解释中的广泛参与。而且，社会工作课程训练中越来越重视这样的研究，这与本书主张的人权实践是高度一致的。

正如本书所指出的，在人权思想中，“人”和“权利”两个概念都存在问题。要超越启蒙为本的社会工作，就有必要厘清启蒙观念如何建构了“人”，并以更恰当的方式在后启蒙时代重构“人”。人或人性是社会工作关注的核心问题，因此，重构人性是社会工作理论与实践的中心任务。实际上，继 Nicholas Ragg(1977)和 Ruth Wilkes(1981)之后，社会工作有关“人”的观念已经开始超越实证主义世界观。在第四章中，我们比较了西方传统对人的建构与澳大利亚原住民关于人的观念。这一比较提醒我们，启蒙对于人权的理解是诸多关于人的观念中的一种，社会工作所关注的“人”也只是某一种人。就此而言，社会工作倾听本地居民和其他非西方传统的声音，并从中寻求智慧就显得非常重要，因为他们对人性的建构各异，是整体人类图景的组成部分。





重新认识人与自然的关系，不仅是社会工作者，而且是全人类的重要任务。启蒙世界观强调人与自然的严格区分，将自然界仅视为人们获得愉悦的“资源”。更为生态的视角强调人与自然的相互依赖关系，将人视为自然界的组成部分，人与自然界的相互联结和依赖是互惠共生的基础。尽管这种观念已被环保主义者和生态持续论者广为接受，通常也是本土性世界观的组成部分，但它们也意味着启蒙传统的根本改观。

这种观念如何影响社会工作？尽管 Thomas Ryan(2011)的前沿著作做出了很大贡献，将动物伦理引入社会工作并讨论了社工对于动物的伦理责任，但是，社会工作领域关于这种观念的理论依然稀少。生态视角，特别是深层生态论者(如 Macy，2007)，主张我们需要超越 Ryan 的动物伦理，将人与自然界相互联结起来，这既包括动物，也包括非动物。这一观念具有明显的社会工作意义。例如，当社工处理社区的环境议题时，他在个案工作中需要同时关注人和动物的福利(例如，疑似某个家庭的宠物正被虐待)。同时，社工也需要找到人们与其物理环境、土地及空间感建立更亲密关系的途径。这些建议只是生态观念理论化的初步。此外，本土世界观能让我们受益良多(Sveiby & Skuthorpe, 2006)。当然，这种关于社会工作的观点与人类中心论相去甚远。

毫无疑问，生态视角不仅对社会工作提出了挑战，而且将撼动整个人权领域。人权是否有可能超越对人的关注，超越启蒙的人类中心主义观念，吸收更生态中心的、更真诚的生态世界观？这是否与本书强调的社会工作重新树立人的中心性自相矛盾呢？此问题混淆了人的中心性和人的独特性。显然，我们主张的是前者，质疑的是后者。我们将人与人性置于核心位置的前提，是将人视为生物圈的有机组成部分。因而，对人的关注不可避免地引发对非人的关注。

近来对精神性与社会工作的关注意味着对启蒙传统的世俗主义的反叛(Gal et al., 2007)。我们知道，启蒙运动本身就是对16世纪和17世纪欧洲宗教战争的反对，并导致了精神生活和宗教的边缘化。道德议题(例如人权)不是源自神明的启示，而是由人类理性所决定。尽管不同信仰的宗教人士对社工理论与实践贡献良多，但社会工作整体而言仍然是一个世俗专业，在世俗框架中发展理论，展开实践。这导致精神生活在专业社会工作中被排除，尽管它是人类和社区生活的重要层面，尽管它对很多人具有非常重大的意义。后启蒙社会工作必须恢复灵性和神性的位置，当然，这并非要求社工要推动宗教制度化，因为很多人采用其他方式寻求神性与灵性生活。它意味着我们应认识到灵性和神性也是人类经验的重要组成部分。

后启蒙社会工作更少关注作为孤立个体的人类经验，它关注集体和关系的重要性。这种相互依赖的观念是深层生态论的自然扩展。此种观念与本书前述章节强调的人权从规则为本转向关系为本是一致的。

这意味着社会工作者需要对促进个人、家庭或社区“独立自主”的计划或政策保持警惕。此种社会工作手法(如在康复计划中)错误地将人视为自主的、分离的、独立的行动者。实际上，人们之间无论在经济上、情感上、社交上、物质上或文化上都是相互依赖的。社会工作者需要鼓励和推动这种相互依赖，并批判位于启蒙现代性和新自由主义核心的自主性意识形态。某种程度上，社区发展以某种社区经验的形式有助于人性的集体实现。

二分法是启蒙现代性的重要层面，它强调精确分类和实证主义的客观性。在西方思维中，二分法已经普遍到被我们认为理所当然。但当我们试图从“二选一”的思维转换到“兼容”思维或试图超越明确而严格的类别界线时，二分法的力量就会显露无遗。例如，第四章讨论的人权的普遍主义和相对主义就属于此类。因为我们倾向于认为两者必有对错之分，必须选择其中的某一立场并排斥另一种。如第四章所述，“兼容”立场使得我们能够更细致入微地分析二分法，它所隐含的界线是不适当的。在后启蒙视角看来，事物并非“非黑即白”，亦非处于“灰色地带”，而是多姿多彩的。

对二分法的质疑是后启蒙社会工作的组成部分。社会工作通常的二分包括：滥用的/非滥用的、功能正常/功能失调、健康/不健康、宏观/微观、个人/社群、过程/结果、有效/无效、理性/感性、理论/实践、认知/行为、公共/私人、个人/专业、政府/非政府等。我们有必要对所有这些分类进行重新审视和批判，我们需要重新构建对相关议题的流动性理解，它可以挑战分类并跨越边界。



这一取向要求社会工作更少关注确定性、明晰性和预见性，更多地与无序性、混沌性和矛盾性融为一体。社会工作不是致力于将秩序强加在混沌之上，而是谋求与无序共存，并将其视为人类经验更为自然的形式。尽管与不确定性和混沌共存可能更为困难，但它们确实是社会工作者与案主所处的世界更为现实的反映。

这一取向同时要求我们应珍视并拥抱多样性，而非为了让事物“清晰”而强加一致性。当然，这是一条重要的生态原则：事物的生长与发展源自多样性，而非单一性。不仅生物具有多样性，社会与文化也具有多样性。鼓励、支持并拥抱多样性，构建促进多样性产生的项目和机构，是后启蒙社会工作的重要组成部分。与传统社会工作认为一致性才是优势不同，后启蒙社会工作认为，多样性才是优势。

问责是社会工作的重要议题，但通常对问责的典型理解是“对上负责”，如对管理者负责、对公共开支负责等。社会工作者在其热情拥抱问责的过程中经常发现，问责意味着更多的监管和控制，而非开展创造性实践的自由。本质上，这种问责是科层管理的工具，它是启蒙现代性的典型产物。同时，这种问责违反了人权，因为它主张社工应向管理者负责，而非向社工所服务的人们和社区负责。

后启蒙的视角强调对社区负责，这实际上与社会工作者通常理解的社工价值一致，尽管管理者可能对此有不同看法。探索将社工所服务的人们和社区列为社工负责的首要对象是根本而重大的变革。虽然遭到福利国家的科层结构和变化莫测的私人市场以诸多方式的阻止，但这种问责在社会工作中由来已久(Liffman，1978；Benn，1991)。

上述关于后启蒙社会工作的初步设想似乎与本书的题目“人权与社会工作”相去甚远，但是，我们一旦了解到启蒙是传统人权观念和主流社会工作的共同资源，我们就会接受后启蒙议题的核心地位。实际上，我们或可指出，只有后启蒙社会工作才能推动人权实现。因为，启蒙经常阻碍人权的实现，它基于规则为本的分类法，将人们置于清晰、整体的类别中，并不可避免地对服务项目自上而下地控制。后启蒙社会工作不必为实践难题提出完整的解决方案，此种详尽的指引在后启蒙时代并不重要。后启蒙社会工作只是向社工提出问题，这有助于他们面对失序并愈加危机四伏的世界，以适切和富有建设性的方式展开实践。





## 结 论

人权话语本质上是希望的话语，它不仅关注何为不公(这是很多社会和政治分析的特色)，而且提出某种或多种愿景，这些愿景关乎何为公正、我们能走向何方及人类理想。我们或许永远不会到达彼岸，人权也将总是“在路上”，但这并不会削弱愿景的力量。这样一种关于希望的话语不仅在社会和政治话语中稀缺，在社会工作话语中也尤其罕见。“一夜暴富”已经成为主导人众的乐观主义愿景，它基于自由市场的消费主义意识形态，不仅本质上不公平，而且注定不可持续。尽管人权话语是否能够提供更可行、更可持续的希望仍有待观察，但前景可期。我们认为，社会工作是以人权为核心的专业，人权奠定了其价值基础，统摄了其全部的实践范围。因而，社会工作实践是将人权愿景变成现实的独特并具有强大潜能的力量。

# 中英文术语对照



| | |
|---|---|
| Accountability | 问责 |
| Activism | 行动主义 |
| Advocacy | 倡导 |
| Amnesty International | 国际特赦组织 |
| Animal rights | 动物权利 |
| Anthropocentrism | 人类中心主义 |
| Appointments | 选任(学术) |
| Assessment | 评估(学生) |
| Aung San Suu Kyi | 昂山素季 |
| Binaries | 二分法 |
| Blaming the victim | 谴责受害人 |
| Bosnia | 波斯尼亚 |
| Boundaries | 界限(专业) |
| Charity Organisation Society | 慈善组织会社 |
| Children | 儿童 |
| Citizenship | 公民身份 |
| Global citizenship | 全球公民权/全球公民身份 |
| "client" | 案主 |
| Client roles | 案主角色 |
| Cold War | 冷战 |
| collaborative learning | 协作学习 |
| collectivism | 集体主义 |
| colonialism | 殖民主义 |
| community development | 社区发展 |
| context | 情境 |

| | |
|---|---|
| conventions | 公约(人权) |
| corporal punishment | 体罚 |
| corporation | 公司 |
| covenants | 条约(人权) |
| Critical theory | 批判理论 |
| Cultural relativism | 文化相对主义 |
| Culturalism | 文化主义 |
| Culture | 文化 |
| Curriculum | 课程 |
| Death penalty | 死刑 |
| Declarations | 宣言(人权) |
| Democracy | 民主 |
| Decentralized democracy | 分权民主 |
| DeliberatIve democracy | 审议民主(协商民主) |
| Electronic democracy | 电子民主 |
| Global democracy | 全球民主 |
| Participatory democracy | 参与民主 |
| Representative democracy | 代议民主 |
| Dialogue | 对话 |
| Disability | 失能(残疾) |
| Disadvantage | 弱势(结构) |
| Discourse/discursive | 话语 |
| Diversity | 多样性 |
| Dualisms | 多元主义 |
| East Timor | 东帝汶 |
| Ecocentrism | 生态中心主义 |
| Economicfundamentalism | 经济原教旨主义 |
| Economics | 经济学 |
| Elder abuse | 老人虐待 |
| Empowerment | 赋权 |
| Enlightenment | 启蒙时代 |
| Ethics | 伦理 |
| modernist | 现代主义 |
| European Union(EU) | 欧盟 |
| Female circumcision | 女性割礼 |
| Feminism | 女性主义(女权主义) |
| Field education | 实习教育 |
| Foucault Michel | 米歇尔 · 福柯 |
| Gandhi Mohandas | 莫罕达斯 · 甘地 |
| Gender | 性别 |

| | |
|---|---|
| Globalization | 全球化 |
| Globalization from below | 自下而上的全球化 |
| Green movement | 绿色运动 |
| Green political theory | 绿色政治理论 |
| Grounded theory | 扎根理论 |
| Groups | 小组 |
| Gusmao Xanana | 夏纳纳·古斯芒 |
| Havel Vaclav | 瓦茨拉夫·哈维尔 |
| History | 历史 |
| Hobbes Thomas | 汤姆斯·霍布斯 |
| Holism | 整体主义 |
| Holocaust | 大屠杀 |
| Human rights | 人权 |
| Human rights and disadvantaged groups | 人权与弱势群体 |
| Human rights and ethics | 人权与伦理 |
| Human rights and liberty | 人权与自由 |
| Human rights and need | 人权与需求 |
| Human rights and responsibility | 人权与责任 |
| "Asian critique" of human rights | 人权的亚洲批判 |
| Civil and political rights | 公民权利与政治权利 |
| Collective rights | 集体权利 |
| Competing claims of rights | 权利主张的冲突 |
| Constructed rights | 建构的权利 |
| Definition rights | 权利界定 |
| Documents rights | 权利文本 |
| Economic，social and cultural rights | 经济、社会和文化权利 |
| Exercising rights | 运用权利 |
| Global discourseof rights | 全球权利话语 |
| Hierarchy of rights | 权利层级 |
| Inabrogable rights | 不可放弃的权利 |
| Inalienable rights | 不可剥夺的权利 |
| Indivisible rights | 不可分割的权利 |
| Intergenerational rights | 代际权利 |
| Legal rights | 法定权利 |
| Local discourse of rights | 本土权利话语 |
| Natural rights | 自然权利 |
| Deductive approaches to human rights practice | 演绎的人权实践 |
| Inductive approaches to human rights practice | 归纳的人权实践 |
| Protection of human rights | 人权保护 |
| Realization of human rights | 人权实现 |

| | |
|---|---|
| Three generations of human rights | 三代人权 |
| Western construction of human rights | 人权的西方建构 |
| Human Rights Watch | 人权观察组织 |
| Humanity | 人性 |
| Ideology | 意识形态 |
| Indigenous people | 原住民 |
| Individualism | 个人主义 |
| Interdependent | 相互依赖 |
| Intergenerational rights | 代际权利 |
| International Federation of Social Workers | 国际社工联 |
| Internationalism | 国际主义 |
| Intervention | 干预 |
| Interview | 会面 |
| Jefferson Thomas | 托马斯 · 杰斐逊 |
| Justice | 正义 |
| Kant Immanuel | 伊曼努尔 · 康德 |
| King Martin Luther | 马丁 · 路德 · 金 |
| Language | 语言 |
| Legal profession | 法律专业 |
| Liberalism | 自由主义 |
| Liberty | 自由 |
| Linear thinking | 线性思考 |
| Localization | 本土化 |
| Locke John | 约翰 · 洛克 |
| Management | 管理 |
| Managerialism | 管理主义 |
| Mandela Nelson | 尼尔森 · 曼德拉 |
| Maslow Abraham | 亚伯拉罕 · 马斯洛 |
| Means and ends | 手段和目的 |
| Metaphors | 隐喻(军事) |
| Mill John Stuart | 米尔 · 约翰 · 斯图亚特(穆勒) |
| Models | 模式 |
| Modernity | 现代性(定义) |
| Morality | 德性 |
| Nanking massacre | 南京大屠杀 |
| Needs | 需求 |
| Negative rights | 消极权利 |
| Neo-liberalism | 新自由主义 |
| Non-government organizations (NGOs) | 非政府组织 |
| Non-state abusers | 非国家人权滥用者 |

| | |
|---|---|
| Obligations | 义务 |
| Older people | 老人 |
| Oppression | 压迫 |
| Organizational practice | 组织实践 |
| Organizational structure | 组织结构 |
| Organizations | 组织 |
| Participation | 参与 |
| Passion | 热情(激情) |
| Patriarchy | 家长制 |
| Pedagogy | 教育学(批判) |
| Personal and political | 个人与政治 |
| Planning | 规划(计划) |
| Positive rights | 积极权利 |
| Post-colonialism | 后殖民主义 |
| Postmodernism | 后现代主义 |
| Post-structuralism | 后结构主义 |
| Practice | 实践 |
| Anti-colonialist practice | 反殖民主义者的实践 |
| Best practice | 最佳实践 |
| Evidence-based practice | 证据为本的实践 |
| Macro and micro practice | 宏观和微观实践 |
| Praxis | 现实 |
| Dialogical praxis | 现实对话 |
| Private and public | 私人与公共 |
| Professional associations | 专业协会 |
| Professionalism | 专业主义 |
| Racism | 种族主义 |
| Rationality | 理性 |
| Referendums | 公投 |
| Reframing | 重构 |
| Relativism | 相对主义 |
| Research | 研究 |
| Rousseau Jean-Jacques | 让・雅各・卢梭 |
| Smith Adam | 亚当・斯密 |
| Social democratic ideology | 社会民主意识形态 |
| Social work | 社会工作 |
| Social work education | 社会工作教育 |
| Global practice of social work | 社会工作全球实践 |
| Organizational context of social work | 社会工作组织情境(机构情境) |
| Post-enlightenment social work | 后启蒙时代的社会工作 |

| | |
|---|---|
| South Africa | 南非 |
| State，erosion of state | 国家，国家的腐蚀(国家的退却) |
| Stolen generations | 被偷走的一代 |
| Students | 学生 |
| Supervision | 督导 |
| System theory | 系统理论 |
| Trade union | 工会 |
| Truth and reconciliation | 真相与和解 |
| United Nations | 联合国 |
| Universal Declaration of Human Rights(UDHR) | 世界人权宣言 |
| Universalism | 普遍主义 |
| Universality | 普遍性 |
| Voltaire Francois | 弗兰克斯·伏尔泰 |
| Voting | 投票 |
| Welfare state，crisis of welfare state | 福利国家，福利国家的危机 |
| Western construction of human rights | 人权的西方建构 |
| Women | 女性 |

# 参考文献



Aguilar, M. 1997, 'Mexico'. In Mayadas et al., *International Handbook on Social Work Theory and Practice*, pp. 60–75.

Alinsky, S. 1971, *Rules for Radicals: A Practical Primer for Realistic Radicals*, New York: Random House.

Alston, P. 1994, *The Best Interests of the Child: Reconciling Culture and Human Rights*, New York: Oxford University Press.

Angle, S. 2002, *Human Rights and Chinese Thought: A Cross-Cultural Inquiry*, Cambridge University Press.

Attfield, R. 1983, *The Ethics of Environmental Concern*, Oxford: Basil Blackwell.

Aziz, N. 1999, 'The Human Rights Debate in an Era of Globalization'. In Van Ness, *Debating Human Rights: Critical Essays from the United States and Asia*, pp. 32–55.

Baier, A. C. 1994, *Moral Prejudices: Essays on Ethics*, Cambridge, Mass.: Harvard University Press.

Barber, J. 1991, *Beyond Casework*, London: Macmillan.

Barnes, C. 1990, *Cabbage Syndrome: The Social Construction of Dependence*, Basingstoke: Falmer Press.

Bateman, N. 1995, *Advocacy Skills: A Handbook for Human Service Professionals*, Aldershot, UK: Ashgate.

Bauer, J., and D. Bell (eds) 1999, *The East Asian Challenge for Human Rights*, Cambridge University Press.

Bauman, Z. 1993, *Postmodern Ethics*, Oxford: Blackwell.

Bauman, Z. 1995, *Life in Fragments: Essays in Postmodern Morality*, Oxford: Blackwell.

Bauman, Z. 1998, *Globalization: The Human Consequences*, Cambridge: Polity Press.

Bauman, Z. 1999, *In Search of Politics*, Cambridge: Polity Press.

Beck, U. 1997, *The Reinvention of Politics: Rethinking Modernity in the Global Social Order*, Cambridge: Polity Press.

Beck, U. 2000, *What is Globalization?*, Cambridge: Polity Press.

Beetham, D. (ed.) 1995, *Politics and Human Rights*, Oxford: Blackwell.

Beetham, D. 1999, *Democracy and Human Rights*, Cambridge: Polity Press.

Benn, C. 1981, *Attacking Poverty Through Participation: A Community Approach*, Melbourne: PIT Publishing.

Benn, C. 1991, 'Social Justice, Social Policy and Social Work', *Australian Social Work* 44(4): 33–42.

Benn, S., and R. Peters 1959, *Social Principles and the Democratic State*, London: Allen & Unwin.

Bentham, J. 1983, 'Deontology: Theoretical'. In A. Goldworth (ed.), *The Collected Works of Jeremy Bentham: Deontology Together with a Table of Springs of Action and Article on Utilitarianism*, Oxford: Clarendon Press, pp. 117–247.

Berger, T. 1991, *A Long and Terrible Shadow: White Values, Native Rights in the Americas 1492–1992*, Vancouver: Douglas McIntyre.

Biggs, S., C. Phillipson and P. Kingston 1995, *Elder Abuse in Perspective*, Buckingham: Open University Press.

Blickle, R. 1993, 'Appetitus Liberatis, A Social Historical Approach to the Development of the Earliest Human Rights: The Example of Bavaria'. In Schmale, *Human Rights and Cultural Diversity*, pp. 143–162.

Bobbio, N. 1996, *The Age of Rights*, transl. A. Cameron, Cambridge: Polity Press.

Bookchin, M. 1990, *Remaking Society: Pathways to a Green Future*, Boston: South End Press.

Booth, K. 1999, 'Three Tyrannies'. In Dunne and Wheeler, *Human Rights in Global Politics*, pp. 31–70.

Braidotti, R., E. Charkiewicz, S. Hausler and S. Wieringa 1994, *Women, The Environment and Sustainable Development*, London: Zed Books.

Brecher, J., and T. Costello 1994, *Global Village or Global Pillage: Economic Reconstruction from the Bottom Up*, Boston: South End Press.

Bröhmer, J. 1997, *State Immunity and the Violation of Human Rights*, The Hague: Kluwer Law International.

Brown, C. 1998, 'Human rights'. In J. Baylis and S. Smith (eds), *The Globalization of World Politics: An Introduction to International Relations*, New York: Oxford University Press, pp. 469–482.

Brown, C. 1999, 'Universal human rights: a critique'. In Dunne and Wheeler, *Human Rights in Global Politics*, pp. 103–127.

Brysk, A. (ed.) 2002, *Globalization and Human Rights*, Berkeley: University of California Press.

Bryson, L. 1992, *Welfare and the State: Who Benefits?*, London: Macmillan.

Burrows, R., and B. Loader (eds) 1994, *Towards a Post-Fordist Welfare State?*, London: Routledge.

Carter, A. 1999, *A Radical Green Political Theory*, London: Routledge.

Carty, A. (ed.) 1990, *Post-Modern Law: Enlightenment Revolution and the Death of Man*, Edinburgh University Press.

Cassese, A. 1990, *Human Rights in a Changing World*, Philadelphia: Temple University Press.

Castells, M. 1996, *The Information Age: Economy, Society and Culture*, vol. 1, *The Rise of the Network Society*, Malden, Mass.: Blackwell.





Castells, M. 1997, *The Information Age: Economy, Society and Culture*, vol. 2, *The Power of Identity*, Malden, Mass.: Blackwell.

Castells, M. 1998, *The Information Age: Economy, Society and Culture*, vol. 3, *The End of Millennium*, Malden, Mass.: Blackwell.

Centre for Human Rights 1994, *Human Rights and Social Work: A Manual for Schools of Social Work and the Social Work Profession*, Professional Training Series No. 1, Geneva: United Nations.

Chomsky, N. 1998, 'The United States and the Challenge of Relativity'. In T. Evans (ed.), *Human Rights Fifty Years On: A Reappraisal*, Manchester University Press, pp. 24–56.

Clapham, A. 1993, *Human Rights in the Private Sphere*, Oxford: Clarendon Press.

Clark, C. 2000, *Social Work Ethics: Politics, Principles and Practice*, London: Macmillan.

Clegg, S. 1989, *Frameworks of Power*, London: Sage.

Coleman, J. 1993, 'Medieval Discussions of Human Rights'. In Schmale, *Human Rights and Cultural Diversity*, pp. 103–120

Compton, B., and B. Galaway 1999, *Social Work Processes*, 6th edn, Pacific Grove, Calif.: Brookes/Cole Publishing Co.

Cook, W., and R. Herzman 1983, *The Medieval World View: An Introduction*, New York: Oxford University Press.

Coote, A., and B. Campbell 1982, *Sweet Freedom: The Struggle for Women's Liberation*, Oxford: Blackwell.

Corey, G., M. Corey and P. Callanan 1998, *Issues and Ethics in the Helping Professions*, 5th edn, Pacific Grove, Calif.: Brooks/Cole Publishing Co.

Cornely, S., and D. Bruno 1997, 'Brazil'. In Mayadas et al., *International Handbook on Social Work Theory and Practice*, pp. 93–110.

Cox, K. R. (ed.) 1997, *Spaces of Globalization: Reasserting the Power of the Local*, New York: Guilford Press.

Craig, G., and M. Mayo (eds) 1995, *Community Empowerment: A Reader in Participation and Development*, London and Atlantic Highlands, N.J.: Zed Books.

Crotty, M. 1998, *The Foundations of Social Research: Meaning and Perspective in the Research Process*, Sydney: Allen & Unwin.

Czerny, M. 1993, 'Liberation theology and human rights'. In Mahoney and Mahoney, *Human Rights in the Twenty-First Century*, pp. 33–39.

Dalacoura, K. 2003, *Islam, Liberalism and Human Rights*, London: Tauris & Co.

Dauncey, G. 1988, *After the Crash: The Emergence of the Rainbow Economy*, Basingstoke: Green Print.



Davis, M. (ed.) 1995, *Human Rights and Chinese Values: Legal, Philosophical, and Political Perspectives*, New York: Oxford University Press.

Deacon, B. 1997, *Global Social Policy: International Organizations and the Future of Welfare*, London: Sage.

Deacon, B. 1999, 'Social Policy in a Global Context'. In A. Hurrell and N. Woods (eds), *Inequality, Globalization and World Politics*, Oxford: Oxford University Press, pp. 211–247.

De Bary, W., and T. Weiming (eds) 1998, *Confucianism and Human Rights*, New York: Columbia University Press.

de Feyter, K. 2005, *Human Rights: Social Justice in the Age of the Market*, London: Zed Books.

de Schweinitz, K. 1943, *England's Road to Social Security*, New York: Barnes & Co.

Dobson, A. 1995, *Green Political Thought*, 2nd edn, London: Routledge.

Dominelli, L., and E. McLeod 1989, *Feminist Social Work*, London: Macmillan.

Douzinas, C. 2000, *The End of Human Rights: Critical Legal Thought at the Turn of the Century*, Oxford: Hart Publishers.

Douzinas, C. 2007, *Human Rights and Empire: The Political Philosophy of Cosmopolitanism*, London: Routledge.

Doyal, L., and I. Gough 1991, *A Theory of Human Need*, London: Macmillan.

Dreidger, D. 1989, *The Last Civil Rights Movement: Disabled Peoples' International*, London: Hurst & Co.

Du Bois, E. 1998, *Woman Suffrage: Women's Rights*, New York University Press.

Dunne, T., and N. Wheeler (eds) 1999, *Human Rights in Global Politics*, Cambridge University Press.

Duparc, C. 1993, *The European Community and Human Rights*, Luxembourg: Office for Official Publications of the European Communities.

Dupont-Bouchat, S. 1993, 'Criminal Law and Human Rights in Western Europe (14th–18th Centuries). The Example of Torture and Punishment. Theory and Practice'. In Schmale, *Human Rights and Cultural Diversity*. pp. 183–197.

Eckersley, R. 1992, *Environmentalism and Political Theory*, New York: SUNY Press.

Ekins, P. 1992, *A New World Order: Grassroots Movements for Global Change*, London: Routledge.

Falk, R. 1993, 'The Making of Global Citizenship'. In J. Brecher, J. Childs and J. Cutler (eds), *Global Visions: Beyond the New World Order*, Boston: South End Press, pp. 39–50.

Falk, R. 2000a, *Human Rights Horizons: The Pursuit of Justice in a Globalizing World*, New York: Routledge.

Falk, R. 2000b, 'Global Society and the Democratic Prospect'. In Holden, *Global Democracy*, pp. 162–178.

Fatic, A. 1995, *Punishment and Restorative Crime-Handling: A Social Theory of Trust*, Aldershot, UK: Avebury.

Fattore, T., M. Galloway-Smith and N. Turnbull 2000, 'Managerialism Meets Human Rights: The Consequences for Children'. In Rees and Wright, *Human Rights and Corporate Responsibility*, pp. 210–232.

Fay, B. 1975, *Social Theory and Political Practice*, London: Allen & Unwin.

Fay, B. 1987, *Critical Social Science*, Cambridge: Polity Press.

Feinberg, J. 1973, *Social Philosophy*, Englewood Cliffs, N.J.: Prentice-Hall.

Fisher, R., and H. Karger 1997, *Social Work and Community in a Private World: Getting Out in Public*, New York: Longman.

Fook, J. 1993, *Radical Social Work: A Theory of Practice*, Sydney: Allen & Unwin.

Fook, J. 1996, *The Reflective Researcher: Social Worker's Theories of Practice Research*, Sydney: Allen & Unwin.

Foucault, M. 1970, *The Order of Things: An Archaeology of the Human Sciences*, London: Tavistock Publications.

Foucault, M. 1972, *The Archaeology of Knowledge*, transl. S. Smith, London: Routledge.

Foucault, M. 1986, 'Truth and Power'. In P. Rabinow (ed.), *The Foucault*

*Reader: An Introduction to Foucault's Thought*, Harmondsworth: Penguin Books.

Foucault, M. 1991, *Discipline and Punish: The Birth of the Prison*, Harmondsworth: Penguin Books.

Fox, J., and D. Brown (eds) 1998, *The Struggle for Accountability: The World Bank, NGOs and Grassroots Movements*, Cambridge, Mass.: MIT Press.

Fox, W. 1990, *Towards a Transpersonal Ecology: Developing New Foundations for Environmentalism*, Boston: Shambhala.

Franklin, B., and N. Parton (eds) 1991, *Social Work, the Media and Public Relations*, London: Routledge.

Freeman, M. 2002, *Human Rights*, Cambridge: Polity Press.

Freire, P. 1972, *Cultural Action for Freedom*, Harmondsworth: Penguin Books.

Freire, P. 1985, *The Politics of Education: Culture, Power, and Liberation*, transl. D. Macedo, Westport, Conn.: Bergin & Garvey.



Freire, P. 1996, *Pedagogy of the Oppressed*, Harmondsworth: Penguin Books.

French, M. 1992, *The War Against Women*, Oxford: Blackwell.

Gaha, J. 1997, 'A Professional Code of Ethics – an Imperfect Regulator'. In A. Alexandria, M. Collingridge and S. Miller (eds), *Proceedings of the Annual Conference of the Association for Professional and Applied Ethics*, Wagga Wagga, NSW: Keon Publications.

Gaikwad, V. 1981, 'Community Development in India'. In R. Dore and Z. Mars (eds), *Community Development: Comparative Studies in India, The Republic of Korea, Mexico and Tanzania*, Paris: UNESCO.

Gale, F., N. Bolzan & D. McRae-McMahon 2007, *Spirited Practices: Spirituality and the Helping Professions*, Crows Nest NSW: Allen & Unwin.

Galtung, J. 1994, *Human Rights in Another Key*, Cambridge: Polity Press.

Galtung, J. 2000, 'Alternative Models for Global Democracy'. In Holden, *Global Democracy*, pp. 143–161.

Gandhi, M. 1964, *Gandhi on Non-violence: Selected Texts from Mohandas K. Gandhi's 'Nonviolence in Peace and War'*, ed. T. Merton, New York: New Directions Publishing.

Gangjian, D., and S. Gang 1995, 'Relating Human Rights to Chinese Culture: The Four Paths of the Confucian Analects and the Four Principles of a New Theory of Benevolence'. In M. Davies (ed.), *Human Rights and Chinese Values: Legal, Philosophical and Political Perspectives*, New York: Oxford University Press, pp. 35–56.

Garkawe, S., L. Kelly and W. Fisher 2001, *Indigenous Human Rights*,

Sydney: Sydney Institute of Criminology Monograph Series No. 14.

Gastil, J. 1993, *Democracy in Small Groups: Participation, Decision Making and Communication*, Philadelphia: New Society Publishers.

George, V., and P. Wilding 1984, *The Impact of Social Policy*, London: Routledge.

George, V., and P. Wilding 1994, *Welfare and Ideology*, London: Harvester Wheatsheaf.

Germaine, C. 1991, *Human Behaviour in the Social Environment: An Ecological View*, New York: Columbia University Press.

Geuss, R. 1981, *The Idea of a Critical Theory: Habermas and the Frankfurt School*, Cambridge University Press.

Gil, D. 1998, *Confronting Injustice and Oppression: Concepts and Strategies for Social Workers*, New York: Columbia University Press.

Giroux. H. 1989, *Schooling for Democracy: Critical Pedagogy in the Modern Age*, London: Routledge.

Goddard, C., and R. Carew 1993, *Responding to Children: Child Welfare Practice*, Melbourne: Longman Cheshire.

Goodin, R. 1992, *Green Political Theory*, Cambridge: Polity Press.

Goodin, R., H. Headey, R. Muffels and H. Dirven (eds) 1999, *The Real Worlds of Welfare Capitalism*, Cambridge University Press.

Griffin, J. 1996, *Value Judgement: Improving our Ethical Beliefs*, Oxford: Clarendon Press.

Habermas, J. 1984, *The Theory of Communicative Action*, vol. 1, *Reason and the Rationalisation of Society*, transl. T. McCarthy, Boston: Beacon Press.

Harcourt, W. (ed.) 1994, *Feminist Perspectives on Sustainable Development*, London: Zed Books.

Harlow, E., and J. Lawler (eds) 2000, *Management, Social Work and Change*, Aldershot, UK: Ashgate.

Harvey, D. 1989, *The Condition of Postmodernity: An Enquiry into the Origins of Cultural Change*, Oxford: Blackwell.

Havel, V. 1991, *Václav Havel: Open Letters*, London: Faber & Faber.

Havel, V. 1992, *Summer Meditations: on Politics, Morality and Civility in a Time of Transition*, London: Faber & Faber.

Hawkins, P., and R. Shoher 1989, *Supervision in the Helping Professions: An Individual, Group, and Organizational Approach*, Birmingham: Open University Press.

Hayden, P. (ed.) 2001, *The Philosophy of Human Rights*, St Paul, Minn.: Paragon House.

Hazlehurst, K. (ed.) 1995, *Popular Justice and Community Regeneration: Pathways of Indigenous Reform*, Westport, Conn.: Praeger.

Healy, K. 2000, *Social Work Practices: Contemporary Perspectives on Change*, London: Sage.

Healy, W., J. Rimmer and J. Ife 1986, 'Cultural Imperialism and Social Work Education in Australia'. In R. Berreen, D. Grace and T. Vinson (eds), *Advances in Social Work Education*, Sydney: University of NSW.

Held, D. 1987, *Models of Democracy*, Stanford University Press.

Held, D. 1999, 'The Transformation of Political Community: Rethinking Democracy in the Context of Globalization'. In I. Shapiro and C. Hacker-Cordon (eds), *Democracy's Edges*, Cambridge University Press.

Held, D. 2000, 'The Changing Contours of Political Community: Rethinking Democracy in the Context of Globalization'. In Holden, *Global Democracy*, pp. 17–31.

Held, D., A. McGrew, D. Goldblatt and J. Perraton 1999, *Global Transformations: Politics, Economics and Culture*, Cambridge: Polity Press.

Herman, E., and N. Chomsky 1988, *Manufacturing Consent: The Political Economy and the Mass Media*, New York: Pantheon.

Heron, J. 1990, *Helping the Client: A Creative Guide*, London: Sage.

Hershock, P. 2000, 'Dramatic Intervention: Human Rights from a Buddhist Perspective', *Philosophy East and West* 50(1): 9–33.

Hines, C. 2000, *Localization: A Global Manifesto*, London: Earthscan.

Hirst, P., and G. Thompson 1996, *Globalization in Question*, Cambridge: Polity Press.

Hirst, P., and G. Thompson 2000, 'Global Myths and National Policies'. In Holden, *Global Democracy*, pp. 47–59.

Holden, B. (ed.) 2000, *Global Democracy* : Key Debates, London: Routledge.

Holmes, S., and C. Sunstein 1999, *The Cost of Rights: Why Liberty Depends on Taxes*, New York: Norton.

hooks, b. 1981, *Ain't I A Woman? Black Women and Feminism*, London: Pluto Press.

Howard, R. 1995, *Human Rights and the Search for Community*, Boulder, Col.: Westview Press.

Howe, D. 1994, 'Modernity, Postmodernity and Social Work', *British Journal of Social Work* 24(1): 513–532.

Human Rights and Equal Opportunity Commission (HREOC) 1996, *Annual Report 1995–96*, Canberra: Australian Government Publishing Service.

Human Rights and Equal Opportunity Commission (HREOC) 1997, *Bringing Them Home: National Inquiry into the Separation of Aboriginal and Torres Strait Islander Children from their Families*, Sydney:

Commonwealth of Australia.

Humphreys, M. 1994, *Empty Cradles*, London: Doubleday.

Ife, J. 1980, 'The Determination of Social Needs: A Model of Need Statements in Social Administration', *Australian Journal of Social Issues* 15(2): 92–107.

Ife, J. 1997a, 'Australia'. In Mayadas et al., *International Handbook on Social Work Theory and Practice*, pp. 383–407.

Ife, J. 1997b, *Rethinking Social Work: Towards Critical Practice*, Melbourne: Longman.

Ife, J. 1999, 'Postmodernism, Critical Theory and Social Work'. In Pease and Fook, *Transforming Social Work Practice*, pp. 211–223.

Ife, J. 2000, 'Localized Needs in a Globalized Economy: Bridging the Gap with Social Work Practice', *Canadian Social Work* 2(1)/*Canadian Social Work Review* 17 (Joint issue): 50–64.

Ife, J. 2002, *Community Development: Community-based Alternatives in an Age of Globalisation*, Melbourne: Pearson.

Ife, J. 2006, 'Human Rights Beyond the Three Generations'. In Porter and Offord, *Activating Human Rights*, pp. 29–46.

Ife, J. 2007, 'Cultural Relativism and Community Activism'. In Reichert, *Challenges in Human Rights*, pp. 76–96.

Illich, I., I. Zola, J. McKnight, J. Caplin and S. Shaiken 1977, *Disabling Professions*, London: Marion Boyars.

Ishay, M. R. (ed.) 1997, *The Human Rights Reader*, New York: Routledge.

Jacobsen, J. 1994, *The Economics of Gender*, Cambridge, Mass.: Blackwell.

Jamrozik, A., and L. Nocella 1998, *The Sociology of Social Problems: Theoretical Perspectives and Methods of Intervention*, Cambridge University Press.

Janke, T. 2000, 'Our Culture/Our Future: Indigenous Cultural and Intellectual Rights'. In Rees and Wright, *Human Rights and Corporate Responsibility*, pp. 69–88.

Jenkins, K. 1999, *Why History? Ethics and Postmodernity*, London: Routledge.

Jenks, C. 1993, *Culture*, London: Routledge.

Jessop, B. 1994, 'The Transition to Post-Fordism and the Schumpeterian Workforce State'. In Burrows and Loader, *Towards a Post-Fordist Welfare State?*, pp. 13–37.

Jones, A., and J. May 1992, *Working in Human Service Organisations*, Melbourne: Longman.

Jones, P. 1994, *Rights: Issues in Political Theory*, London: Macmillan.

Kadushin, A., and G. Kadushin 1997, *The Social Work Interview: A Guide for Human Service Professionals*, 4th edn, New York: Columbia University Press.

Keat, R. 1981, *The Politics of Social Theory: Habermas, Freud and the Critique of Positivism*, Oxford: Blackwell.

Keck, M., and K. Sikkink 1998, *Activists Beyond Borders: Advocacy Networks in International Politics*, Ithaca, N.Y.: Cornell University Press.

Kellert, S. 1993, *In the Wake of Chaos*, Chicago University Press.

Kenny, S. 1999, *Developing Communities for the Future: Community Development in Australia*, Melbourne: Nelson.

Kirby, S., and K. McKenna 1989, *Experience, Research, Social Change: Methods from the Margins*, Toronto: Garamond Press.

Knudtson, P., and D. Suzuki 1992, *Wisdom of the Elders*, Sydney: Allen & Unwin.



Kumar, K. 1995, *From Post-Industrial to Post-Modern Society: New Theories of the Contemporary World*, Oxford: Blackwell.

Laber, J. 2002, *The Courage of Strangers: Coming of Age with the Human Rights Movement*, New York: Public Affairs.

Lawler, J. 2000, 'The Rise of Managerialism in Social Work'. In Harlow and Lawler, *Management, Social Work and Change*, pp. 33–55.

Lawson, H. 2000, 'Globalization, Knowledgescapes and the Social Work Imagination'. Paper presented at Joint Conference of International Federation of Social Workers and International Association of Schools of Social Work, Montreal.

Lee, E. 1996, 'Marxism and Feminist Theory'. In S. Wolton (ed.), *Mysticism, Marxism and Modern Theory*, London: Macmillan.

Lee, J. 1994, *The Empowerment Approach to Social Work Practice*, New York: Columbia University Press.

Leighninger, L., and J. Midgley 1997, 'United States of America'. In Mayadas et al., *International Handbook on Social Work Theory and Practice*, pp. 9–28.

Leonard, P. 1997, *Postmodern Welfare: Restructuring an Emancipatory Project*, London: Sage.

Leone, R., and G. Anrig 2003, *The War on Our Freedoms: Civil Liberties in an Age of Terrorism*, New York: Public Affairs.

Li, X. 1999, 'Why the Republic was Refused in Australia?', *Beijing Review* 42(47): 9.

Liffman, M. 1978, *Power for the Poor: The Family Centre Project, an Experiment in Self-Help*, Sydney: Allen & Unwin.

Lipsky, M. 1980, *Street-Level Bureaucracy: Dilemmas of the Individual in*

*Public Services*, New York: Russell Sage Foundation.

Little, D. 1999, 'A Different Kind of Justice: Dealing with Human Rights Violations in Transitional Societies', *Ethics and International Affairs* 13: 65–80.

Lloyd, M., and A. Thacker (eds) 1997, *The Impact of Michel Foucault on the Social Sciences and Humanities*, New York: St Martin's Press.

Loescher, G. 1999, 'Refugees: a Global Human Rights and Security Crisis'. In Dunne and Wheeler, *Human Rights in Global Politics*, pp. 233–258.

Loewenberg, F., R. Dolgoff and D. Harrington 2000, *Ethical Decisions for Social Work Practice*, 6th edn, Itasca, Ill.: Peacock.

Lyons, G., and J. Mayall (eds) 2003, *International Human Rights in the 21st Century: Protecting the Rights of Groups*, Lanham: Rowman & Littlefield.

Machan, T. 1989, *Individuals and Their Rights*, La Salle, Ill.: Open Court Publishing.



Macy, J. 2007, *World as Lover, World as Self: Courage for Global Justice and Ecological Renewal*, Berkeley Calif: Parallax Press

Mahoney, K., and P. Mahoney (eds) 1993, *Human Rights in the Twenty-First Century: A Global Challenge*, Dordrecht: Martinus Nijhoff.

Mandela, N. 1994, *Long Walk to Freedom: the Autobiography of Nelson Mandela*, Boston: Little Brown.

Marshall, P., 1992, *Demanding the Impossible: A History of Anarchism*, London: HarperCollins.

Martin, S., and H. Schumann 1997, *The Global Trap: Globalization and the Assault on Democracy and Prosperity*, transl. P. Camiller, Sydney: Pluto Press.

Maslow, A. 1970, *Motivation and Personality*, 2nd edn, New York: Harper & Row.

Mayadas, N., T. Watts and D. Elliott (eds) 1997, *International Handbook on Social Work Theory and Practice*, Westport, Conn.: Greenwood Press.

McDonald, C. 1999, 'Human Service Professionals in the Community Service Industry', *Australian Social Work* 52(1): 17–25.

McIntyre, J. 1995, *Achieving Social Rights and Responsibility: Towards a Critical Humanist Approach to Community Development*, Melbourne: Community Quarterly.

McKillip, J. 1987, *Need Analysis: Tools for the Human Services and Education*, Newbury Park, Calif.: Sage Publications.

McLaren, P., and C. Lankshear (eds) 1994, *Politics of Liberation: Paths from Freire*, London: Routledge.

McLaren, P., and P. Leonard (eds) 1993, *Paulo Freire: A Critical Encounter*, London: Routledge.

Meijer, M. (ed.) 2001, *Dealing with Human Rights: Asian and Western Views on the Value of Human Rights*, Utrecht: HOM.

Meyer, B., and P. Geschiere (eds) 1999, *Globalization and Identity: Dialectics of Flow and Closure*, Oxford: Blackwell.

Mill, J. S. 1906, *On Liberty*, London: Everyman's Library.

Mills, C. W. 1970, *The Sociological Imagination*, Harmondsworth: Penguin.

Mishra, R. 1984, *The Welfare State in Crisis: Social Thought and Social Change*, Brighton: Wheatsheaf.

Mishra, R. 1999, *Globalization and the Welfare State*, Cheltenham: Edward Elgar.

Mittelman, J. 2000, *The Globalization Syndrome: Transformation and Resistance*, Princeton University Press.

Mitterauer, M., and R. Seider 1982, *The European Family: Patriarchy to Partnership from the Middle Ages to the Present*, transl. K. Oosterveen and M. Hörzinger, Oxford: Blackwell.

Monbiot, G. 2004, *The Age of Consent: A Manifesto for the New World Order*, London: Harper Perennial.

Monshipouri, M., N. Englehart, A. Nathan and K. Philip (eds) 2003, *Constructing Human Rights in the Age of Globalization*, Armonk, N.Y.: M.E. Sharpe.

Moussalli, A. 2001, *The Islamic Quest for Democracy, Pluralism and Human Rights*, Gainesville, Fl.: University Press of Florida.

Mullaly, R. 1997, *Structural Social Work: Ideology, Theory and Practice*, 2nd edn, Toronto: Oxford University Press.

Narayan, L. 2000, 'Freire and Gandhi: Their Relevance for Social Work Education', *International Social Work* 43(2): 193–204.

Neuwahl, N., and A. Rosas (eds) 1995, *The European Union and Human Rights*, The Hague: Kluwer Law International.

Neysmith, S. (ed.) 1999, *Critical Issues for Future Social Work Practice with Aging Persons*, New York: Columbia University Press.

Nirmal, C. 2000, *Human Rights in India: Historical, Social and Political Perspectives*, New Delhi: Oxford University Press.

Nozick, M. 1992, *No Place Like Home: Building Sustainable Communities*, Ottawa: Canadian Council on Social Development.

O'Byrne, D. 2003, *Human Rights: An Introduction*, Harlow: Pearson.

Offe, C. 1984, *Contradictions of the Welfare State*, London: Hutchinson.

Office of Seniors' Interests 1999, Final Report 1998/99 Government of Western Australia, <www.osi.wa.gov.au/pubs/seniors99.pdf>.

Orend, B. 2002, *Human Rights: Concept and Context*, Peterborough, Ont.: Broadview Press.

Parekh, B. 1999, 'Non-ethnocentric Universalism'. In Dunne and Wheeler, *Human Rights in Global Politics*, pp. 128–159.

Parker, S., B. Pease and J. Fook 1999, 'Empowerment: The Modernist Social Work Concept par excellence'. In Pease and Fook, *Transforming Social Work Practice*, Sydney: Allen & Unwin.

Parton, N., and P. O'Byrne 2000, *Constructive Social Work: Towards a New Practice*, London: Macmillan.

Patel, R. 2009, *The Value of Nothing: How to Reshape Market Society and Redefine Democracy*, Melbourne: Black Inc.

Pease, R., and J. Fook (eds) 1999, *Transforming Social Work Practice: Postmodern and Critical Perspectives*, Sydney: Allen & Unwin.

Pereira, W. 1997, *Inhuman Rights: The Western System and Global Human Rights Abuse*, Penang: The Other India Press, The Apex Press and Third World Network.





Pettman, J. 1996, *Worlding Women: A Feminist International Politics*, London, Routledge.

Pincus, A., and A. Minahan 1976, *Social Work Practice: Model and Method*, Itasca, Ill.: Peacock.

Plumwood, V. 1993, *Feminism and the Mastery of Nature*, London: Routledge.

Porter, E., and B. Offord (eds) 2006, *Activating Human Rights*, Oxford: Peter Lang.

Queiro, I. 1997, 'Latin America'. In Mayadas et al., *International Handbook on Social Work Theory and Practice*, pp. 51–59.

Ragg, N. 1977, *People Not Cases: A Philosophical Approach to Social Work*, London: Routledge & Kegan Paul.

Rajagopal, B. 2003, *International Law from Below: Development, Social Movements and Third World Resistance*, Cambridge University Press.

Ratner, S., and J. Abrams 1997, *Accountability for Human Rights Atrocities in International Law: Beyond the Nuremberg Legacy*, New York: Oxford University Press.

Ray, L. 1993, *Rethinking Critical Theory: Emancipation in the Age of Global Social Movements*, London: Sage.

Rayner, M. 1998, *Rooting Democracy: Growing the Society We Want*, Sydney: Allen & Unwin.

Rees, S. 1991, *Achieving Power: Practice and Policy in Social Welfare*, Sydney: Allen & Unwin.

Rees, S., and G. Rodley (eds) 1995, *The Human Costs of Managerialism:*

*Advocating the Recovery of Humanity*, Sydney: Pluto Press.

Rees, S., and S. Wright (eds) 2000, *Human Rights and Corporate Responsibility*, Sydney: Pluto Press.

Rees, S., G. Rodley and F. Stilwell (eds) 1993, *Beyond the Market: Alternatives to Economic Rationalism*, Sydney: Pluto Press

Reichert, E. 2003, *Social Work and Human Rights: A Foundation for Policy and Practice*, New York: Columbia University Press.

Reichert, E. (ed.) 2007, *Challenges in Human Rights: A Social Work Perspective*, New York: Columbia University Press.

Riches, G. (ed.) 1997, *First World Hunger: Food Security and Welfare Politics*, New York: St Martin's Press.

Roberts, J., and L. Stalans 1997, *Public Opinion, Crime, and Criminal Justice*, Boulder, Col.: Westview Press.

Robinson, D., and C. Sidoti 2000, 'The Status of Human Rights in Australia'. In Rees and Wright, *Human Rights and Corporate Responsibility*, pp. 24–40.



Rodger, J. 2000, *From a Welfare State to a Welfare Society: The Changing Context of Social Policy in a Postmodern Era*, London: Macmillan.

Roemer, J. 1999, 'Does Democracy Engender Justice?' In I. Shapiro and C. Hacker-Cordon (eds), *Democracy's Value*, Cambridge University Press.

Rooney, R. 1992, *Strategies for Work With Involuntary Clients*, New York: Columbia University Press.

Rorty, R. 1998, *Truth and Progress: Philosophical Papers*, Cambridge University Press.

Rosenau, P. 1992, *Post-Modernism and the Social Sciences: Insights, Inroads and Intrusions*, Princeton University Press.

Ryan, T. 2011, *Animals and Social Work: A Moral Introduction*, London: Palgrave Macmillan

Said, E. 1993, *Culture and Imperialism*, New York: Random House.

Said, E. 1995, *Orientalism*, Harmondsworth: Penguin.

Saunders, P. 1994, *Welfare and Inequality: National and International Perspectives on the Australian Welfare State*, Cambridge University Press.

Saward, M. 1998, *The Terms of Democracy*, Cambridge: Polity Press.

Schmale, W. (ed.) 1993, *Human Rights and Cultural Diversity*, Goldbach, Germany: Keip.

Seidman, S. (ed.) 1994, *The Postmodern Turn: New Perspectives on Social Theory*, Cambridge University Press.

Sellars, K. 2002, *The Rise and Rise of Human Rights*, Phoenix Mill, UK:

Sutton Publishing.

Setälä, M. 1999, *Referendums and Democratic Government: Normative Theory and the Analysis of Institutions*, London: Macmillan.

Shields, K. 1991, *In the Tiger's Mouth: An Empowerment Guide for Social Action*, Sydney: Millennium Books.

Shiva, V. 2005, *Earth Democracy: Justice, Sustainability and Peace*, London: Zed Books.

Simmons, A. 1992, *The Lockean Theory of Rights*, Princeton University Press.

Sinclair, R. 1988, *Democracy and Participation in Athens*, Cambridge University Press.

Smith, S., D. Williams and A. Johnson 1997, *Nurtured By Knowledge: Learning to Do Participatory Action Research*, New York: Apex Press.

Solas, J. 2000, 'Can a Radical Social Worker Believe in Human Rights?', *Australian Social Work* 53(1): 65–70.

Stapleton, J. 1995, *Group Rights: Perspectives Since 1900*, Bristol: Thoemmes Press.

Strauss, A., and J. Corbin 1990, *Basics of Qualitative Research: Grounded Theory, Procedures and Techniques*, Newbury Park, Calif.: Sage.

Sveiby, K. and T. Skuthorpe 2006, *Treading Lightly: The Hidden Wisdom of the World's Oldest People*, Crows Nest NSW: Allen & Unwin

Tan, N., and E. Envall 2000, *Social Work Around the World*, Schwarztorstrasse, Switzerland: IFSW Press.

Timms, N., and R. Timms 1977, *Perspectives in Social Work*, London: Routledge & Kegan Paul.

Tong, R. 1989, *Feminist Thought: A Comprehensive Introduction*, London: Routledge.

Torgerson, D. 1999, *The Promise of Green Politics: Environmentalism and the Public Sphere*, London: Duke University Press.

Touraine, A. 1995, *Critique of Modernity*, Cambridge, Mass.: Blackwell.

Towle, C. 1965, *Common Human Needs*, New York: National Association of Social Workers.

Tutu, D. 1999, *No Future Without Forgiveness*, London: Random House.

Twine, F. 1994, *Citizenship and Social Rights: The Interdependence of Self and Society*, London: Sage.

Uhr, J. 1998, *Deliberative Democracy in Australia: the Changing Place of Parliament*, Cambridge University Press.

Uhr, J. 2000, 'Testing Deliberative Democracy: The 1999 Australian Reɼl89– Referendum', *Government and Opposition* 35(2): 189–211.

Umbreit, M. 1999, 'Victim–Offender Mediation in Canada: The Impact of an Emerging Social Work', *International Social Work* 42(2): 197–210.

UNDP (United Nations Development Programme) 2000, *Human Development Report 2000*, New York: Oxford University Press.

Van Den Bergh, N., and L. Cooper (eds) 1986, *Feminist Visions of Social Work*, Silver Spring, MD: National Association of Social Workers.

Van Ness, P. (ed.) 1999, *Debating Human Rights: Critical Essays from the United States and Asia*, London: Routledge.

von Senger, H. 1993, 'From the Limited to the Universal Concept of Human Rights: Two Periods of Human Rights'. In Schmale, *Human Rights and Cultural Diversity*, pp. 47–100.

Walby, S. 1990, *Theorizing Patriarchy*, Oxford: Blackwell.

Wendell, S. 1996, *The Rejected Body: Feminist Philosophical Reflections on Disability*, New York: Routledge.

Wheeler, M. 1997, *Politics and the Mass Media*, Oxford: Blackwell.

Wilhelmsson, T., and S. Hurri (eds) 1999, *From Dissonance to Sense: Welfare State Expectations, Privatisation and Private Law*, Aldershot, UK: Ashgate.

Wilkes, R. 1981, *Social Work with Undervalued Groups*, New York: Tavistock.

Woodiwiss, A. 1998, *Globalisation, Human Rights and Labour Law in Pacific Asia*, Cambridge University Press.

Woodroofe, K. 1962, *From Charity to Social Work in England and the United States*, University of Toronto Press.

Wronka, J. 1992, *Human Rights and Social Policy in the 21st Century: A History of the Idea of Human Rights and Comparison of the United Nations Universal Declaration of Human Rights with United States Federal and State Constitutions*, Lanham, MD: University Press of America.

Yeatman, A. (ed.) 1998, *Activism and the Policy Process*, Sydney: Allen & Unwin.

Younghusband, E. 1964, *Social Work and Social Change*, London: Allen & Unwin.

Zarsky, L. (ed.) 2002, *Human Rights and the Environment: Conflicts and Norms in a Globalizing World*, London: Earthscan.

Zubrzycki, J. 1999, 'The Influence of the Personal on the Professional: A Preliminary Investigation of Work and Family Issues for Social Workers', *Australian Social Work* 52(4): 11–16.

# 译后记



翻看国内社会工作的专著和学术文章，经常映入眼帘的关键词有需求、评估、疗法、助人自助、社会和谐、政府购买服务等等，但却很少读到“人权”等字眼。然而，社工作为人权工作者已经得到国际社会工作的广泛承认。国际社会工作者联会和国际社会工作教育联盟在其 2014 年公布的社会工作专业的全球定义中指出，人权原则是社会工作的核心之一。事实上，人权不仅与前述需求、评估和疗法等概念高度相关，而且贯穿了社会工作的全过程。例如，谁有权来评定服务使用者的需求？谁有权来评估服务的效果和效率？治疗中如何保障服务使用者的权利？如果社会的和谐稳定以个人或群体的权利牺牲为代价，社工的立场是什么？如果人们只能被动接受政府购买服务，它会否从权利蜕变为恩赐呢？要回答这些问题，我们就必须清楚地梳理人权与社会工作的基本关系。Jim Ife 教授的《人类权利与社会工作：迈向权利为本的实践》一书，深入探讨了人权原则如何引导当代社会工作实践的问题，对于困惑于上述问题的社会工作研究者、教育者和实践者而言，它不仅提供了思考的框架，而且提供了实践的启示。

本书的一大特色是不仅在理念层面讨论人权与社会工作，而且特别注重如何在社会工作过程中实现人权。这不仅涉及社会工作实践，还涉及社会工作专业本身的运作方式。例如，我们使用怎样的语言来描述和定义我们的“案主”。作者向我们传递的观点是，如果社会工作旨在建立一个人权和正义的社会，它必须从自身开始，这既涉及社会工作对待服务使用者的方式，也涉及社会工作的专业文化和机构运作。

本书的另一特色是超越了人权的启蒙遗产，初步构建了后启蒙的社会工作框架。作者指出，后启蒙的社会工作不关注模式，而是强调松散框架，它为实践者设定伦理或人权原则，并向实践者提出特定的问题，而非给出答案。同时，情境是后启蒙社会工作的关键，它意味着地方性知识与智慧的重要性。后启蒙社会工作强调人的中心性而非独特性。尽管后启蒙社工将人与人性置于核心位置，但它的前提是将人视为生物圈的有机组成部分。

本书主要由郑广怀与何小雷翻译完成，林琳、余伊甜、吴焕琳、陈潞潞、陈乐芳、戴影、周亦姗等人参与了部分章节的翻译及校对工作。由于国内社会工作界对人权观念和实践的普遍隔膜，加之译者水平所限，错漏及不当之处必定不少，敬请谅解。

译　者

2015 年 11 月 18 日

# 内容提要

吉姆·艾夫(Jim Ife)教授撰写的本书(第三版)，奠定了以权利为本的社会工作的概念和实践框架。本书不是在一般意义上强调人权的重要性，而是将社会工作视为以人权为核心的专业，认为人权奠定了社工的价值基础，并统领了其全部的实践范围。本书突破了启蒙现代性的框架，提出了后启蒙视角与社会工作的密切关联。本书主张，人权无法提供简单的答案，而更多的是提出问题——对实践者而言，通常是复杂而困难的问题。正是围绕这些问题展开的争论，催生了以权利为本的社会工作。